运动生理学

（第二版）

主编：汪军

编委：（按姓氏笔画排序）

于亮　石丽君　汪军　周越

北京体育大学出版社

策划编辑　佟　晖
责任编辑　佟　晖
责任校对　未　茗
版式设计　佟　晖

图书在版编目（CIP）数据

运动生理学 / 汪军主编. -- 2版. -- 北京 : 北京体育大学出版社, 2024.1（2025.2重印）
ISBN 978-7-5644-3967-5

Ⅰ. ①运… Ⅱ. ①汪… Ⅲ. ①运动生理学 Ⅳ. ①G804.2

中国国家版本馆CIP数据核字(2023)第253926号

运动生理学（第二版）
YUN DONG SHENG LI XUE（DI-ER BAN）　　汪军　主编

出版发行：北京体育大学出版社
地　　址：北京市海淀区农大南路1号院2号楼2层办公B-212
邮　　编：100084
网　　址：http：//cbs.bsu.edu.cn
发 行 部：010-62989320
邮 购 部：北京体育大学出版社读者服务部 010-62989432
印　　刷：北京昌联印刷有限公司
开　　本：787mm × 1092mm　1/16
成品尺寸：185mm × 260mm
印　　张：13.75
字　　数：348千字
版　　次：2016年7月第1版　2024年1月第2版
印　　次：2025年2月第3次印刷
定　　价：40.00元

（本书如有印装质量问题，请与出版社联系调换）

前 言

本教材是根据教育部关于体育院校和师范院校体育专业学生体育基础理论教育的有关要求，在北京体育大学出版社统筹规划安排下，结合作者多年的体育基础理论教育的实践编写而成的。本教材的主要对象为体育院校运动训练专业、体育教育专业和社会体育专业的本科和专科学生，师范院校体育专业的学生，也可以供从事体育教学、训练和全民健身指导的体育工作者参考。

本教材总体体现了前沿性、系统性、适用性和实用性等特点，有理论，有实践，有突破，力求做到教师能教，学生能懂，学会能用。

本教材分为运动生理学基础、运动训练生理学和运动健身生理学三个部分。运动生理学基础部分包括运动与骨骼肌、运动时的物质与能量代谢、运动与氧摄取和运输以及肌肉运动的调节等内容。这样编排有利于对运动生理学有系统性和整体性的认识，且通俗易懂。运动训练生理学部分包括有氧无氧工作能力、身体素质、运动过程中人体机能变化规律、特殊环境与运动和运动技能的学习等内容。这些内容是运动训练生理学的基础知识，是运动训练实践与基础生理学理论相结合的部分。这些基础知识不仅让学生知道怎么训练，而且让他们知道为什么要这样训练。运动健身生理学部分包括运动健身与运动处方、运动与身体成分控制、运动与慢性疾病如糖尿病和心血管疾病，以及运动与年龄、性别等内容。这些知识点的学习为学生今后参加全民健身活动建立一定的知识积累。本教材每章的开始有本章教学提示，包括学习重点和学习难点，每章的结尾有思考题，有助于学生进一步理解该章的内容。

本教材由北京体育大学的汪军教授主编，北京体育大学运动生理教研室其他老师也参与了相关章节的编写。教材编写分工如下：于亮教授（第二章、第五章、第十二章），石丽君教授（第十三章），汪军教授（绪论、第四章、第六章、第七章、第八章、第九章、第十章、第十一章、第十四章），周越教授（第一章、第三章）。由于编写时间仓促，殷切希望广大教师、学生对本教材的不足之处提出宝贵意见。

汪军

2023年9月

目　录

在线课程　扫码即学

第二篇　运动训练生理学

第五章　有氧无氧工作能力

第六章　身体素质

第七章　运动过程中人体机能变化规律

第八章　特殊环境与运动

第九章　运动技能的学习

第三篇 运动健身生理学

绪　论

本章教学提示

1. 本章学习重点是运动生理学的概念和任务；
   生命的基本特征。
2. 本章学习难点是人体生理机能的维持与调节；
   运动生理学研究的重点课题等。

第一节　运动生理学概述

一、运动生理学的概念和任务

生理学是生命科学的一个分支，是研究生物体的各种生命现象，特别是机体各组成部分的功能及实现其功能的内在机制的科学。依据研究对象，生理学可分为细胞生理学、植物生理学、人体生理学等。

人体生理学是研究人体生命活动现象和规律的科学。它主要研究正常状态下，人体内各细胞、器官和系统的功能，以及在整体情况下，各器官、系统和身体部分之间的相互协调，以揭示人体适应外界环境变化的过程、规律和机理。

运动生理学是人体生理学的一个分支，是研究人体的运动能力和对运动的反应与适应过程的科学，是体育科学中一门重要的应用基础理论学科。运动生理学主要研究在运动过程中，人体各细胞、器官、系统的机能变化和它们协同工作的能力和机理，进而观察其对人体运动能力的影响，以及运动对人体的形态和机能产生适应性变化的影响。

运动生理学研究的任务是：在对人体生命活动规律有基本认识的基础之上，揭示体育运动对人体机能产生影响的规律及机理，阐明运动训练、体育教学和运动健身过程中的生理学原理，指导不同年龄、性别和训练强度的人群进行科学的运动锻炼，以达到提高运动竞技水平、增强体质、延缓衰老、提高工作效率和生活质量的目的。

二、生命的基本特征

生物体的生命主要有以下五个方面的基本特征，即新陈代谢、兴奋性、应激性、适应性和生殖。

（一）新陈代谢

新陈代谢是生物体自我更新的最基本的生命活动过程。新陈代谢包括同化和异化两个过程。**生物体不断地从体外环境中摄取有用的物质，使其合成、转化为机体自身物质的过程称为同化过程，也称合成代谢；生物体不断地将机体的自身物质进行分解，并把分解后的产物排出体外，同时释放出能量供应机体生命活动需要的过程称为异化过程，也称为分解代谢。**在新陈代谢过程中，物质合成时，即在同化过程中，需要吸收能量；而物质分解时，即在异化过程中，将释放出能量。因此，在新陈代谢过程中，物质代谢和能量代谢是同时进行的，是同一过程的两个方面。任何物质都蕴藏着一定的能量，同样，物质代谢也必然伴随着能量的产生、转移和利用，任何能量的转移也必然伴有物质的合成和分解。同化过程和异化过程是同时进行和相互依存的两个生理过程。生物体通过同化过程和异化过程可以不断地自我更新。由此可见，新陈代谢是生命活动的最基本的特征，新陈代谢一旦停止，生物体的生命活动也就结束了。

（二）兴奋性

机体所处的环境是经常变化的，在正常情况下，机体可感受外界环境变化的刺激并做出适当的反应。

在生物体内可兴奋组织具有感受刺激、产生兴奋的特性，即兴奋性。能引起可兴奋组织产生兴奋的各种环境变化被称为刺激。神经、肌肉和腺体等组织受刺激后，能迅速地产生可传布的动作电位，即产生兴奋，这些组织被称为可兴奋组织。**在生理学中这些可兴奋组织受刺激后所产生的生物电反应的过程及表现被称为兴奋。**因此，可兴奋组织受刺激产生兴奋能力的强弱反映了该组织兴奋性的高低。

（三）应激性

人体内各种组织对外界环境变化（刺激）具有不同的反应，可兴奋组织受到刺激后可产生兴奋，如肌肉的反应表现为收缩，腺体的反映表现为分泌，神经的反应则表现为产生并传导神经冲动。而其他组织，如上皮、骨骼等，不属于可兴奋组织，受到刺激后不能产生兴奋，但可引起细胞代谢发生改变等变化，这种细胞代谢等方面的变化也是一种反应。**机体或一切活体组织对周围环境变化具有的发生反应的能力或特性被称为应激性。**

（四）适应性

生物体长期生存在某一特定的环境中，在客观环境的影响下可以逐渐形成一种与环境相适应的、适合自身生存的反应模式。生物体所具有的这种适应环境的能力称为适应性。例如，长期居住在高原地区的居民，其血液中的红细胞数量远远超过平原地区居民的。这种适应性反应对高原地区的居民是十分必要的，因为血液中红细胞数量的增多大大提高了血液运输氧的能力，从而有效地克服了高原缺氧给人体带来的不良影响，创造了适应客观环境而生存的条件。又如，运动员经过长期的力量训练可使肌肉的力量和体积增加；经过长期的耐力训练可使肌肉耐力、心肺功能得到改善等。这些都是人体对环境变化产生适应的结果。

（五）生殖

生物体的生命是有限的，必须通过生殖过程进行自我复制和繁殖，使生物物种得以延续。人体发育到一定阶段时，若男性和女性发育成熟的生殖细胞在适宜的环境中结合，可孕育出子代个体，这一生理过程称为生殖。因此，生殖是生命的基本活动。但是，近些年由于生物技术的发展，克隆技术可使生命得到复制，传统的生殖理论和观念受到挑战。

第二节　人体生理机能的维持与调节

一、内环境及其稳态

人体由各种细胞、组织和器官所组成。它们的生理活动在空间和时间上紧密配合，相互协调，成为一个统一的整体。人体的细胞、组织与外界环境不发生直接接触，而是生存于细胞外液。细胞新陈代谢所需的养料由细胞外液提供。细胞的代谢产物也排到细胞外液中，通过细胞外液与外界环境发生物质交换。**因此，细胞外液被称为机体的内环境，以别于整个机体所生存的外环境。**

细胞生存要求内环境各项理化因素相对稳定。然而，内环境理化性质不是绝对静止不变的，各种物质在不断交换、转变中达到相对平衡的状态，即动态平衡状态。这种平衡状态被称为稳态。由于细胞不断进行着新陈代谢，新陈代谢本身不断扰乱内环境的稳态，特别是在运动过程中，人体的内环境可由于某些代谢产物的陡增而发生急剧变化，外环境的强烈变化也可影响内环境的稳态。为此，机体的血液循环、呼吸、消化和排泄等生理功能必须不断地进行调节，使内环境处于相对稳定状态。

稳态是一个复杂的动态平衡过程，一方面代谢过程使稳态不断地受到破坏，另一方面机体又通过各种调节机制使其不断地恢复平衡。总之，整个机体的生命活动正是在稳态不断受到影响，而又不断得到维持的过程中得以顺利进行的。

二、生理机能的调节

机体与外界环境保持相互联系，彼此影响。人体对内、外环境变化能产生适应性反应，正是人体十分完善的调控机制对各种生理机能进行相应调节的结果。人体各种生理机能的调节主要是通过神经调节和体液调节实现的。

（一）神经调节

神经调节是指在神经活动的直接参与下所实现的生理机能调节的过程，是人体最重要的调节方式。神经活动的基本过程是反射活动，反射活动的结构基础是反射弧。**反射弧包括感受器、传入神经、神经中枢、传出神经纤维和效应器五个环节（图0-1）。**感受器能接受刺激并产生神经冲动；传入神经纤维将感受器所产生的神经冲动传入神经中枢；神经中枢位于脑和脊髓，能对各种刺激进行分析判断，产生反应信息；传出神经纤维则将神经中枢对刺激所产生的反应信息传递至效应器；效应器对刺激产生相应的生理反应。反射弧的任何一个部分的结构或功能受到损坏，反射活动都不能完成。神经调节具有反应快、准确、作用时间短的特点。

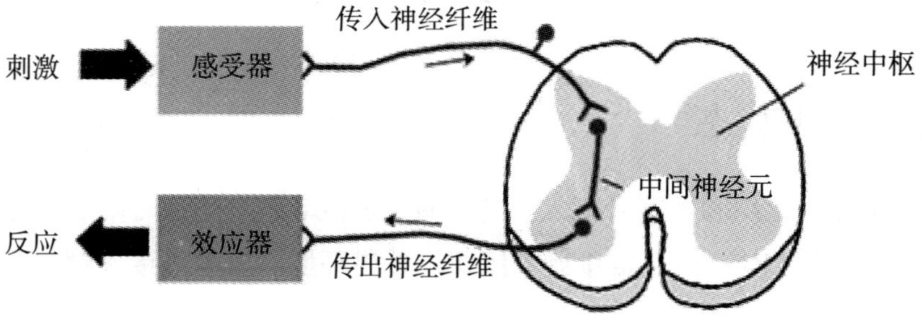

图0-1　反射弧示意图

（二）体液调节

人体血液和其他体液中的某些化学物质，包括激素、组织细胞产生的化学物质、细胞的代谢产物等可借助血液循环的运输，到达全身或某些器官、组织，从而引起某些特殊的生理

反应。这种调节过程是通过体液的运输来实现的，因而称为体液调节。被调节的细胞或组织称为靶细胞或靶组织。许多内分泌细胞所分泌的各种激素，就是借体液循环的通路对机体的功能进行调节的。例如，胰腺分泌的胰岛素能调节组织、细胞的糖与脂肪代谢，有降低血糖的作用。当血糖浓度升高时，胰岛素分泌增多，机体对血糖的吸收和利用加强，最终使血糖浓度保持相对稳定。

在人体的很多内分泌腺本身直接或间接地受到神经系统的调节。在这种情况下，体液调节是神经调节的一个传出环节，是反射传出通路的延伸。这种情况可称为神经-体液调节（图0-2）。

神经调节的特点是比较迅速且精确，体液调节的特点是比较缓慢、持久而弥散，两者相互配合使生理机能调节更趋于完善。

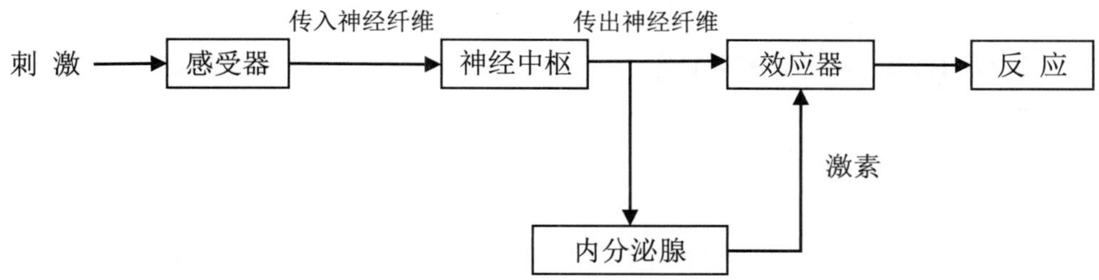

图0-2 神经-体液调节示意图

三、人体生理机能调节的控制

在控制系统中，控制部分不断受受控部分的影响，即受控部分不断有反馈信息输入控制部分，并改变它的活动，这种控制系统称为反馈控制系统。反馈控制系统是一个闭环系统，具有自动控制能力（图0-3）。

在人体生理机能调节的自动控制系统中，如果受控部分的反馈信息能减弱控制部分活动，则这样的反馈称为负反馈。负反馈是可逆的，是使人体生理机能活动经常处于稳态的重要调节机制。例如，在人体正常体温、血压、心率和某些激素水平等指标的维持过程中，负反馈调节发挥着重要作用。

与负反馈相对，如果反馈信息能促进或加强控制部分的活动，则这种反馈称为正反馈。正反馈往往是不可逆的，是不断增强的调控过程，直到整个生理过程结束为止。例如，排尿反射、分娩过程、血液凝固等均属于正反馈调控过程。

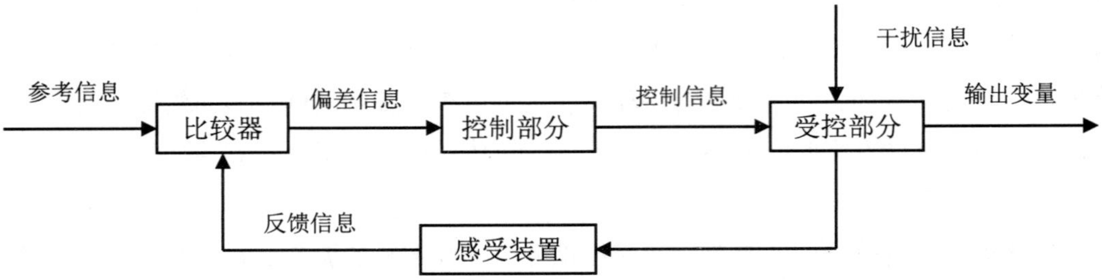

图0-3 反馈控制系统示意图

第三节 运动生理学的发展历史与研究现状

一、运动生理学的发展历史

（一）运动生理学的萌芽

运动生理学是在医学和生理学的基础上发展起来的较年轻的一门学科。运动生理学萌芽于19世纪末20世纪初的欧洲。1889年，法国的拉格朗日出版了《人体运动生理学》一书，这是运动生理学的第一本教科书。对运动生理学有突出贡献的首推英国伦敦大学的阿奇博尔德·维维安·希尔、德国基尔大学的奥托·弗里茨·梅耶霍夫和丹麦哥本哈根大学的奥古斯特·柯劳格三位科学家，其中希尔被称为“运动生理学之父”。

（二）哈佛疲劳实验室对运动 生理学发展的贡献

在运动生理学的发展历史上，哈佛疲劳实验室（Harvard Fatigue Laboratory）的建立具有里程碑意义。其主要在以下两个方面为运动生理学的发展做出了突出贡献：第一，该实验室是培养国际运动生理学杰出人才的摇篮，培养了一批年轻的运动生理学精英；第二，该实验室的研究广泛、深入，其研究内容构成了现代运动生理学的框架和基础，有些研究领域仍然是当今的热点研究领域。

（三）其他地区运动生理学的发展对运动生理学的影响

20世纪30年代，三位年轻的北欧生理学家克里斯汀森、阿斯姆森以及尼尔森来到哈佛疲劳实验室工作。三位年轻人学成回国后继续从事运动生理学研究并培养了一批运动生理学工作者。奥斯特兰德在20世纪50～60年代，进行了大量的有关耐力运动及身体素质方面的研究，制定了间接测定最大摄氧量的标准和方法；萨尔庭在研究运动时骨骼肌能量代谢方面颇有建树。

（四）中国的运动生理学研究的发展历程

我国最早的运动生理学教科书由程瀚章在1924年所著，该书从运动对血液系统，呼吸系统，循环系统，骨骼、关节和肌肉系统，泌尿系统，中枢神经系统以及运动对皮肤散热和体温调节的影响等方面一一进行了阐述；提出了针对各系统的科学运动方式以及运动中的注意事项；对某些简单动作（比如跳跃）从生物力学的角度进行了分析；并且对于不同肌肉、肌群的锻炼方式或方法，以及如何避免不良姿势等给予了科学的指导；还特别阐述了儿童心血管系统的生理特点以及儿童在运动中的注意事项，其涉及面极广，内容极详尽。

继程翰章之后，我国著名的生理学家蔡翘于1940年出版了侧重劳动生理学的《运动生理学》。该书以及赵敏学于1951年编著的《实用运动生理学》都是主要的运动生理学教学参考书。

20世纪50年代初期之前，在我国有关运动生理学的教学与研究工作进行得甚少。在20世纪50年代末，运动生理学才在我国有了第一次飞跃性的发展。1957年，北京体育学院为我国培养了第一批运动生理学专业的研究生，他们在我国运动生理学的发展过程中做出了重要贡献。20世纪70年代末至80年代，是我国运动生理学第二次飞跃性发展的时期，全国的体育院系相继开展了运动生理学专业的研究生培养工作，使我国的运动生理学教学、科研和人才培养工作得到了蓬勃发展。

经过半个多世纪的发展，我国的运动生理学研究在探讨人体生命活动的规律、运动健身的理论与方法、运动训练提高运动员运动能力的理论与方法等方面取得了飞跃性的进展，形成了一支人员素质较高的研究队伍，知名专家在国际学术界享有一定声望。某些研究领域的研究接近、达到甚至超过了世界先进水平。这些为未来我国运动生理学的继续发展奠定了良好的基础。

二、运动生理学的研究现状

（一）微观研究不断深入

随着研究的不断深入和研究手段的不断提高，运动生理学研究已从宏观水平研究深入到细胞和分子的微观水平研究。例如，骨骼肌的研究已经深入到骨骼肌纤维在大负荷运动后超微结构、蛋白代谢、细胞内离子浓度等的变化以及骨骼肌蛋白代谢的信号转导等。

（二）宏观研究备受重视

虽然进行细胞、分子水平研究的优点是可直接、客观地研究分析某一生理现象的机制，但是只能得到一些零散的生理生化指标，解释一些孤立的微观生理现象，或揭示一些相互独立的生理机能的成因。揭示运动中人体的整体机能变化和运动对整个人体的影响是运动生理学研究的最终任务。因此，在运动生理学研究中，研究者必须在宏观研究的指导下，开展深入的微观研究，然后再对微观研究的结果进行综合分析，在整体水平上分析人体的机能变化及其规律。这已成为运动生理学研究的必经之路。

（三）研究方法日益创新

随着科学技术的发展，许多新仪器、新技术和新的研究方法应用到运动生理学的研究中。例如，磁共振、阳离子放射、质谱分析、放射免疫、高效液相色谱、超声诊断、膜片钳等先进技术，在体育科研中发挥了重要作用。

计算机技术在运动生理学研究中的应用对运动生理学的发展起到了巨大的推动作用。计算机图像分析处理技术的应用，使生物学图像的处理更加精确和方便；计算机模拟技术等也为运动生理学研究提供了新方法、开辟了新领域。而互联网技术的发展，为运动生理学研究者获取信息、进行学术交流提供了极大的便利。

（四）应用研究规模不断扩大

运动生理学应用研究的规模不断扩大。运动生理学研究属于应用基础研究。运动生理学研究者在不断深入基础理论研究的同时，必须把基础理论研究的成果应用于运动训练的实践，为运动训练实践服务。运动生理学研究者在为运动训练实践服务的同时，也应积极地加强运动健身的基础理论和应用的研究。

（五）学科交叉广泛深入

近代自然科学的发展趋势是：一方面学科的划分有越来越细的趋向；另一方面各学科的相互渗透和交叉促进了学科的发展。运动生理学这一年轻的学科从诞生起就与医学、生物化学、解剖学、遗传学、生物学以及其他自然科学有着密切联系，而且这种联系正在日益加强。

研究运动对人体生理机能的影响以及人体对运动的适应是运动生理学研究者的任务。而寻求其变化机理时，研究者总是要从分子水平、离子水平、基因水平着手，因而时常与生物化学、细胞生物学、分子生物学、遗传学等研究领域产生联系。现代运动生理学研究在许多情况下，与其他学科之间界限模糊，学科互相交叉、互相渗透、互相补充的现象非常普遍，新的边缘学科不断出现。可见，学科之间相互交叉与覆盖，是现代运动生理学研究的显著特征之一。

三、运动生理学研究的重点课题

（一）运动时的物质与能量代谢

研究表明，最大摄氧量（$\dot{V}O_2max$）是评价耐力运动员身体机能的重要指标，两者有着极大的正相关关系。在运动生理学发展早期，直接测量运动员运动过程中的摄氧量是十分困难的。20世纪50年代，瑞典著名运动生理学家奥斯特兰德（Åstrand）首创了间接测量最大摄氧量的列线图法，使这一指标的应用具有简易、经济、快速等特点。自动气体分析仪的出现，使在运动实践中用直接法测量最大摄氧量成为现实，也使得最大摄氧量这一指标在运动科研和实践中的应用更加广泛和深入。随着研究的逐步深入，研究者进一步发现乳酸阈能更好地反映运动员在运动中的有氧代谢能力，在运动训练中测量乳酸阈值能更好地指导运动训练实践。

（二）运动性疲劳的产生机理及其消除方法

在运动生理学发展的早期，运动性疲劳就是运动生理学研究的核心课题。疲劳是一种机体的整体机能水平或工作效率降低的生理现象，应同疾病和运动训练中的过度训练相区别。运动性疲劳是一个非常复杂的生理过程。它是由运动引起的，是全身多器官、系统机能变化的综合结果。因此，这一问题必须从整个机体的角度来考虑。

（三）运动与氧化应激

随着自由基理论在运动生理学领域受到关注，运动与自由基的研究已经成为运动生理学研究领域一个备受关注的研究课题。研究证实，急性剧烈运动可使体内自由基的浓度增加，引起体内氧自由基代谢失衡而产生氧化应激。运动引起的氧化应激，会导致脂质过氧化反应加强，进而对组织和细胞造成损伤。

（四）运动对骨骼肌形态和机能的影响

超过习惯负荷的运动训练或体力劳动能引起延迟性肌肉酸痛（Delayed-Onset Muscular Soreness，DOMS）、肌肉僵硬、肌肉收缩和伸展功能下降及运动成绩下降，因而受到生理学家和运动生理学研究者的高度重视。目前的研究表明，运动后产生肌肉酸痛与肌肉损伤或肌纤维的结构改变有关。

目前，研究者利用各种先进的实验仪器和技术，通过观察大负荷运动后肌细胞内Ca^{2+}等离子浓度、自由基水平、酶活性、生物膜的机能、亚细胞结构和功能、收缩蛋白的代谢和基因表达等指标的变化，分析研究大负荷运动后骨骼肌机能的变化，以及促进骨骼肌机能恢复的生理机制，将运动对骨骼肌形态和机能影响的研究提高到一个崭新的阶段。

（五）运动与肌纤维类型

在肌纤维类型研究方面研究者的主要任务是继续深入地研究快肌纤维与慢肌纤维的机能和代谢特征，运动对运动员肌纤维类型组成的影响，不同类型肌纤维在运动中的参与程度，以及肌纤维类型这一指标在运动选材中的应用等。

（六）运动对心脏形态和功能的影响

自从超声心动图应用于运动人体科学的研究之后，关于运动员心脏功能的研究就上升到了一个新的阶段。用超声心动图研究运动员的心脏功能具有操作简单、安全、无损伤、重复性好等优点。因此，国内外许多运动生理学研究者都采用这一方法对各项目运动员的心脏功能进行研究。特别是分析超声心动图图形的计算机系统的出现，使对运动员心脏形态结构的研究、心脏泵血功能的研究以及运动过程中心肌血液供应的研究更加精确。

（七）运动健身的理论与方法

体育锻炼是提高大众健康水平不可或缺的手段，运动健身的理论与方法的研究是运动生理学研究的重要任务。关于运动对人体免疫机能的影响，运动的抗衰老作用，运动改善身体成分的作用，运动预防某些慢性疾病的基础理论研究日益增多。与此同时，运动处方等运动健身方法的研究也备受关注。

（八）运动与体重控制

目前，肥胖已经成为影响人类健康的世界性问题。有关运动与体重控制的研究越来越受到运动生理学研究者的重视。有关运动控制体重的研究主要集中于引起肥胖的机理、肥胖的评价方法、运动减肥方法和运动减肥机理等方面。

（九）运动与人体免疫机能

运动对人体免疫机能的影响是近年来运动生理学研究者十分关注的课题之一。虽然人们习惯性地认为运动员抗病能力高于非运动员，但科学研究却显示，运动员和非运动员安静状态下的免疫机能没有显著差异。大量的研究表明，适当的运动对免疫机能有良好的影响。中等强度运动能提高人体的免疫机能，增强抗病能力，但大负荷运动后，人体的免疫机能却下降，而且运动强度越大，持续时间越长，人体免疫机能下降越明显。

（十）运动时神经系统的支配与调控

运动生理学在对神经系统的研究方面主要涉及运动时的神经调节作用、运动条件反射与运动技能学习、运动时神经递质与调质的变化与作用、运动时和恢复时交感神经与副交感神经的相互影响及整合作用等。

（十一）基因技术在运动生理学研究中的应用

利用基因探针技术对运动员进行科学选材已经受到重视。研究表明，某些身体素质，如力量、速度和耐力的发展潜力具有相当高的遗传力，它们可能受一个或几个基因的调节和控制。基因探针技术可用于检测运动员所具有的身体素质的基因特性，同时有助于建立优秀运动员基因库，进而为运动员选材服务。

基因调控工程可用于预防运动性疲劳的发生，加快恢复过程。随着对运动性疲劳及恢复过程研究的深入，人们发现通过某些手段，如药物等，可以抑制导致运动性疲劳的基因表达或诱发恢复的基因表达，从而防止运动性疲劳的发生，加快恢复过程。

思考题

1. 什么是运动生理学？运动生理学研究的目的和任务是什么？
2. 生命的基本特征有哪些？各有什么意义？
3. 什么叫内环境？内环境维持稳态的意义是什么？
4. 生理机能的调节主要有哪些？各有什么特点？
5. 反馈控制系统分为哪两种？各有什么特点？
6. 试述目前运动生理学研究的重点有哪些。

参考文献

[1]WILMORE J H, COSTIL D L, KENNEY W L. Physiology of Sport and Exercise[M]. 4th ed. Champaign, IL: Human Kinetics, 2008.

第一篇

运动生理学基础

第一章
运动与骨骼肌

本章教学提示

1. 本章学习重点是骨骼肌的几种收缩形式；肌纤维类型与运动能力等。
2. 本章学习难点是骨骼肌的几种收缩形式；肌纤维的收缩过程等。

肌肉收缩是完整机体的主要活动形式之一，许多生理功能都借此得以实现。人体内的肌肉组织包括骨骼肌、心肌和平滑肌三种。骨骼肌是人体内最多的组织，约占体重的40%。在运动过程中，骨骼肌收缩是人体运动的动力，人体各种形式的运动，主要是靠骨骼肌的收缩活动来完成的。

第一节　肌纤维的结构及功能

肌纤维又称肌细胞，是肌肉的基本结构和功能单位。每一块肌肉中间的膨大部分为肌腹，肌腹两端为没有收缩功能的肌腱，肌腱直接附着在骨骼上。骨骼肌收缩时通过肌腱牵动骨骼而产生运动。

一、肌原纤维和肌小节

每个肌细胞含有数百至数千条与肌纤维长轴平行排列的肌原纤维。肌原纤维的直径为1～2微米，纵贯肌细胞全长。每条肌原纤维的全长都由暗带（A带）和明带（I带）交替规则排列，在显微镜下呈现有规律的横纹排列，故骨骼肌也称横纹肌（图1-1）。

肌原纤维由粗、细两种肌丝按一定规律排列而成。实际上粗肌丝的存在形成了A带。细肌丝连接于Z线，纵贯I带全长，并伸入A带部位，与粗肌丝交错对插（图1-2）。

两条Z线之间的结构是肌纤维最基本的结构和功能单位，称为肌小节。肌小节的长度变化范围为1.5～3.3微米，肌肉收缩时较短，舒张时较长，肌肉安静时肌小节的长度为2.0～2.2微米。

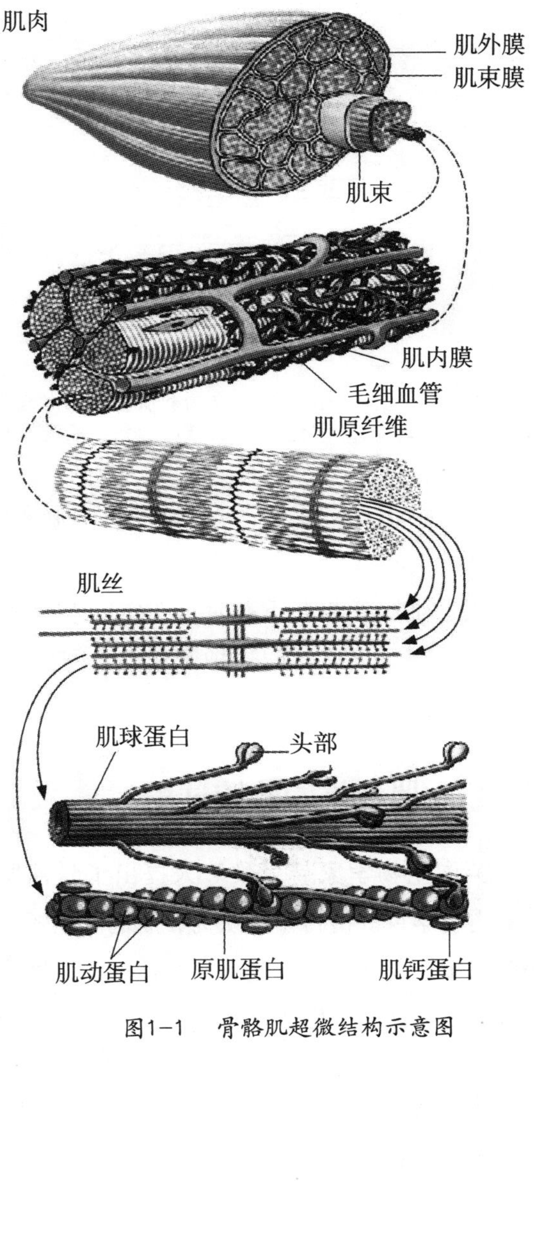

图1-1　骨骼肌超微结构示意图

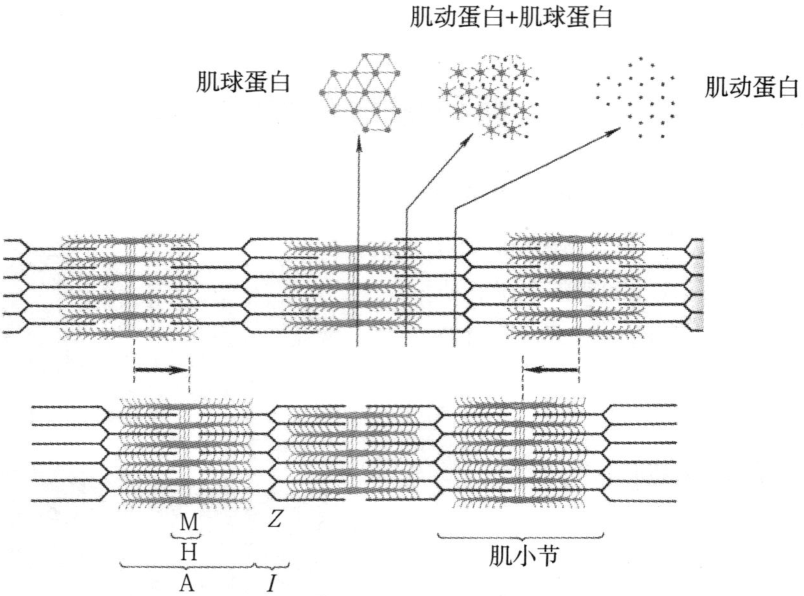

A表示A带，A带由粗肌丝和细肌丝组成；I表示I带，I带只有细肌丝而没有粗肌丝；H表示H区，H区只有粗肌丝而没有细肌丝；M表示M线；Z表示Z线

图1-2　肌原纤维的结构示意图

粗、细肌丝相互重叠时，在空间上呈现严格的规则排列，每一根粗肌丝被六根细肌丝所包围。粗、细肌丝间这种密切的空间关系，为肌细胞收缩时粗、细肌丝的相互作用创造了条件。

二、肌纤维的收缩过程

英国生物学家赫胥黎等人提出了骨骼肌收缩的滑行学说。滑行学说认为，肌肉的缩短是肌小节中细肌丝在粗肌丝之间滑行造成的，即当肌肉收缩时，由Z线发出的细肌丝在某种力量的作用下向A带中央滑动，结果相邻的各Z线互相靠近，肌小节的长度变短，从而导致肌原纤维以至整条肌纤维和整块肌肉的缩短（图1-3）。

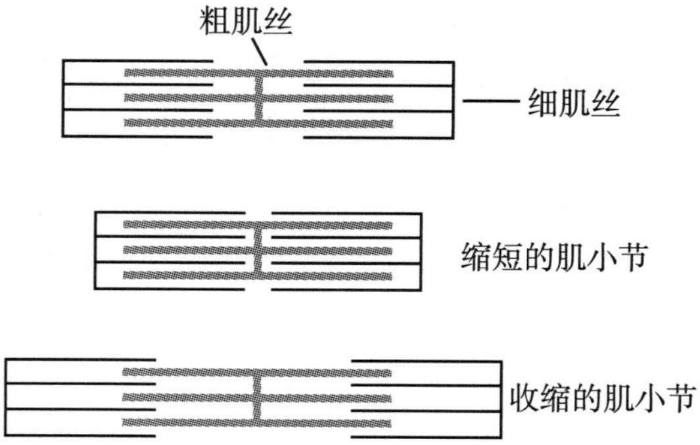

图1-3　骨骼肌收缩示意图

第二节 骨骼肌的收缩形式

一、骨骼肌的收缩形式

当肌肉收缩时，根据身体运动需要，肌肉收缩可表现为整块肌肉的长度发生变化，也可表现为不发生变化。根据肌肉收缩时的长度变化，肌肉收缩分为向心收缩、等长收缩、离心收缩和超等长收缩四种收缩形式，图1-4示意了向心收缩、等长收缩和离心收缩。

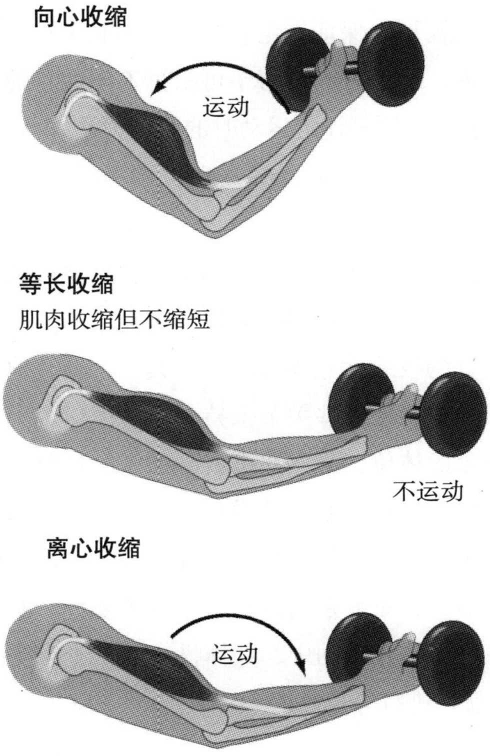

图1-4 肌肉的收缩形式

（一）向心收缩

肌肉收缩时，长度缩短的收缩称为缩短收缩，又称向心收缩。向心收缩时肌肉长度缩短、起止点相互靠近，因而引起身体运动。而且，肌肉张力增加出现在前，长度缩短发生在后。向心收缩是骨骼肌主动用力时的收缩形式。向心收缩又分为等张收缩和等动收缩。

1.等张收缩

肌肉张力在肌肉开始缩短后即不再增加，直到收缩结束。这种收缩形式称为等张收缩，有时也称为动力性收缩或时相性收缩。

2.等动收缩

在整个关节运动范围内肌肉以恒定的速度肌肉，且外界的阻力与肌肉收缩时产生的力量始终相等的肌肉收缩称为等动收缩。由于在整个收缩过程中肌肉收缩速度是恒定的，因此，等动收缩有时也称为等速收缩。在运动实践中，自由泳的划水动作就具有等动收缩的特点。

等动收缩和等张收缩具有本质的不同。肌肉进行等动收缩时在整个运动范围内都能产生最大的肌张力，在进行等张收缩时则不能。此外，等动收缩的速度可以根据需要进行调节。因此，理论和实践证明，等动练习是增加肌肉力量的有效手段。

通常做肌肉等动收缩必须有专门的仪器设备（即等动练习器）。等动练习器的主要部件是一个速度控制器。速度控制器可以保证无论参与工作的肌肉在收缩时产生多大的张力，其收缩速度不变，同时速度可调。练习者在练习中可根据不同的目的和要求选择适当的速度。另外还有力量的测试和记录装置，用来评定运动时的肌肉力量。

（二）等长收缩

肌肉在收缩时长度不变，这种收缩称为等长收缩，又称为静力收缩。

等长收缩有两种情况：其一，肌肉收缩时对抗不能克服的负荷，如试图拉起根本不可能拉起的杠铃，肱二头肌所进行的收缩就是等长收缩；其二，当其他关节由于肌肉离心收缩或向心收缩发生运动时，等长收缩可使某些关节保持一定的体位，为其他关节的运动创造适宜的条件。一些关节要保持一定的体位，某些肌肉就必须做等长收缩。如做蹲起动作时，肩带和躯干的某些肌肉发生等长收缩以保证躯干的垂直姿势，同时腿部和臀部的某些肌肉做向心收缩。当蹲下时，肩带和躯干的某些肌肉同样发生等长收缩以保证躯干的垂直姿势，但腿部和臀部的某些肌肉做离心收缩。在更复杂的运动中，身体姿势不断发生变化，因此肌肉的收缩形式也不断发生变化。在一些体育运动中，如体操中的“十字支撑”“直角支撑”和武术中的站桩，参与工作的肌肉就是进行等长收缩。

（三）离心收缩

肌肉在收缩产生张力的同时被拉长的收缩称为离心收缩。例如，下蹲时，股四头肌在收缩的同时被拉长，以控制重力对人体的作用，使身体缓慢下蹲，起缓冲作用。因此，肌肉的离心工作也称为退让工作。又如将重物放下、下坡跑和下楼梯等也需要肌肉进行离心收缩。肌肉的离心收缩可防止运动损伤。例如，从高处跳下时，脚先着地，通过反射活动使股四头肌和臀大肌产生离心收缩。肌肉离心收缩的制动作用减缓了身体的下落速度，不会造成身体损伤。

（四）超等长收缩

超等长收缩是指骨骼肌工作时先做离心式拉长，继而做向心式收缩的一种复合式收缩形式。

超等长收缩的优点在于，在做离心收缩时，肌肉先被迅速拉长，在肌肉被拉长的过程中，肌肉中的牵张感受器受到刺激并产生兴奋，导致肌肉产生牵张反射性收缩。当肌肉被拉长时所产生的弹性势能、牵张反射性收缩，以及主动向心收缩所产生的力量形成合力时，肌肉将产生较大收缩力。跳深练习时股四头肌进行的就是一种典型的超等长收缩。

超等长练习与其他力量练习相比，更接近比赛时人体的运动形式，肌肉发力突然，技术结构相似，传递速度快，因而可得到更好的训练效果。

完成超等长练习时，肌肉最终的收缩力量是由肌肉在离心收缩中被拉长的速度和被拉长的长度所决定的，而且肌肉被拉长的速度比被拉长的长度更为重要。

（五）几种收缩形式的比较

1.力量

肌肉最大收缩时产生张力的大小取决于肌肉收缩的类型和收缩速度。**同一块肌肉，在其他条件相同的情况下，离心收缩产生的张力最大，等长收缩次之，向心收缩最小。超等长收缩也因为先有离心收缩，所以产生的张力也最大。**离心收缩产生的力量比向心收缩大50%左右，比等长收缩大25%左右。

2.肌肉酸痛和损伤

研究者很早就发现，肌肉做离心工作时容易引起肌肉酸痛和损伤。近年来的研究表明，**肌肉大负荷离心收缩引起肌肉酸痛和肌纤维超微结构改变以及收缩蛋白代谢的变化最显著，等长收缩次之，向心收缩最小。**由于在完成同样的工作时，离心收缩参与的运动单位数量较少，每条肌纤维所承受的负荷较大，因而更容易引起肌纤维损伤。

二、骨骼肌收缩的力学表现

人体所有的运动都是在对抗阻力的情况下产生的，因此，肌肉力量在运动中具有至关重要的作用。运动员在其他条件相同的情况下，肌肉力量是决定运动成绩的主要因素。

（一）绝对力量与相对力量

某一块肌肉做最大收缩时所产生的张力称为该肌肉的绝对肌力。肌肉的绝对肌力与肌肉的横断面大小有关，肌肉的横断面越大，其绝对肌力越大。而肌肉横断面的大小又取决于组成该肌肉的肌纤维数量和每条肌纤维的粗细。

绝对肌力只能反映肌肉力量，而不能反映每条肌纤维的力量。因此，相对肌力的概念被引入。**相对肌力是指肌肉单位横断面积（一般为1平方厘米肌肉横断面积）所具有的肌力。**如果某一块肌肉的绝对肌力为60千克，肌肉横断面积为20平方厘米，则相对肌力为60/20=3（千克/平方厘米）。

在整体情况下，一个人所能举起的最大重量称为此人的绝对力量。绝对力量的大小与体重的大小有关，一般情况下，体重越大绝对力量越大。**如果某人的绝对力量被他的体重除，可得到此人的相对力量，**即每千克体重的肌肉力量。例如，甲乙两名受试者的绝对力量都是150千克，甲的体重为75千克，乙的体重为60千克，则甲的相对力量为每千克体重2千克（150/75=2），乙的相对力量为每千克体重2.5千克（150/60=2.5）。**相对力量可更好地评价运动员的力量素质。**

（二）肌肉力量与运动

1. 力量–速度曲线

肌肉收缩的速度与所克服的外部阻力相关。**当负荷较小时，肌肉收缩速度加快；当负荷较大时，肌肉收缩速度减慢。**实验证明，逐渐增加负荷量时，肌肉收缩力量也逐渐增加，而收缩速度则逐渐降低。当负荷量刚好超过极限负荷时，肌肉张力达到最大值，但此时的收缩速度为零，肌肉所做的外功为零。如果逐渐减小负荷量，肌肉的收缩速度逐渐加快。当负荷量为零时，肌肉的收缩速度达到最快，此时肌肉所做的外功从理论上讲也是零。肌肉收缩时产生的张力大小，取决于活化的横桥数目的多少，收缩速度则取决于能量释放速率和肌球蛋白ATP酶活性，而与活化的横桥数目无关。

2. 肌肉力量与运动速度

肌肉力量增加可以提高运动速度。一个人的力量从100千克增加到120千克，那么他克服100千克负荷的速度就会比力量增加前快。当负荷量依次下降到90千克、80千克、70千克或60千克，运动速度会越来越快。最大等长力量与肢体运动速度相关的研究显示，力量越大的人动作速度越快。**在负荷相同的条件下，力量越大动作速度越快。当以同样的速度运动时，力量大者能克服更大的负荷。**

3. 肌肉力量与爆发力

人体运动时所输出的功率，实际上就是运动生理学中所说的爆发力，即人体单位时间内所做的功。在某些运动项目中，如投掷、短跑、跳跃、举重、拳击和橄榄球等项目，运动员必须有较大的爆发力。

运动员在训练中是极大地提高相对爆发力还是绝对爆发力，取决于在所从事的运动项目中哪种素质更为重要。短跑、跳跃等项目的运动员应保持较轻的体重，使肌肉的相对力量得到提高，同时又要通过训练使肌肉的收缩速度得到提高。而需要提高绝对爆发力的运动员，如投掷项目的运动员、美式橄榄球防守运动员及相扑运动员等，应增加肌肉的体积，提高绝对爆发力。这样可能使加速度有所下降，但不应下降到引起绝对爆发力下降的水平，关键在于找到使绝对爆发力与加速度两者结合能达到最佳运动能力的那一点。

第三节　肌纤维类型与运动能力

一、肌纤维类型的划分

最初人们发现肌纤维的颜色不同其肌肉的收缩特性也不同。根据肌纤维的颜色，肌纤维可划分为红肌和白肌两种肌纤维；根据肌纤维的收缩特性，肌纤维可划分为快肌和慢肌两种肌纤维；根据肌纤维的收缩速度及代谢特征，肌纤维可划分为快缩糖酵解型，快缩氧化糖酵解型和慢缩氧化型；根据肌球蛋白重链同工型，肌纤维可划分为I型、IIa型、 IIx型（或IId型）和IIb型。

二、不同类型肌纤维的形态学、生理学及代谢特征

（一）不同类型肌纤维的形态学特征

不同类型的肌纤维其形态学特征也不同。快肌纤维的直径较慢肌纤维大，含有较多收缩蛋白。快肌纤维的肌质网也较慢肌纤维的发达。慢肌纤维周围的毛细血管网较快肌纤维丰富，并且慢肌纤维含有较多的肌红蛋白，因而慢肌纤维通常为红色。慢肌纤维含有较多的线粒体，并且线粒体的体积较大。在神经支配上，慢肌纤维由较小的运动神经元支配，神经纤维较细，传导速度较慢，一般为2～8米/秒；而快肌纤维由较大的运动神经元支配，神经纤维较粗，传导速度较快，可达8～40米/秒。

（二）不同类型肌纤维的生理学特征

1.肌纤维类型与收缩速度

快肌纤维收缩速度快，慢肌纤维收缩速度慢。

在人体的骨骼肌中，快肌运动单位与慢肌运动单位是相互混杂的，一般不存在单纯的快肌与慢肌。但每块肌肉中快肌运动单位与慢肌运动单位的分布比例是不同的。肌肉中如果快肌纤维的百分比较高，肌肉的收缩速度较快。

2.肌纤维类型与肌肉力量

肌肉收缩的力量与单个肌纤维的直径和运动单位所包含的肌纤维数量有关。由于快肌纤维的直径大于慢肌纤维，而且快肌运动单位所包含的肌纤维数量多于慢肌运动单位所包含的，因此，快肌运动单位的收缩力量明显地大于慢肌运动单位的。在人体中快肌纤维百分比较高的肌肉收缩时产生的张力较大。

3.肌纤维类型与疲劳

不同类型的肌纤维抗疲劳能力不同。慢肌纤维抗疲劳的能力比快肌纤维的强得多。这

是因为慢肌纤维中的线粒体体积大而且数目多，线粒体中有氧代谢酶活性较高，肌红蛋白的含量也比较丰富，毛细血管网较为发达，因而慢肌纤维的有氧代谢潜力较大。快肌纤维的抗疲劳能力较低，这与快肌纤维的有氧代谢能力较低有关。快肌纤维含有较丰富的葡萄糖酵解酶，因此有氧代谢能力低，而无氧酵解能力较高。肌肉收缩时所需的能量大都来自糖的无氧代谢，从而引起乳酸大量积累，最终导致肌肉疲劳。

（三）不同类型肌纤维的代谢特征

慢肌纤维中氧化酶系统的活性明显高于快肌纤维中的。慢肌纤维中作为氧化反应场所的线粒体体积大且数量多；快肌纤维中线粒体的体积小，而且数量少。实验证明，慢肌纤维氧化脂肪的能力为快肌纤维的4倍。而快肌纤维中与无氧代谢有关的酶的活性明显高于慢肌纤维中的，可见快肌纤维的无氧代谢能力较慢肌纤维高。快肌运动单位和慢肌运动单位的一些特性对比见表1-1。

表1-1　快肌运动单位和慢肌运动单位的特性对比

特性	快肌运动单位	慢肌运动单位
有氧能力	低	高
无氧能力	高	低
毛细血管密度	小	大
收缩速度	快	慢
收缩力量	大	小
动员模式	速度类活动	耐力类活动
在运动员中的分布	非耐力运动员多	耐力运动员多
疲劳性	快	慢

三、运动时不同类型运动单位的动员

在运动中不同类型的肌纤维参与工作的程度依运动强度而定，实验证明，让受试者以70%最大摄氧量强度运动，慢肌纤维中的糖原首先被消耗，糖原消耗继而转向快肌纤维。甚至当慢肌纤维中的糖原完全枯竭时，快肌纤维中还有糖原剩余。而受试者以150%最大摄氧量强度运动时，快肌纤维中的糖原首先被消耗。**这说明，在以较低的强度运动时，慢肌纤维首先被动员，运动强度较高时，快肌纤维首先被动员。**

运动员在运动训练时，采用不同强度的练习，可以发展不同类型的肌纤维。为了提高快肌纤维的代谢能力，训练计划必须包括高强度的练习；如果要提高慢肌纤维的代谢能力，训练计划就要由低强度、持续时间较长的练习组成。

四、肌纤维类型与运动项目

一般人上下肢肌肉的慢肌纤维百分比为40%～60%。但肌纤维组成的个体差异较大，慢肌纤维百分比最低的为24%，最高的为74.2%。这说明在一般人中肌纤维的百分比分布范围很大。

研究发现，运动员的肌纤维组成具有项目特点。从事运动时间短、强度高的项目的运动员，其骨骼肌中快肌纤维百分比较从事耐力项目运动员的和一般人的高；相反，从事耐力项目运动员的慢肌纤维百分比高于非耐力项目运动员的和一般人的。既需要耐力又需要速度项目（如中跑、自行车等）的运动员，其肌肉中快肌纤维和慢肌纤维百分比相当。

五、运动训练对肌纤维的影响

关于运动训练能否导致肌纤维类型转变目前还存在争论。一种观点认为，每个人生来肌纤维类型的分布比例就已经确定，而且这种比例不会通过训练和其他方法得到改变。这也就是说，人的肌纤维类型组成是先天决定的。只有那些肌纤维组成占优势的运动员才能取得好成绩。另一种观点则认为，运动员长时间系统地从事某一专项运动的训练，可使肌肉结构和机能产生适应性变化，训练可导致运动员肌纤维组成发生适应性改变，即“训练适应”。上述两种观点各有一些实验支持，但都缺乏足够的证据。

不论运动训练能否改变肌纤维类型，运动训练能使肌纤维形态和代谢特征发生较大的变化是毋庸质疑的。运动训练至少可以从以下两个方面对肌纤维产生较大的影响。

（一）肌纤维选择性肥大

耐力训练可引起慢肌纤维选择性肥大，速度、爆发力训练可引起快肌纤维选择性肥大。运动员通过10周的举重训练，快肌纤维面积由5473平方微米增加到7140平方微米。此外，研究发现，长跑运动员慢肌纤维的相对面积要比快肌纤维的相对面积大22%。

有研究对6名成年男性受试者进行了5个月的长跑训练。受试者在训练前后测定了最大摄氧量、慢肌纤维百分比、慢肌纤维面积、琥珀酸脱氢酶活性和磷酸丙糖激酶等指标，他们发现，受试者的最大摄氧量、慢肌纤维面积、琥珀酸脱氢酶活性和磷酸丙糖激酶在训练后都显著提高了，但慢肌纤维百分比却没有明显提高。

（二）肌纤维中酶活性选择性改变

肌纤维对训练的适应还表现为肌肉中有关酶活性的有选择性增强。对不同项目赛跑运动员腿肌中琥珀酸脱氢酶、乳酸脱氢酶及磷酸化酶的活性研究发现，在长跑运动员的肌肉中，与氧化供能有密切关系的琥珀酸脱氢酶活性较高，而与糖酵解及磷酸化供能有关的乳酸脱氢酶及磷酸化酶则活性较低。短跑运动员则相反，乳酸脱氢酶和磷酸化酶活性较高，而琥珀酸脱氢酶活性较低。中跑运动员居短跑运动员和长跑运动员之间。

思考题

1. 骨骼肌有几种收缩形式？它们各有什么生理学特点？
2. 为什么在最大用力收缩时离心收缩产生的张力比向心收缩产生的张力大？
3. 试述绝对力量、相对力量、绝对爆发力和相对爆发力在运动实践中的应用及其意义。
4. 肌纤维类型是如何划分的？不同类型肌纤维的形态学、生理学和代谢特征是什么？
5. 从事不同项目运动员的肌纤维类型的组成有什么特点？
6. 运动时不同类型肌纤维是如何被动员的？
7. 运动训练对肌纤维有什么影响？

第二章
运动时的物质与能量代谢

本章教学提示

1. 本章学习重点是人体主要营养物质的代谢，包括糖类、脂肪、蛋白质；人体运动时的能量供应以及三个能源系统的代谢特征。
2. 本章学习难点是三个能源系统的代谢特征及交互作用，不同运动项目的能量供应；运动时能量代谢的测量与计算等。

第一节　物质代谢

为了维持正常生命活动，机体必须不断地从外界环境中吸收各种营养物质，以构筑机体的组成成分或更新衰老的组织。同时机体必须不断地将这些营养物质在体内的分解代谢产物排出体外。人体与其周围环境之间不断进行的物质交换过程称为物质代谢。在物质的分解过程中，营养物质所蕴藏的化学能被释放出来，经过转化，成为机体各种生命活动及运动的能量来源。可见，物质代谢与能量代谢紧密相连。

一、人体主要营养物质的消化与吸收

人体所需要的主要营养物质包括糖类、脂肪、蛋白质、水、无机盐和维生素等。这些物质主要来源于食物，经过消化器官的消化和吸收，为机体的正常生命活动及运动和训练提供了必不可少的物质能量来源。

（一）主要营养物质的生理功用

1.三大能源物质的生理功用

糖类、脂肪、蛋白质三种营养物质在分解代谢过程中，所蕴藏的化学能被释放出来，成为机体各种生命活动及运动的能源。因此，糖类、脂肪、蛋白质又被称为三大能源物质。

糖类是人体最主要的供能物质，人体每天从糖类中获得的能量，约占总能量消耗的70%。糖在氧化时所需要的氧少于脂肪和蛋白质所需要的，因而成为人体最经济的能源。例如，各器官、肌肉、大脑的活动都需要消耗大量能量，这些能量首先要由糖供应。每氧化1克糖平均释放出约4千卡能量。人类合理膳食的总热量约有20%~30%由脂肪供给。每氧化1克脂肪平均释放出约9千卡能量。蛋白质也可作为机体的供能物质，1克蛋白质在体内氧化分解产生约4千卡的能量。但是，正常生理情况下，蛋白质的主要生理功用在于维持机体的生长发育和组织的更新修复。

2.水及无机盐的生理功用

体液是细胞进行代谢的内部环境，其主要成分是水及各种无机盐。人体各种营养物质的消化、吸收、运输及代谢废物的排泄，均通过水来进行，因此，水具有维持物质代谢的作用。水的蒸发热大，比热大，可以调节体温，使人体不因代谢产热而发生体温的明显变化。水在体内还具有润滑作用，如关节腔滑液，胸膜腔、腹膜腔浆液等均有此作用。

无机盐的生理功用包括：维持细胞内外液的容量、渗透压及电中性；维持神经、肌肉的膜电位，与维持神经肌肉细胞正常兴奋性和肌肉收缩有关，使机体具有接受环境刺激和做出反应的能力；参与血液缓冲对的构成，与维持人体的酸碱平衡有关；此外，无机盐参与人体体质构成，通过生物酶的调节作用，影响物质代谢过程等。

3.维生素的生理功用

水溶性维生素（特别是B族维生素）参与某些辅酶的组成、某些重要化学基团的转运及体内的氧化还原反应等，在物质代谢中起重要作用。脂溶性维生素具有维持上皮细胞健全和机体正常生长发育、调节钙磷代谢、促进多种凝血因子的合成、作为抗氧化剂等重要功用。

（二）消化与吸收

食物在消化道内被分解为小分子的过程，称为消化。经过消化的食物透过消化道黏膜，进入血液和淋巴循环的过程，称为吸收。

1.消化

消化的方式有两种：一种是通过咀嚼、消化道肌肉的舒缩活动，将食物磨碎，使之与消化液充分混合，并将食物不断地向消化道远端推送，最终把不能被消化和吸收的残渣以粪便的形式排出体外，此种方式称为机械性消化或物理性消化，如牙齿的咀嚼、舌头的搅拌、胃肠道蠕动等；另一种消化通过消化腺分泌的消化液来完成，消化液中所含的各种消化酶，能分别将糖类、脂肪及蛋白质等物质分解成小分子颗粒，此种消化方式称为化学性消化。正常生理情况下，两种消化方式同时进行，互相配合，共同完成消化过程。

2.吸收

消化道的不同部位，对物质的吸收能力和吸收速度明显不同，这主要取决于消化道各部位的组织结构，以及食物在各部位被消化的程度和停留的时间。口腔及食道基本不具有吸收能力。胃黏膜无绒毛，且上皮细胞间紧密连接，只能吸收酒精和少量水分。小肠是吸收的主要部位，糖类、脂肪和蛋白质的消化产物大部分在十二指肠和空肠吸收，回肠能够吸收胆盐和维生素B_{12}。水、无机盐、维生素可不经消化被小肠直接吸收入血。

3.肌肉运动对消化和吸收机能的影响

肌肉运动可以产生骨骼肌血管扩张、血流量增加，内脏血管收缩、血流量减少的效应，导致胃肠道血流量明显减少（较安静时减少2/3左右），消化腺分泌的消化液量下降；运动应激亦可导致胃肠道机械运动减弱，使消化能力受到抑制。为了解决运动与消化机能的矛盾，一定要注意运动与进餐之间的间隔时间。人在饱餐后，胃肠道需要的血液量较多，此时立即运动，将会影响消化，甚至可能因食物滞留造成胃膨胀，出现腹痛、恶心及呕吐等运动性胃肠道综合征。人在剧烈运动结束后，亦应经过适当休息，待胃肠道供血量基本恢复后再进餐，以免影响消化吸收机能。

二、主要营养物质代谢

（一）糖代谢

1. 人体的糖储备及其供能形式

人体储备的糖类物质主要是由食物获得的糖原及葡萄糖。人体所需能量的70%左右由食物中的糖类物质所提供。因此，糖类是人体基本的供能物质。食物中的糖大多是多糖或双糖，经消化道分解成单糖并被吸收入血液后，一部分合成肝糖原，一部分随血液运输到肌肉合成肌糖原贮存起来，一部分被组织直接氧化利用，还有一部分维持血液中葡萄糖的浓度。因而，人体内的糖以血糖、肝糖原和肌糖原的形式存在，并以血糖为中心，处于一种动态平衡状态。葡萄糖是人体内糖类的运输形式，而糖原是糖类的贮存形式，具体见图2-1。

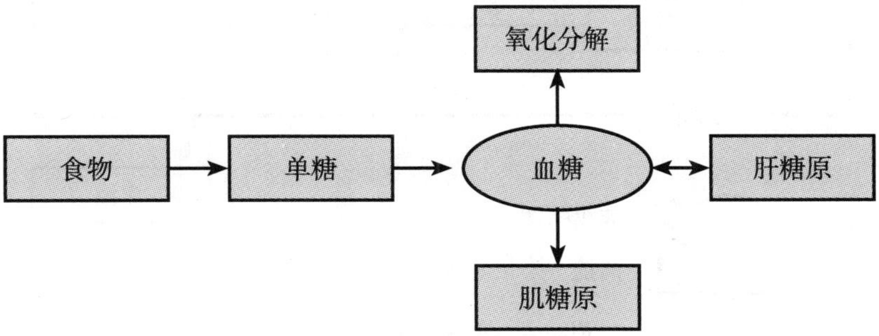

图2-1　糖的动态平衡示意图

（1）糖原

人体各种组织中大多含有糖原，但其含量的差异很大。例如，脑组织中糖原含量甚少，而肝脏和肌肉中以糖原方式贮存的糖类较多。人体肝糖原为70～100克，浓度约为250毫摩尔/千克，肌糖原为300～400克，浓度为80～100毫摩尔/千克。一个70千克体重的运动员，肌糖原储量约为420克，肝糖原储量约为100克。**肌糖原既是高强度无氧运动时机体的重要能源，又是中高强度有氧运动时的主要能源。**许多研究表明，糖原（特别是肌糖原）储量的增多，有助于高强度耐力项目运动员成绩的提高。

（2）血糖

血液中的葡萄糖又称血糖，总量5～6克，浓度4.2～6.6毫摩尔/升。**血糖是包括大脑在内的中枢神经系统的主要能源。**运动员安静状态下的血糖浓度与常人无异。血糖浓度是人体糖的分解及合成代谢保持动态平衡的标志。人在饥饿及长时间运动时，血糖水平下降，会出现工作能力下降及疲劳的征象。肝糖原可以迅速分解入血以补充血糖，维持血糖的动态平衡。

2. 糖在体内的分解代谢

人体各组织细胞都能有效地进行糖的分解代谢。糖在人体内的主要分解途径有两条：在不需氧的情况下进行无氧酵解和在耗氧情况下进行有氧氧化。

（1）糖酵解

糖在人体组织中，不需耗氧而分解成乳酸，以及在人体缺氧或供氧不足的情况下，糖仍能经过一定的化学变化，分解成乳酸，并释放出一部分能量的过程，称为糖酵解。该过程生成三磷酸腺苷（ATP）含量少，反应速度较快，但是会产生乳酸导致机体疲劳，见图2-2。

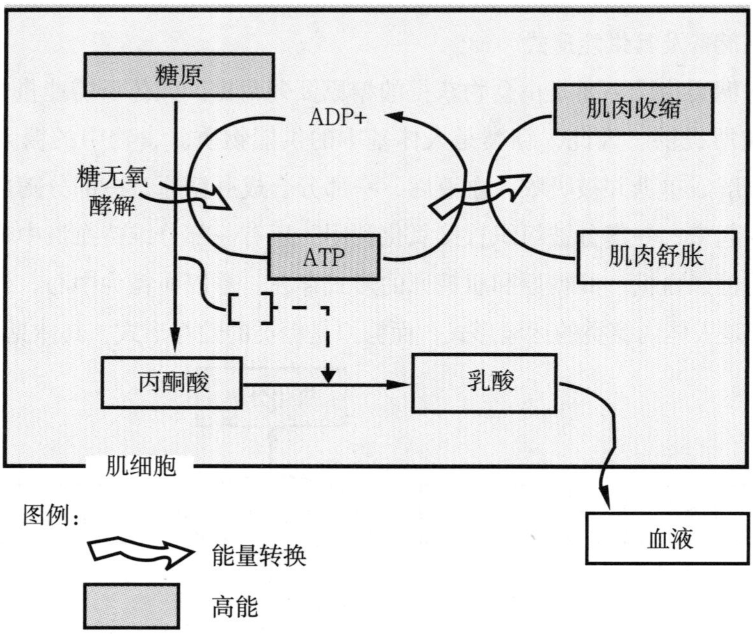

图2-2　糖酵解与乳酸生成

糖酵解是一系列酶促反应的过程。剧烈运动时，体内供氧不足，糖进行无氧分解，经过一系列反应生成乳酸（糖原或葡萄糖→丙酮酸→乳酸）。在该过程中，1分子葡萄糖生成2分子乳酸，并释放能量。这些能量由二磷酸腺苷（ADP）接受并生成ATP。糖酵解也是人体某些组织、细胞（如红细胞）在正常生理情况下的主要供能途径。糖酵解过程中ATP的生成量少，但酵解酶浓度高，反应速度快，在剧烈运动中可以快速提供肌肉收缩的能量。

经糖酵解产生的乳酸，一部分在供氧充分时继续氧化分解，通常发生于心脏、静息状态下的骨骼肌或恢复时的骨骼肌；另一部分扩散入血，在肝脏重新转变成糖原或葡萄糖，循环利用，该过程需要氧和能量的供给（图2-3）。

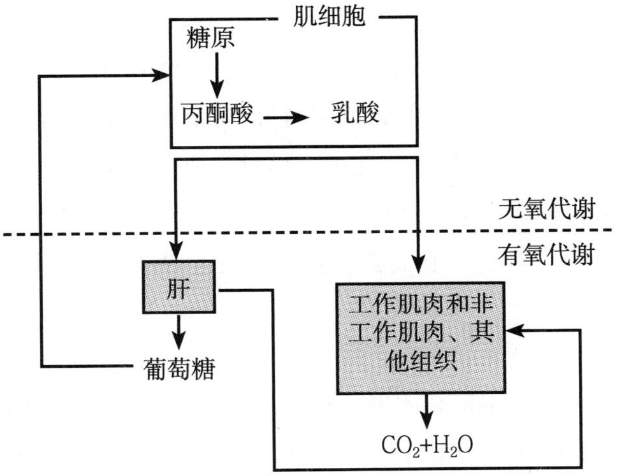

图2-3　乳酸的清除

（2）有氧氧化

糖原或葡萄糖在耗氧条件下彻底氧化，产生二氧化碳和水的过程，称为有氧氧化。糖的有氧氧化过程可分为三个阶段：第一阶段，由糖原或葡萄糖分解为丙酮酸，该过程与糖酵解相同；第二阶段，由丙酮酸氧化生成乙酰辅酶A（乙酰CoA）；第三阶段，乙酰辅酶A经三羧酸循环生成二氧化碳和水。每个阶段均有脱氢反应，脱下的氢原子在与氧化合生成水的过程中，产生大量能量，用以合成ATP（图2-4）。

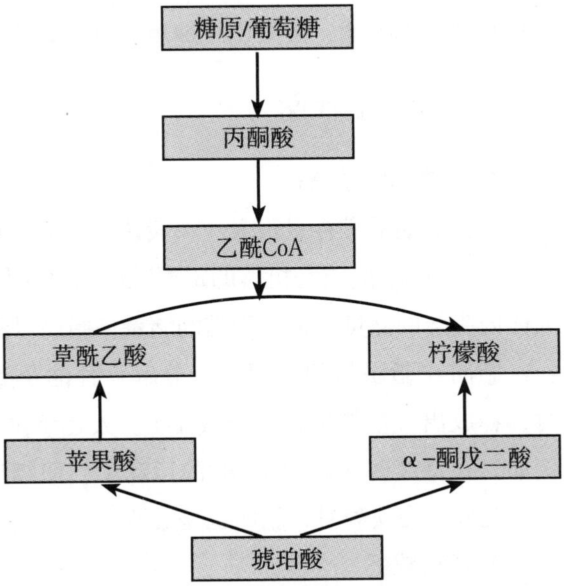

图2-4　糖的有氧氧化途径

乙酰辅酶A不仅是糖氧化分解的产物，还可来自脂肪和蛋白质的分解代谢。因此，三羧酸循环实际上是糖类、脂肪、蛋白质三大营养物质在体内氧化分解的共同途径。糖的有氧氧化产生能量较多，1分子葡萄糖完全氧化时，产生38分子ATP，为糖酵解产能的19倍。糖的有氧氧化是机体正常生理条件下及长时间运动中供能的主要方式。

3. 运动与补糖

肌糖原提供运动中主要的能量来源。肌糖原耗尽被认为是引起疲劳的主要原因，也是短时间高强度运动或超过1小时的持续中等强度运动最后能源耗竭的主要原因。因此，适当补糖，有助于延缓运动性疲劳的产生，直接或间接调节机体的免疫机能，并可促进运动性疲劳的恢复，以保持运动能力，提高训练效果及比赛成绩。

（1）补糖时间

在运动前、运动中和运动后补糖都是很重要的。一般情况下，运动前2~4小时补糖可以增加运动开始时肌糖原的储量。在运动开始前5分钟内摄取糖在提升耐力运动（超过1小时）能力方面远胜于运动前2小时进食（如赛前餐）。尽量不要在运动前1小时左右补糖，因为在这段时间内补充糖会刺激胰岛素分泌，从而使血糖水平降低并出现疲劳。糖原合成的速率在恢复期的前2小时是非常高的，因此，在高强度且长时间运动停止后立即补糖，可以使运动中减少的糖原迅速恢复。

（2）补糖量

运动前或赛前补糖时可采用稍高浓度的糖溶液（35%~40%），服用40~50克糖；运动中或赛中补糖时应采用浓度较低的糖溶液（5%~8%）。糖的补充应有规律地间歇进行，一般每20分钟补15~20克糖为宜。

（3）补糖种类

人在低聚糖是一种人工合成糖，渗透压低，分子量大于葡萄糖的分子量，可以提供低渗透压高热量的液体，效果比较理想（目前多使用由2~10个葡萄糖单位聚合成的低聚糖）。

（二）脂肪代谢

1. 人体的脂肪储备

人体脂肪的贮存量很大。一般认为，最适宜的体脂含量，男性为体重的15%~20%，女性为20%~25%。脂肪是机体的重要贮能和供能物质，在休息状态下它提供高达70%的总能量。人体内脂肪的储量远远大于糖的储量，脂肪以潜在能量的形式存在。

脂肪在脂肪酶的作用下，分解为甘油及脂肪酸，然后再分别氧化成二氧化碳和水，同时，释放出大量能量，以合成ATP。人在氧供应充足时进行运动，脂肪可被大量消耗利用。例如，在持续时间超过3小时的运动中，肌糖原含量显著降低，脂肪氧化分解供能的比例加大。此外，在安静时，脂肪也是心肌、骨骼肌的主要能源。

2. 运动减肥

体脂的积聚是由于摄食量高于人体所需的能量，过多的能量在体内转化成脂肪，而且机体储存脂肪的能力几乎没有限度。所以，只有摄入量与消耗量间的平衡得以保持，人体的正常体重才能保持。运动减肥通过增加人体肌肉的能量消耗，促进脂肪的分解氧化，降低运动后脂肪酸进入脂肪组织的速度，抑制脂肪的合成得以实现。因此，减肥的方式一是参加运动，二是控制食物摄入量，另外还要注重行为的改变。

减肥者应根据肥胖程度和个体体质，选择较适宜的运动方式。在此提倡采用动力型、大肌肉群参与的有氧运动，如快走、跑步、游泳、骑单车、跳绳、健身操等。这些运动均具有负荷量小、有节律感、持续时间长等特点，可以有效地降低体脂水平。另外，减肥者在进行有氧运动的同时，要进行抗阻运动的辅助练习。抗阻运动在减肥时对瘦体重的保持有很好的作用，并且能更多地减少脂肪体重。总之，运动不仅可以增加机体的能量消耗，达到减肥的目的，还有助于增强心血管系统及呼吸系统的机能，提高肌肉的代谢能力，增强体质，促进健康。

（三）蛋白质代谢

蛋白质是生命的物质基础，是细胞的主要构成成分。人体在代谢过程中，每日的摄取量与消耗量基本相等。**儿童青少年、孕妇、病后恢复阶段及运动训练过程中，机体蛋白质摄入量多于消耗量，称为氮的正平衡。饥饿、营养不良、患消耗性疾病、衰老和大运动量训练期间，机体蛋白质消耗量大于摄入量，称为氮的负平衡。**蛋白质在体内缺乏30%以上，将会影响正常生命活动。蛋白质的摄入量必须与生理需要量保持平衡。

蛋白质作为能源物质氧化分解时，首先分解为氨基酸。氨基酸进而分解为相应的α-酮酸及氨。α-酮酸经过三羧酸循环彻底氧化分解为二氧化碳和水，释放出一定量的能量；氨则在肝脏转变为尿素，最终经肾脏随尿排出。

无论人体是处于安静还是运动状态，蛋白质均不是能量的主要来源。但在某些特殊情况下，如食物中糖类供应不足或糖、脂肪被大量消耗后，机体才会依靠由组织蛋白分解产生氨基酸，以有氧氧化的方式供能。蛋白质的分解代谢过程是生命活动中蛋白质合成和分解的动态平衡过程，在长时间运动中蛋白质分解代谢增加，促进了运动后合成代谢的加强，使肌肉质量得到提高，肌肉强健有力。因此，运动员增加食物蛋白质的摄入量，目的是增加肌肉蛋白质的数量并提高质量，而并非作为能源储备。

由于蛋白质在人体内具有特殊的作用，在运动训练过程中，运动员，特别是力量、耐力项目的运动员的蛋白质补充非常重要。一般认为，成人蛋白质最低生理需要量为30~45克/天或每天0.8克/千克体重。生长发育期的青少年由于组织增长及再建的需要，蛋白质的需要量为每天2.5~3克/千克体重。运动员的蛋白质供给量比普通人大，目前推荐我国运动员的补充量为每天1.2~2克/千克体重，优秀举重运动员的蛋白质补充量为每天1.3~1.6克/千克体重，耐力项目运动员蛋白质的补充量为每天1.5~1.8克/千克体重，不能超过2克/千克体重，而且应该在整个耐力训练阶段持续补充，以促进肌肉蛋白质的合成，预防运动性贫血的发生。

（四）三大物质代谢的关系

糖类、脂肪、蛋白质三大营养物质在神经、激素的调控下，发挥其各自的生理功用。糖类、脂肪均是人体的重要能源物质，蛋白质在特殊情况下，亦可作为能源，氧化分解提供能量，这三大营养物质的氧化分解途径均需经过三羧酸循环完成。同时，三大物质在一定条件下，以三羧酸循环为枢纽可以发生互相转化，如丙酮酸、乙酰辅酶A等均是糖类、脂肪、蛋白质相互转化的交叉点（图2-5）。几乎所有组成蛋白质的天然氨基酸都可以通过脱氨基作用，形成不含氮的部分，进而转变成糖类；糖类代谢的中间产物可以通过氨基酸转换作用形成非必需氨基酸。同时，糖类代谢的中间产物还可以转化成脂肪；脂肪分解产生的甘油、脂肪酸也可以转化成糖类。一般情况下，体内的脂肪不能转化为氨基酸；一些氨基酸可以通过不同的途径转变成甘油和脂肪酸，进而合成脂肪。它们之间的相互转化表明各种物质代谢之间是相互联系的，说明人体内的物质代谢是一个完整的统一过程。

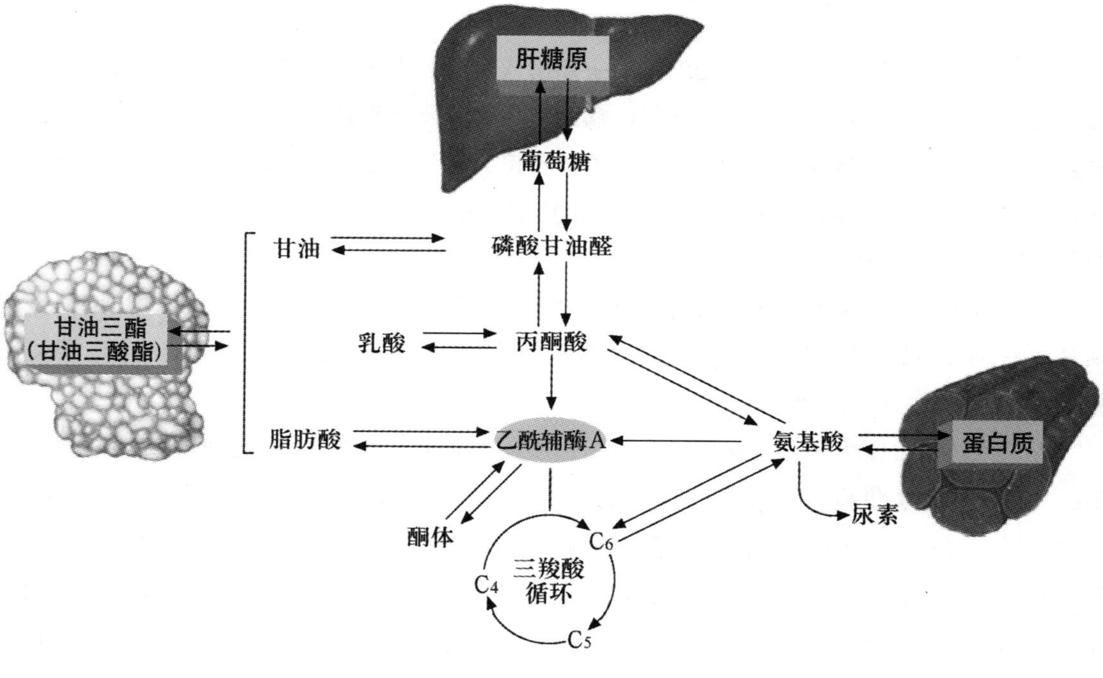

图2-5　三大物质代谢的关系示意图

第二节　能量代谢

人体运动时能量的需求明显增加，这种增加受到运动强度、运动持续时间和机体的机能状况等因素的影响。例如，在100米跑中，活动肌肉的能量输出超过它安静时的120倍或者更高；在低强度运动如马拉松跑中整个身体的能量需求可达到安静时的20~30倍。这些差别主要是由于机体在不同强度的运动中使用了不同的能源系统供能，本节主要介绍运动时机体的能量供应问题。

一、骨骼肌收缩的直接能源

肌肉活动的直接能量来源是三磷酸腺苷，即ATP。事实上，人体各种生理活动所需要的能量，基本上都是由ATP供给的。例如，神经冲动传导时离子的转运、腺体分泌时分泌物透过细胞膜的“出胞”作用、消化道内食物的吸收、肌肉收缩过程等均需要ATP供能（图2-6）。人体ATP最终来源于糖类、脂肪、蛋白质的氧化分解。

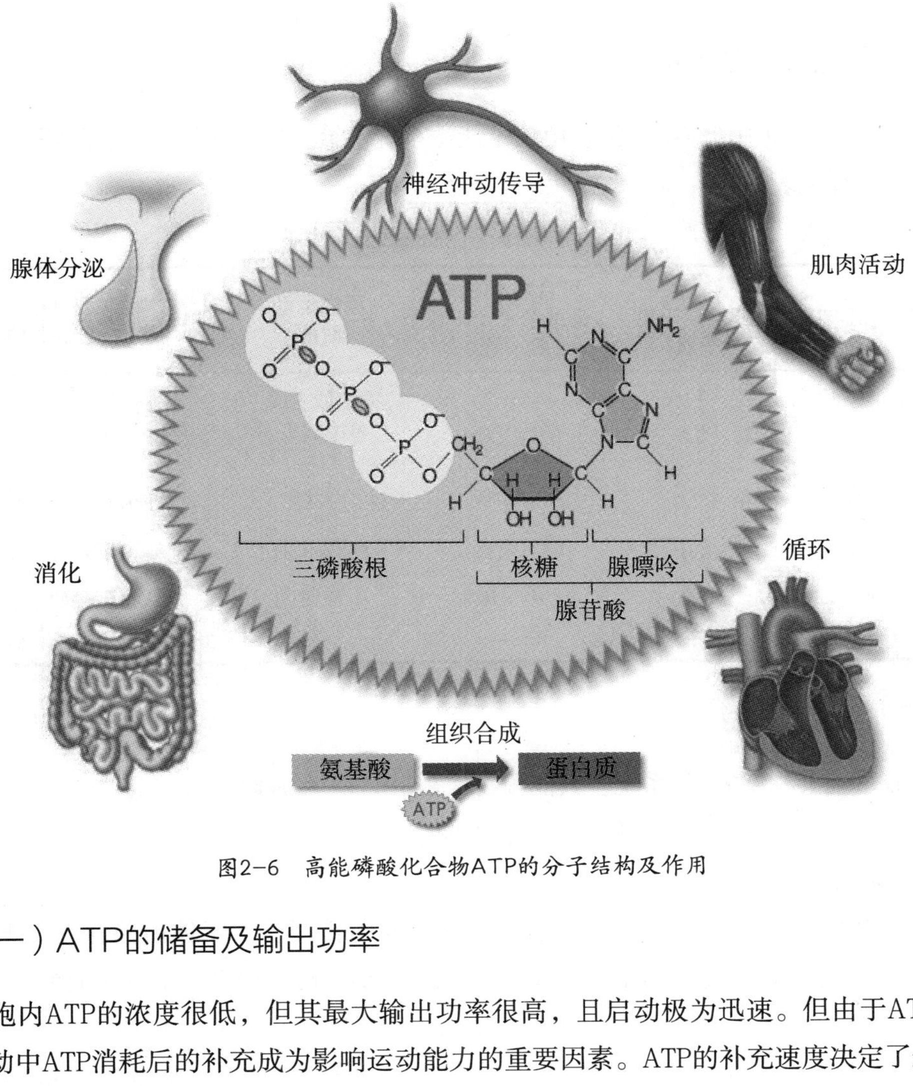

图2-6　高能磷酸化合物ATP的分子结构及作用

（一）ATP的储备及输出功率

细胞内ATP的浓度很低，但其最大输出功率很高，且启动极为迅速。但由于ATP储量有限，运动中ATP消耗后的补充成为影响运动能力的重要因素。ATP的补充速度决定了运动的强度，ATP的补充量决定了运动的持续时间。

（二）ATP的分解供能及补充

ATP在酶的催化下，迅速分解为二磷酸腺苷（ADP）和无机磷酸，并释放出能量。

$$ATP+H_2O \rightarrow ADP+Pi$$

$$CP+ADP \rightarrow C+ATP$$

ATP一旦被分解，便迅速补充。这一直接补充过程由肌肉中的另一高能磷酸化合物磷酸肌酸（CP）完成。CP释放出能量，将ADP再合成为ATP，同时生成肌酸（Cr）。肌肉中CP的再合成则要靠三大能源物质的分解。**细胞通过磷酸原系统、酵解能系统和氧化能系统三个不同的系统产生ATP。**

二、三个能源系统的特征

人体在各种运动中所需要的能量由三个能源系统供给，即磷酸原系统、酵解能系统和氧化能系统。具体见表2-1。

表2-1　人体三个能源系统的特征

能源系统名称	底物	储量/毫摩尔·千克$^{-1}$干肌	可合成ATP的量/毫摩尔·（千克干肌·秒）$^{-1}$	可供运动时间	供给ATP恢复的物质和代谢产物
磷酸原系统	ATP	24.6	—	6~8秒（或<10秒）	CP
	CP	76.8	100		CP+ADP→ATP+C
酵解能系统	糖类	365	250	2~3分钟	肌糖原→乳酸
氧化能系统	糖类	365	13 000	1.5~2小时	糖+O_2→CO_2+ H_2O
	脂 肪	48.6	不受限制	不限时间	脂肪+O_2→CO_2+H_2O
	蛋白质	—	—	—	蛋白质+O_2→CO_2+H_2O+尿素

（一）磷酸原系统

磷酸原系统又称ATP-CP系统。其能源物质是CP，CP在肌肉中储量很少，但供能速度极快，可作为极量运动的能源。该系统维持运动的时间仅为6~8秒，但却是不可替代的快速能源系统，它不需要氧即可供能。

该系统在像短跑这样的高强度运动中具有重要的作用。由于体内储存的ATP和CP有限，因此当超过磷酸原系统供能的时间以后，肌肉将通过酵解能系统和氧化能系统产生ATP供能。

（二）酵解能系统

酵解能系统又称乳酸能系统，是运动中骨骼肌糖原或葡萄糖在无氧条件下酵解，生成乳酸并释放能量供肌肉利用的能源系统。该系统不能产生大量ATP，持续运动时间为2～3分钟，但在极量运动的能量供应中具有特殊的重要性。

酵解能系统与磷酸原系统共同为短时间高强度无氧运动提供能量。中距离跑等运动持续时间在2分钟左右的项目，主要由酵解能系统供能；而篮球、足球等非周期性项目的运动员在加速、冲刺时的能量亦由磷酸原系统及酵解能系统提供。

（三）氧化能系统

氧化能系统又称有氧能系统，该系统的供能需要氧的参与，糖类、脂肪和蛋白质在氧供充分时，可以氧化分解，提供大量能量。该能源系统以糖类和脂肪为主，尽管其供能的最大输出功率仅为酵解能系统的1/2，但其储量丰富，可供运动的时间较长（糖类可达1.5~2小时，脂肪可达更长时间）。

氧化能系统是长时间运动时的主要能源供给系统。相较于磷酸原系统，氧化能系统的动员比较慢，但其具有强大的产能能力。耐力性运动中有氧代谢是主要的供能方式，同时需要心血管系统和呼吸系统运输大量的氧到肌肉，供其所需。

三、三个能源系统的交互作用

三个能源系统并非相互独立，当个体从事高强度运动，从短跑（小于10秒）到耐力运动（大于30分钟），所有能源系统会共同参与机体的能量供应，通常以一个能源系统供能为主。例如，在10秒内即可完成的百米跑中，磷酸原系统为主要供能系统，但酵解能系统及氧化能系统也同时供应少部分的能量。又如，30分钟内可完成的万米跑，以有氧代谢供能为主，但磷酸原系统和酵解能系统也参与能量供应。

人体运动中能量输出的基本过程分为无氧代谢和有氧代谢两个过程，不同运动项目需要不同代谢过程作为其能量供应的基本保证，但任何运动过程的能量供应，都是由三个能源系统按不同比例提供，比例的大小则取决于运动的性质和特点。因此，人体不同能源系统的供能能力决定了运动能力的强弱。

图2-7显示了不同能源系统产生ATP的最大速率与最大可利用能量。磷酸原系统能在最短时间内供能，但总产热量最低，因此该系统主要适合高强度短时间的运动供能。相反，氧化能系统的产能速率较慢，但产能的总量却是没有限制的，因此该系统对于低强度长时间的运动具有重要的作用。

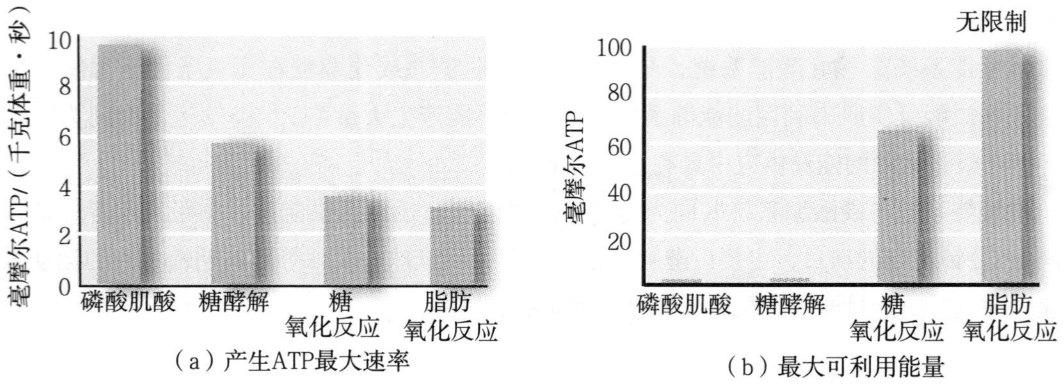

图2-7　不同能源系统产生ATP的最大速率（a）和最大可利用能量（b）

四、不同运动项目的能量供应

不同运动项目具有不同的技术特点，决定了其能量供应具有各自的特征，但任何项目运动中不存在绝对的某一个单一能源系统的供能，而是需要三个能源系统按照不同比例协同供能。例如，100米跑是典型的速度性项目，要求快速、高输出功率的能量供应，磷酸原系统为首选供能系统，但酵解能系统及氧化能系统在运动中仍占一定比例；马拉松跑的持续时间长，运动中机体的能量供应以氧化能系统为主，但酵解能系统供能亦占一定比例。而且，随着训练水平的提高，马拉松运动员运动中的酵解能系统供能所占比例将进一步增加，有利于满足途中加速和终点冲刺时的能量需求。近年来的研究发现，人体无氧能源系统和有氧能源系统各供能50%的时间区间出现在运动开始后的1~2分钟，许多研究者认为，这一比例最可能出现在运动75秒左右。

教练员在运动实践中制订训练计划时，应着重发展运动员在该项目的运动中起主要作用的能源系统（表2-2和图2-8），选择合理有效的训练安排。

表2-2　各种运动项目的主要能源系统供能占比

运动项目	各能源系统供能所占比例/%		
	磷酸原系统和酵解能系统	酵解能系统和氧化能系统	氧化能系统
篮球	60	20	20
击剑	90	10	0
田赛	90	10	0
高尔夫挥杆	95	5	0
体操	80	15	5
曲棍球	50	20	30

续表

运动项目	各能源系统供能所占比例/%		
	磷酸原系统和酵解能系统	酵解能系统和氧化能系统	氧化能系统
划船	20	30	50
赛跑（长距离）	10	20	70
滑雪	33	33	34
足球	50	20	30
游泳（长距离）	10	20	70
游泳（50米自由泳）	40	55	5
网球	70	20	10
排球	80	5	15

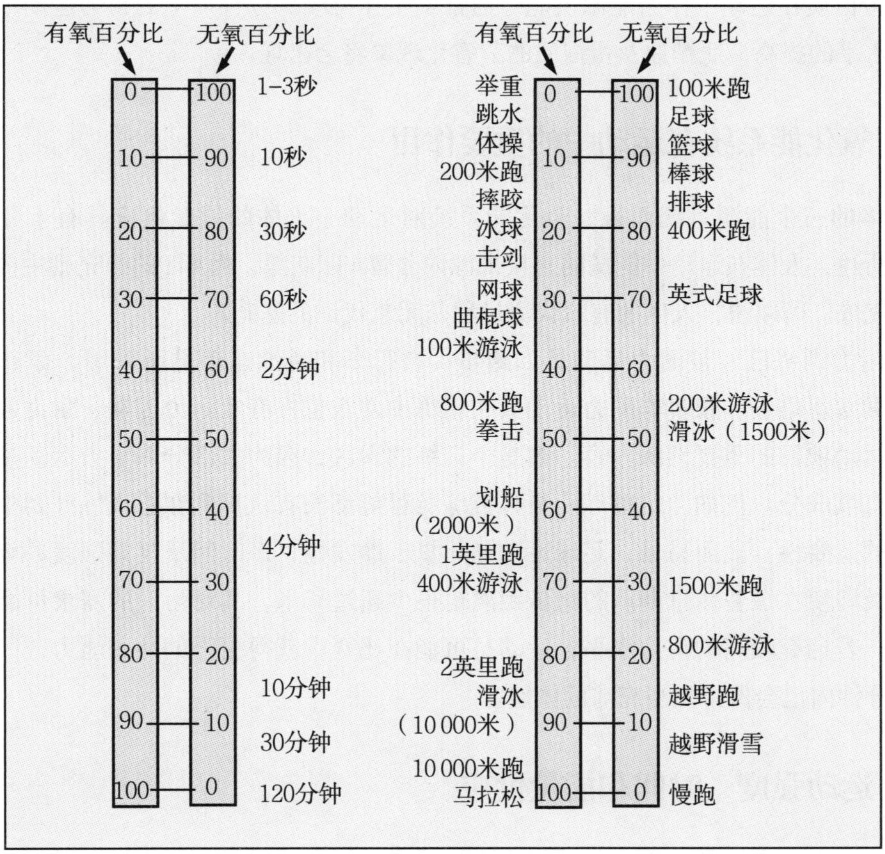

图2-8 能量连续统一体中各运动项目的有氧和无氧供能比例

五、运动中能源物质的动员

我们若比较人体糖类、脂肪、蛋白质三大能源物质在运动中的利用速率会发现，糖类的利用速率最快，是一种非常经济的能源，但能源物质的利用情况与运动强度密切相关。一般而言，运动强度在90%$\dot{V}O_2max$以上时，肌糖原利用速率最快。运动强度在65%~85% $\dot{V}O_2max$之间时，肌糖原利用速率随运动持续时间的延长而变慢。30%$\dot{V}O_2max$强度运动下，肌肉主要由脂肪酸氧化供能，很少利用肌糖原。

运动开始时骨骼肌首先分解肌糖原，肌肉便通过糖酵解方式参与供能；持续运动5~10分钟后，血糖开始参与供能，当运动强度达到最大摄氧量强度时，血糖的供能速率可达安静时供能速率的50倍；若运动时间继续延长，骨骼肌、大脑等组织大量氧化分解利用血糖，从而导致血糖水平降低时，肝糖原分解补充血糖，其分解速率较安静时增加5倍。脂肪在安静时即为主要供能物质，在运动达30分钟左右时，其输出功率最大。脂肪的分解利用对氧的供应有严格的要求，因此，在长时间运动中，当肌糖原大量消耗或接近耗竭，氧供充足时脂肪被大量动用。蛋白质在运动中作为能源供能，通常发生在持续30分钟以上的耐力运动中。随着运动员耐力水平的提高，肌糖原及蛋白质的节省化现象将会出现。

六、氧化能系统在运动中的重要作用

就人体的三个能源系统而言，氧化能系统对运动中人体的能量供应具有十分重要的作用。如前所述，人体在运动中能量的直接来源内分解ATP获得，而ATP的补充则主要通过有氧氧化过程完成。可以说，人体的有氧代谢过程是无氧代谢的基础。

有氧耐力训练已经被耐力运动员如跑步、自行车和游泳运动员所采用，而其他项目的运动员却常常忽略它。很多非耐力运动员在训练中常常忽视有氧耐力因素，耐力常被认为不是非耐力运动项目的重要训练内容。这是个训练的误区，因为大部分非耐力运动项目都包含有耐力或有氧成分。例如，足球运动员和教练员可能都没有认识到在总训练计划中加入心肺耐力训练的重要性。显而易见，足球运动是无氧、爆发性、短时间反复高强度冲刺的运动项目，运动员即使在短暂休息期后的跑步距离也很少超过55米，其对耐力的需求可能尚未被发现和认识。若拥有较高的耐力水平，运动员可能在比赛中获得更强的冲刺能力，即使在比赛的最后15分钟内也会保持相当充沛的体能。

七、运动强度、时间和能量供应

健身运动的形式多种多样，运动强度均比较低，运动持续时间比较长，因而动用的能源物质也与运动的特点相适应。健身运动的强度基本处于50%~70%$\dot{V}O_2max$ 范围内，而且较理想的运动时间应为30~60分钟。运动者运动时可大量分解利用脂肪作为能源，这也是健身运动在增强运动者体质的同时也能产生减肥效果的原因所在。

在安静时，大约有33%的能量来自糖代谢、66%来自脂肪代谢。随着运动强度的增加，糖的代谢作用增强，而脂肪的代谢作用却慢慢地下降。由图2-9可知，在运动强度的变化过程中，糖与脂肪供能的变化转换。在交叉点以后，糖的供能将慢慢超过脂肪的供能，即在交叉点时能量代谢发生了转换，从主要依赖脂肪供能转向主要依赖糖供能。理论上，这种变化会持续到最高运动强度，届时接近100%的能量需求将来自糖代谢（图2-9）。这种在高运动强度时转向使用更多糖供能对机体是非常有利的。脂肪所蕴藏的能量是最高的，达到约9千卡/克，而糖和蛋白质则约为4千卡/克。然而，有氧代谢时，糖消耗1升氧可产生更多的能量（5.0千卡/升），而脂肪和蛋白质分别为4.7千卡/升和4.5 千卡/升。

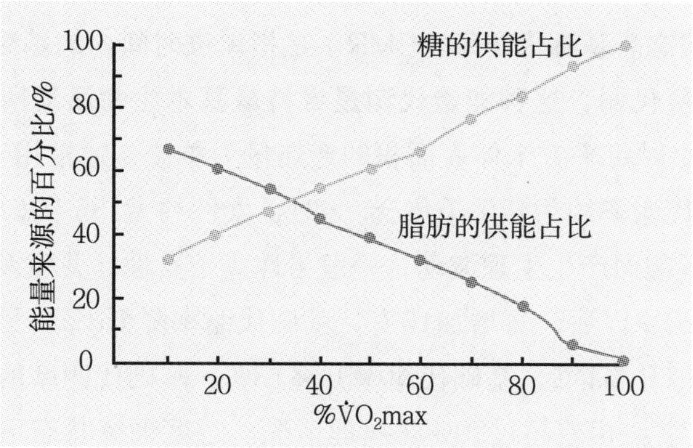

图2-9　糖类和脂肪供能随运动强度的变化情况

长时间、低强度运动（如超过30分钟）时，随着运动时间延长，机体的供能会逐渐从糖代谢向脂肪代谢供能转换。图2-10能清晰地显示这种随运动时间的变化供能的转化情况。这提示有氧运动的持续时间是燃烧脂肪增加的关键因素。

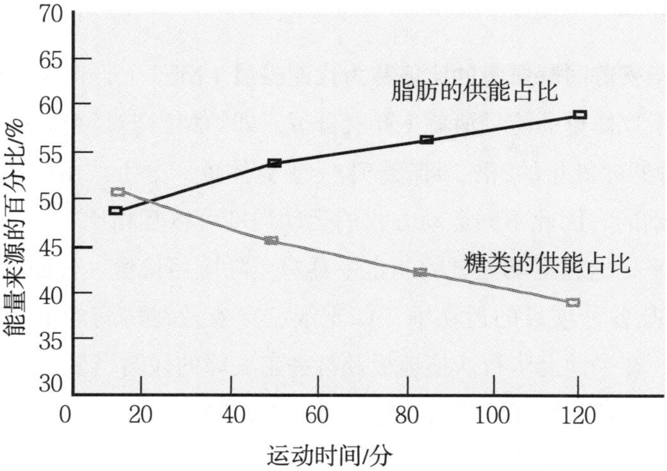

图2-10　糖类和脂肪供能随时间的变化情况

第三节　运动时能量代谢的测量与计算

一、与能量代谢有关的几个概念

（一）基础代谢

基础代谢指基础状态下的能量代谢。基础状态是指人体处在清醒、安静、空腹、室温在20~25℃条件下的状态。基础代谢率（BMR）是指单位时间内的基础代谢，即在基础状态下，单位时间内的能量代谢，这种能量代谢是维持最基本生命活动所需要的最低限度的能量。基础代谢率以每小时每平方米体表面积的产热量为单位，通常用千焦/米^2·时来表示。正常成年男性的基础代谢率约为170 千焦/米^2·时，女性约为155千焦/米^2·时。基础代谢率受年龄、性别等因素影响而产生生理波动，一般男性高于女性，儿童及青少年高于成年人，老年人低于青年人。20岁以后，每增加10岁，基础代谢率降低3%。另外，基础代谢率受人体体温的影响，体温每升高1℃，基础代谢率升高13%。基础代谢率的测定值与正常值相差±10%~15%，均属正常。相差超过20%属病理情况。过度训练状态下，运动员基础代谢率升高。

安静代谢率（RMR）指人体安静状态下单位时间内的能量代谢。大多数研究者用安静代谢率来代替基础代谢率，因为大部分的测量都紧随基础代谢率测量，测量环境大致相同，受试者无需躺在医院或实验室里。本质上，基础代谢率和安静代谢率值相同，范围介于1200~2400千卡/天，女性较男性约低3%。

（二）代谢当量

运动时耗氧量与安静时耗氧量的比值称为代谢当量（MET），也称为梅脱。1MET约相当于安静时每分钟每千克体重的能量消耗（耗氧量），即约相当于3.5毫升/（千克体重·分）。2MET相当于安静时的耗氧量的2倍，即7毫升/（千克体重·分）。由于该指标是以安静时机体的能量消耗为基础的，因此不同运动方式的运动强度可以互相比较，用于评价机体运动时的相对能量代谢水平，这在运动处方的制定中具有实际应用价值。代谢当量已广泛地应用到日常的体力活动以及各种项目的运动中，如吃饭、穿衣及在房间内走动时代谢当量一般为1～4MET；爬楼梯、在平地上步行、拖地板及打高尔夫球的代谢当量一般为4～10MET；剧烈的体育活动如游泳、网球及足球等代谢当量会超过10MET。

（三）食物热价及氧热价

一定量的糖类、脂肪、蛋白质在体外燃烧时所释放的热量，与三大能源物质在体内彻底氧化分解生成二氧化碳和水时所产生的热量相比，糖类和脂肪在体外燃烧释放的热量与体内氧化分解所产生的热量完全相同，而蛋白质则略有差异。**1克食物完全氧化分解所释放的热量称为食物热价。**糖类的热价为17.16千焦，脂肪的热价为38.93千焦，蛋白质的热价为18.00千焦（在体外燃烧时为23.44千焦）。

各种能源物质在体内氧化分解时，每消耗1升氧所产生的热量称为该物质的氧热价。例如，糖类的氧热价为21.0千焦，脂肪的氧热价为19.7千焦，蛋白质的氧热价为18.8千焦。体内氧化过程中，氧化的糖类越多则氧热价越高，氧化的脂肪较多则氧热价较低。

（四）呼吸商

各种物质在体内氧化时所产生的二氧化碳与所消耗的氧的容积之比称为呼吸商（RQ）。糖类、脂肪、蛋白质氧化时，其二氧化碳产量与耗氧量各不相同，呼吸商也不一样。三大能源物质氧化时，其耗氧量和二氧化碳产量均取决于各物质的化学组成。因此，任何一种能源物质的呼吸商均可以根据其氧化成最终产物（二氧化碳和水）的化学反应式计算出来。糖类在氧化时消耗的氧与产生的二氧化碳分子数相等，故呼吸商为1。脂肪氧化时需要消耗更多的氧，其呼吸商小于1，约为0.71。由于蛋白质在体内不能完全氧化，且其氧化分解途径的细节尚未完全确定，其呼吸商只能间接推算，约为0.80。一般情况下，人类摄取的食物为混合食物，其呼吸商约为0.85。

二、能量代谢的测量原理和方法

根据热力学第一定律，能量在转化过程中，既不增加，也不减少，总能量守恒。机体的能量代谢也遵循这一规律，即在整个能量转化过程中，蕴藏在食物中的化学能（供机体利用）与所转化成的热能及所完成的外功，按其能量来折算是完全相等的。因此，测定在一定时间内机体所消耗的食物，或测定机体所产生的热量与所做的外功，均可测算出整个机体单位时间内所消耗的能量。能量代谢的测量有直接测量和间接测量两种方式，间接测量应用较多。

（一）直接测热法

在糖类和脂肪代谢产生ATP的过程中，只有大约40%的能量被释放出来，而其余的约60%的能量被转化成热量，所以估算能量产生的速率及量的一个方法就是测量身体所产生的热量，这种测试技术就是直接测热法。这种方法需要使用热量测定仪，它是一个绝缘且密闭的房间。热量测定仪的建造和使用都比较昂贵，而且得出结果也比较慢，其优点是能够直接测量热量，但在运动生理学领域，有许多不利因素影响其使用。

（二）间接测热法

运动消耗最主要底物糖类和脂肪的氧化需要消耗氧而产生二氧化碳和水。正常情况下，

氧和二氧化碳 在肺部的交换速率就等于身体组织利用氧而释放二氧化碳的速率。根据这一理论，我们就可以测量呼吸气体以计算能量消耗。由于这种热量测量不是直接测试，而是通过呼吸气体中氧和二氧化碳的交换率计算而来，因此这种估算总体能量消耗的测量方法就称为间接测热法。

为了使氧的消耗能够准确地反映能量的消耗，能量的产生必须几乎全部来源于氧化，如果大部分的能量由无氧代谢产生，呼吸气体的测试无法反映所有的代谢过程。因此，此项技术仅限于持续60秒及以上的稳定状态活动的能量测量，不过这涵盖了大部分的日常活动以及体育运动。

呼吸气体的交换率可以通过一段时间内进出肺部的氧和二氧化碳来计算，由于氧从吸入的肺泡气体中进入血液，二氧化碳又从血液中加入肺泡气体，呼出的氧浓度要低于吸入的氧浓度，而呼出气体中二氧化碳的浓度高于吸入的二氧化碳浓度。因此，从吸入气体和呼出气体中氧和二氧化碳浓度的差异就可以计算出身体有多少氧被摄取，多少二氧化碳代谢出来。由于身体储氧量有限，从肺部摄取的氧可以精确反映身体所利用的氧量。测试氧和二氧化碳呼吸交换率简单且古老的方法，如道格拉斯气袋和化学气体分析法可能是最准确的方法。呼吸气体交换率测试现在多通过计算机化的气体代谢分析仪来实现，它测试呼吸气体交换率可以节省大量时间，并且可测试许多项目。

三、各种活动的能量消耗

不同体力活动的能量消耗由运动强度和类型而定。目前的研究已经使许多活动的平均能量消耗得到测量，这通常是通过监控体力活动中的氧消耗，以确定单位时间的平均摄氧量，然后将此值换算成每分钟的能量消耗量（千卡/分）实现的。

在安静状态下，身体一般每分钟需要0.16~0.35升的氧气以满足能量需求，这相当于能量需求为0.80~1.75千卡/分，48~105千卡/时或者1152~2520千卡/天。很明显，任何超过安静状态的身体活动都会增加日常的能量消耗。人体每天总能量消耗变化范围非常大，它受许多因素的影响，比如体力活动水平（影响最大）、年龄、性别、身体体积、体重和身体成分等。

思考题

1. 肌肉运动是如何影响消化和吸收机能的？
2. 糖在体内的代谢有哪些？各有什么特点？
3. 运动时如何科学补糖？
4. 简述三个能源系统的代谢特点。
5. 运动时能源物质是如何动员的？

第三章 运动与氧摄取和运输

本章教学提示

1. 本章学习重点是呼吸全过程及其特点，呼吸功能的评定以及运动时合理呼吸；血液的功能及理化特性，运动与血红蛋白；心脏泵血功能的评定，静脉回心血量及其影响因素，运动对心血管的影响。
2. 本章学习难点是呼吸全过程及其特点，血液的理化特性，心肌的生理特点，动脉血压的影响因素，静脉血压及其回心血量等。

人体在进行新陈代谢过程中所需的能量，大多是通过氧化体内的营养物质而获得。为此，人体必须从外界不断地摄取氧，通过全身血液循环后，在机体组织进行氧化代谢产生能量。同时，机体必须将所产生的代谢废物二氧化碳等排出体外。因此，氧的摄取与运输、二氧化碳的排出等是机体生存和运动非常关键的因素，而此过程需要机体三大系统，即呼吸系统、血液系统和心血管系统协调运作得以完成。

第一节　运动与呼吸系统

一、呼吸及呼吸系统

人体与外界环境之间进行的气体交换，称为呼吸。呼吸的全过程由三个环节组成（图3–1）。

外呼吸：在肺部实现的外界环境与血液间的气体交换，它包括肺通气（外界环境与肺之

间的气体交换过程）和肺换气（肺与肺毛细血管中血液之间的气体交换过程）。

气体运输：气体由血液载运，血液在肺部获得的氧，经循环将氧运送到组织毛细血管；组织细胞代谢所产生的二氧化碳通过组织毛细血管进入血液，经循环被运送到肺部。

内呼吸：组织毛细血管中的血液通过组织液与组织细胞实现的气体交换（又叫组织换气）。

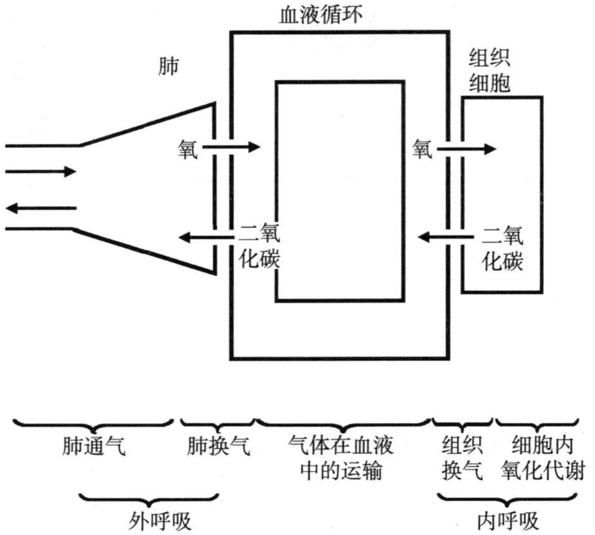

图3-1　呼吸全过程示意图

由此可见，呼吸是包含着外呼吸、气体运输和内呼吸这三个环节的生理过程，其功能是通过血液循环和组织细胞的协调活动，来实现人体对氧的摄取和二氧化碳的排出。

呼吸系统包括呼吸道和肺泡。呼吸道分上、下两部分，上呼吸道由鼻、咽、喉组成，下呼吸道由气管及各级支气管组成。呼吸道有加温、润湿和净化空气的功能，有通过调节支气管平滑肌的舒缩，改变呼吸道的口径，进而影响气流阻力的功能，但呼吸道不具备气体交换的功能。人体的左右肺共有3亿～4亿个肺泡，总面积为70～100平方米。从由单层上皮细胞构成的肺泡膜到肺毛细血管壁的结构称为呼吸膜，是气体交换必须穿越的结构。呼吸膜共有六层结构，其厚度为0.2～0.6微米。呼吸膜发挥气体交换的功能，呼吸膜越薄气体的通透性越强。

二、肺通气的动力学

（一）呼吸运动

胸廓的节律性扩大和缩小称为呼吸运动，它是通过呼吸肌的舒缩活动来实现的，构成肺的通气动力。呼吸肌包括主要吸气肌、辅助吸气肌和呼气肌，主要吸气肌由膈肌和肋间外肌组成，辅助吸气肌由胸肌、斜方肌、胸锁乳突肌和背阔肌等组成，呼气肌由肋间内肌和腹壁肌组成。

安静状态下的呼吸运动称为平静呼吸。膈肌形似钟罩，吸气时膈肌收缩使膈顶下移，扩大胸廓上下径；肋间外肌收缩，肋骨上提并向外侧翻转，同时胸骨也随之推向前上方，使胸廓前后、左右径扩大；胸廓扩大时，肺随之扩张，肺容积的增大使肺内压下降，当肺内压低于大气压时，空气进入肺泡，形成吸气。膈肌和肋间外肌的舒张，加之肺和胸廓的弹性回缩等，使得膈肌、肋骨回位，胸廓缩小，肺亦随之缩小；随着肺容积的缩小，肺内压上升，当肺内压高于大气压时，肺内气体排出体外，形成呼气（图3-2）。用力呼吸的特点是吸气与呼气过程均有肌肉的收缩活动。用力吸气时，除主要吸气肌（膈肌和肋间外肌）加强收缩外，辅助吸气肌也参与收缩，使胸廓进一步扩大，从而增加吸气量。用力呼气时，除上述吸气肌舒张外，还有肋间内肌与腹壁肌的同时收缩，前者使肋骨充分下降，后者牵动胸骨向下，并使腹内压增加，使内脏推挤膈肌上移，从而促使胸廓进一步缩小，呼气加深。

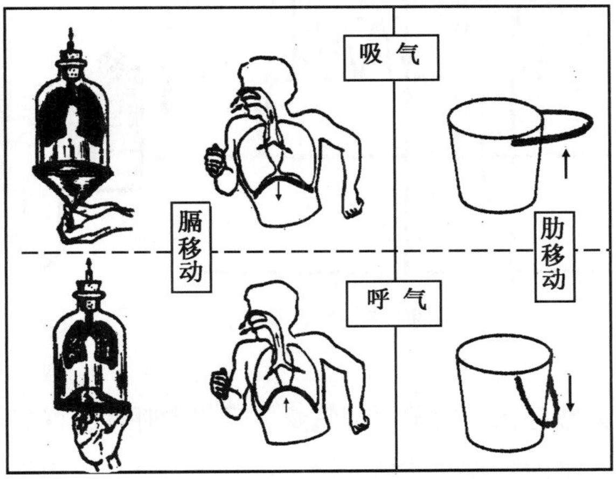

图3-2 吸气、呼气与膈移动、肋骨移动的关系图

（二）呼吸形式

膈肌舒缩时，腹部随之起伏，以膈肌活动为主的呼吸运动称为膈式呼吸或腹式呼吸。肋间肌的活动使肋骨发生提降移动，胸部也随之起伏，以肋间肌活动为主的呼吸运动称为肋式呼吸或胸式呼吸。儿童以腹式呼吸为主，成年人的呼吸形式一般都是混合式的，但女性偏重胸式呼吸，男性偏重腹式呼吸。

运动时呼吸形式可发生改变，但不影响动作的正常发挥。如运动者在双杠上或地上做倒立的动作，由于臂、肩和胸固定，胸式呼吸受到限制，再用胸式呼吸既会影响臂、肩和胸的固定，也会造成身体重心的不稳，故在做倒立时可采用腹式呼吸；若做屈体直角动作造型，腹肌的用力，使得腹式呼吸受到限制，此时再用腹式呼吸会造成身体的抖动，影响做直角动作的质量，应改用胸式呼吸。

三、肺通气机能

肺通气的量取决于呼吸的深度，随着人体活动状态不同，肺通气的量发生相应的变化。

（一）肺容量及其变化

肺所容纳的气量称为肺容量。在呼吸运动中，肺容量发生周期性变化，变化的大小取决于呼吸的深度。吸入和呼出的气体容积，可用肺量计测得（图3-3）。

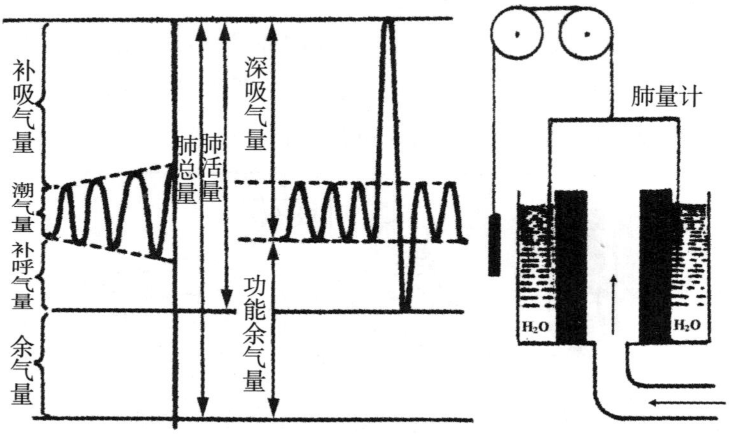

图3-3　肺容量示意图

1.潮气量

每一呼吸周期中吸入或呼出的气量叫潮气量。吸气和呼气，好似潮汐有涨有落，故得潮气之名，亦即呼吸深度。平静呼吸时的潮气量为400～600毫升。潮气量与年龄、性别、体表面积、情绪等因素有关，运动时潮气量增大。

2.补吸气量和深吸气量

平静吸气之后再做最大吸气时，增补吸入的气量称为补吸气量，正常成年人为1500～2000毫升。补吸气量与潮气量之和称为深吸气量。深吸气量是衡量最大通气潜力的一个重要指标，胸廓的形态和吸气肌的发达程度是影响深吸气量的重要因素。

3.补呼气量

平静呼气之后再做最大呼气时，增补呼出的气量称为补呼气量。正常成年人为900～1200毫升。补呼气量代表着呼气的储备能力。

4.肺活量

最大深吸气后再做最大呼气时所呼出的气量，称为肺活量。肺活量为潮气量、补吸气量和补呼气量之和亦为深吸气量与补呼气量之和。正常成年人肺活量的平均值，男性约为3500毫升，女性约为2500毫升。运动锻炼既能使人的肺活量水平提高，也能延缓肺活量的下降，高水平运动员的肺活量可达7000毫升之多。肺活量的大小与性别、年龄、体表面积、胸廓大小、呼吸肌发达程度以及肺和胸壁的弹性等因素有关，而且有较大的个体差异。

（二）肺通气量

单位时间内吸入（或呼出）的气量称为肺通气量。肺通气量一般以每分钟为单位计量，故也称每分通气量。若呼吸深度一致，则每分通气量为：

每分通气量＝呼吸深度（潮气量）×呼吸频率（每分钟呼吸的次数）

安静时成年人的每分通气量为6～8升。安静时呼吸的频率因年龄而异，5岁时平均为26次，15～20岁时平均为20次，再年长后平均为16次。呼吸深度和呼吸频率随人体新陈代谢水平而变化，代谢水平高时两者俱增，如剧烈运动时，呼吸频率可增至40～60次，每分通气量可增至80～150升或更多（180～200升）。

（三）肺泡通气量

肺泡通气量是指每分钟吸入肺泡的实际能与血液进行气体交换的有效通气量。在肺通气过程中，每次吸入的新鲜气体，有一小部分将留在鼻、咽、喉、气管和支气管等管腔内，这部分管腔因其解剖特征没有气体交换的功能，其管腔内的气体就气体交换来说是无效的，故这部分管腔称为解剖无效腔。成年人的解剖无效腔容量约为150毫升。人每次呼出气时，首先会呼出留在解剖无效腔内的气体，随后才逐渐呼出肺泡中的气体，到呼气结束时解剖无效腔内停留的是陈旧的肺泡气，待下次吸气时这部分气体将会首先被吸入肺泡。另外，进入肺泡的气体，也可因血流在肺内分布不均而未能全部与血液进行气体交换。未能发生气体交换的这一部分肺泡容量称为肺泡无效腔。解剖无效腔与肺泡无效腔总体称为生理无效腔。**因此，真正能够进入肺泡的有效气量，应是每次吸入的新鲜气量，除去生理无效腔气体后的那部分气量。**健康人平卧时生理无效腔等于或接近解剖无效腔，但在运动时肺泡无效腔对肺泡通气量的影响将加大。体育锻炼和运动训练可以改善肺泡的血液循环，减小肺泡无效腔，增加肺泡通气量。

若呼吸深度一致，则每分肺泡通气量的计算方法为：

每分肺泡通气量＝（呼吸深度－生理无效腔）×呼吸频率

由于生理无效腔的存在，肺泡通气量总是少于肺通气量，见表3-1。

表3-1 不同呼吸频率和潮气量时的肺通气量和肺泡通气量的比较

呼吸频率/次·分$^{-1}$	潮气量/毫升	肺通气量/毫升·分$^{-1}$	肺泡通气量/毫升·分$^{-1}$
8	1000	8000	6800
16	500	8000	5600
32	250	8000	3200

从表3-1中可以看出，深而慢的呼吸比浅而快的呼吸，肺泡气体的更新要多。安静时，采用适当的呼吸深度与呼吸频率，既节省用于呼吸肌工作的能量消耗，又保持了一定的肺泡通气量，有利于气体交换。运动时，呼吸不仅要深而且也要适当加快，这对进一步增加肺泡通气量是有帮助的，但由于用于呼吸肌工作的能量消耗增多，因此只有在进行剧烈运动、对氧需求大的情况下才采用这种方式的呼吸。

（四）最大通气量

以适宜的呼吸频率和呼吸深度进行呼吸时所测得的每分通气量，称为最大通气量或最大随意通气量。一般而言，将15秒通气量的测定值乘以4，即可得出每分最大通气量。每分最大通气量是衡量通气功能的重要指标，可以用来评价受试者的通气储备能力。

四、气体交换和运输

肺泡与肺泡毛细血管血液之间的气体交换称为肺换气。体内毛细血管血液与组织细胞之间的气体交换称为组织换气。气体的交换过程必须遵循一定的物理化学规律，即氧和二氧化碳都要通过理化扩散的方式才能完成气体交换。

（一）气体交换

1.分压的概念

在一定容积中的一定量的气体由于气体分子的运动表现出一定的压力。混合气体的总压力等于其中各种气体所具有的压力的总和。这就是说，在混合气体的总压力中，某种气体所占有的压力，就是该气体的分压（用P表示）。

2.分压差与气体扩散动力

若两部分气体的分压不同，当它们接触时气体分子将从分压高的气体的一侧流向分压低的气体的一侧，直至两侧达到分压平衡。**气体的这种从高分压向低分压流动的现象叫做气体的扩散或弥散。某一气体高分压与低分压之差叫做该气体的分压差。**分压差越大，预示着气体扩散越多。气体扩散的最终结果是压力平衡，分压差消失。

人体肺换气和组织换气的多少，除取决于膜的通透性和各种气体的理化特性之外，更关键的是取决于膜两侧气体的分压差。分压差是实现气体交换的动力，决定着气体的扩散方向和扩散速率。

3.人体不同部位的氧分压、二氧化碳分压

人在正常状态下，不同部位各种气体的分压较为恒定，人体不同部位的氧分压（PO_2）和二氧化碳分压（PCO_2）如表3-2所示。

表3-2　海平面空气、肺泡气、动脉血、静脉血和组织细胞内的PO_2和PCO_2/毫米汞柱

气体分压	海平面空气	肺泡气	动脉血	静脉血	组织细胞
PO_2	159	104	100	40	0～30
PCO_2	0.3	40	40	46	50～80

4.肺换气和组织换气

在肺循环中，当来自肺动脉的静脉血液流经肺泡毛细血管时，由于肺泡气中的PO_2（104毫米汞柱）高于静脉血中的PO_2（40毫米汞柱），而肺泡气中的PCO_2（40毫米汞柱）低于静脉血中的PCO_2（46毫米汞柱），氧由肺泡扩散入血液，二氧化碳则由血液向肺泡扩散，由此形成了肺换气，从而使含氧较少、含二氧化碳较多的静脉血转变为含氧较多、含二氧化碳较少的动脉血。

在组织细胞中，当体循环的动脉血流经组织毛细血管时，由于动脉血的PO_2（100毫米汞柱）高于组织细胞中的PO_2（0～30毫米汞柱），PCO_2（40毫米汞柱）低于组织中的PCO_2（50～80毫米汞柱），氧从血液中向组织细胞扩散，二氧化碳则从组织细胞向血液扩散，由此形成了组织换气，组织换气的结果是使流经组织细胞的动脉血转变为静脉血。由于细胞新陈代谢不断地消耗氧，不断地产生二氧化碳，因此组织细胞的PO_2总是低于动脉血的，而PCO_2总是高于动脉血的（图3-4）。

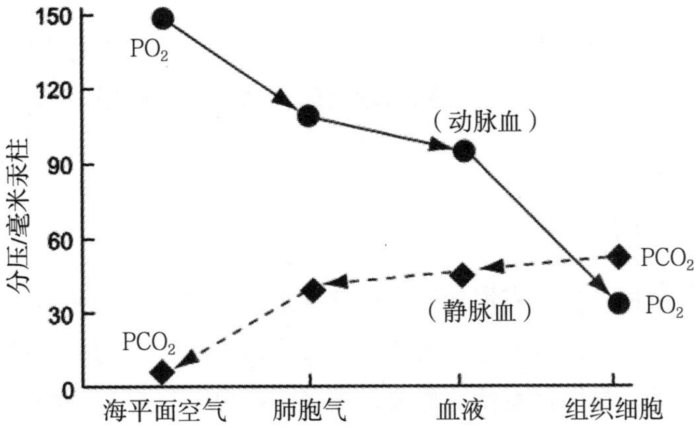

图3-4　各区域气体分压示意图

（二）气体运输

肺换气和组织换气借助于血液运输氧和二氧化碳。血液运输气体有两种方式，小部分气体是以物理溶解的方式进行运输，而大部分气体以化学结合的方式进行运输。这两种方式是相辅相成的。物理溶解的量虽很少，但很重要，进入血液的气体要先溶解才能发生化学结合，结合的气体也要先溶解才能从血液中逸出。物理溶解与化学结合两者之间保持动态平衡，即：

$$气体 \rightleftharpoons 物理溶解 \rightleftharpoons 化学结合$$

1. 氧的运输

进入血液的氧只有约1.5%溶于血浆，约98.5%进入红细胞与血红蛋白（Hb）结合。1克血红蛋白可结合1.34～1.36毫升氧，每100毫升血液中血红蛋白与氧结合的最大量（19～20毫升），称为血红蛋白的氧容量。每100毫升血液中血红蛋白实际与氧结合的量，称为血红蛋白的氧含量。血红蛋白的氧含量所占血红蛋白的氧容量的百分比称为血红蛋白的氧饱和度。

2. 二氧化碳的运输

二氧化碳从组织进入血液后物理溶解的量较少，只占总运输量的6%，血液中的二氧化碳大部分是以化学结合形式存在的。二氧化碳的化学结合形式有两种：一种是形成碳酸氢盐的形式（$NaHCO_3$，$KHCO_3$），这种结合形式占总运输量的87%；另一种是形成氨基甲酸血红蛋白的形式（HbNHCOOH），此种结合形式占总运输量的7%。

五、运动时的合理呼吸

运动时进行合理呼吸，有利于保持内环境的基本恒定，有利于提高训练效果和充分发挥人体的机能能力，以创造优异的运动成绩。可见，合理的呼吸方法应成为该项运动技能的有机组成部分。以下是几个改善呼吸方法的原则。

（一）减小呼吸道阻力

正常人安静时由呼吸道实现通气。通过呼吸道的呼吸，具有净化空气、湿润、温暖或冷却（当气温高于体温时）的作用。**但在剧烈运动时，为减小呼吸道阻力，人们常采用以口代鼻或口鼻并用的呼吸。**

（二）增加肺泡通气量

则增加肺泡通气量的方法，有增加呼吸频率和加大呼吸深度两种方式。有意识地采取适宜的呼吸频率和较大的呼吸深度是很重要的。一般来讲，径赛运动员的呼吸频率以每分钟不超过30次为宜。爬泳运动员即使有特殊需要，呼吸频率也不宜超过每分钟60次。**因此，运动时（特别是在感到呼吸困难、缺氧严重的情况下）采用节制呼吸频率、适当加大呼吸深度的同时注重深呼气的呼吸方法，更有助于增加机体的肺泡通气量。**

（三）与技术动作相适应

呼吸的形式、时相、节奏等必须适应技术动作的变换，必须随运动技术动作而自如地调整，这不仅为提高动作的质量、为配合完成高难度技术动作提供了保障，同时也能延迟疲劳的发生。这对于投掷、体操、技巧、武术、跳水、花样滑冰等专项的运动员来说，尤显重要。

呼吸形式与技术动作的配合。通常有些技术动作需要胸、肩带部的固定，才能保证造型，那么这时的呼吸形式应转为腹式呼吸，如体操中的手倒立、肩手倒立、头手倒立、吊环十字悬垂、下“桥”动作等这些需胸、肩带部固定的技术动作，宜用腹式呼吸，以消除身体重心不稳定的影响；而另一些需要腹部固定的技术动作，则宜用胸式呼吸，如上固定或下固定时的屈体静止造型动作、“两头起”的静止造型动作等，采用胸式呼吸有助于腹部动作的保持和完成。

呼吸时相与技术动作的配合。一般在完成两臂前屈、外展、外旋、扩胸、提肩、展体或反弓动作时，采用吸气比较有利；在完成两臂后伸、内收、内旋、收胸、塌肩、屈体或团身等动作时，采用呼气比较顺当。如卧躺推杠铃练习，杠铃放下过程（臂外展、扩胸）应采用吸气，杠铃推起过程（臂内收、收胸）应采用呼气。

呼吸节奏与技术动作的配合。如在周期性的跑步运动中，长跑宜采用2～4个单步一吸气、2～4个单步一呼气的方法。

（四）合理运用憋气

或深或浅地吸气后，紧闭声门，尽力地做呼气动作，称为憋气。通常在完成最大静止用力的动作时需要憋气来配合，如大负荷的力量练习、举重、角力、拔河、掰手腕等。

憋气对运动有利有弊。有些时候运动员需要通过憋气才能取得最后的胜利，那么这样的憋气是有必要的，是不可避免的。正确、合理的憋气方法应该是：①憋气前的吸气不要太深；②结束憋气时，为避免胸内压的骤减，使胸内压有一个缓冲、逐渐变小的过程，呼出气应逐步少许、有节制地从声门中挤出，即微启声门、喉咙发出“嗨”声的呼气；③憋气应用于决胜的关键时刻，如跑近终点的最后冲刺、杠铃举起、摔跤制服对手的一刹那，不必每一个动作、每一个过程都做憋气。。对运动员和普通健康人群来说，一般的憋气也属于生理现象，如排便动作。有时适当的憋气还可作为提高心肺功能的手段之一，但要遵守循序渐进的规律。

第二节　运动与血液系统

一、血液的组成

血液是一种由血浆和血细胞组成的液态组织，在心血管系统内循环流动。血细胞为血液的有形成分，包括红细胞、白细胞和血小板。血浆是血细胞以外的液体部分。血浆除含有大量的水分外，还含有多种化学物质、抗体和激素等。血细胞内的物质不断地透过细胞膜与血浆中的物质进行交换。血液的具体组成见图3-5。

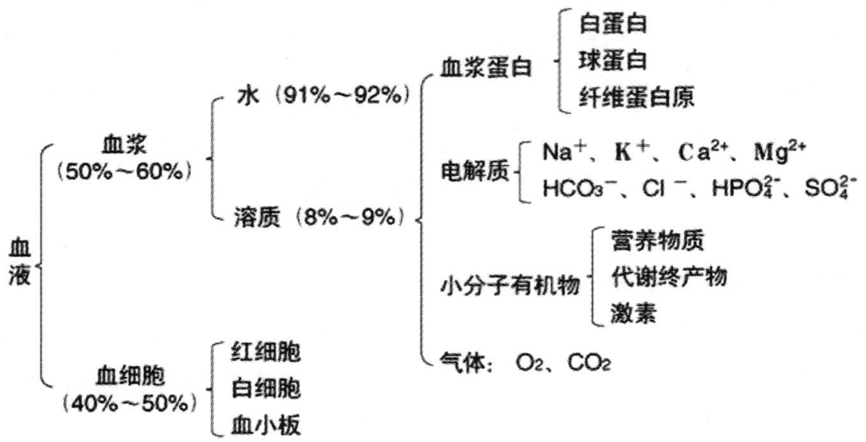

图3-5　血液的具体组成

从血管中取出的血液，一般称全血。在全血中加入适量抗凝剂，血液可不凝固，保持液态。经离心沉淀后，血液可分为两层，上层呈淡黄色的透明液体称为血浆，血浆约占全血的50%～60%，下层呈暗红色的不透明固体部分称为红细胞。在红细胞的上方，有一薄层的白色物质，是血小板和白细胞。血细胞约占全血的40%～50%。**在血细胞中主要是红细胞，它在全血中所占的容积百分比称为红细胞比容或红细胞压积。**健康成年人的红细胞比容，男子约为40%～50%，女子约为37%～48%。血小板和白细胞约占全血的1%。

二、血液的功能

（一）维持内环境的相对稳定

血液能维持水、渗透压、酸碱度和体温等的相对稳定。这些因素的相对稳定会使人体的内环境相对稳定。只有在内环境相对稳定时，人体组织细胞才有正常的兴奋性和生理活动。

（二）运输

血液不断地将从呼吸系统吸入的氧和消化系统吸收的营养物质运送到身体各处，供给组织细胞进行代谢；同时，又将全身各组织细胞的代谢产物（二氧化碳、水、尿素等）运输到肺、肾、皮肤等器官排出体外。

（三）调节

血液将内分泌器官分泌的激素运输到周身，作用于相应的器官（称为靶器官）改变其活动，起着体液调节作用。所以，血液是神经-体液调节的媒介。

通过皮肤的血管舒缩活动，血液在调节体温的过程中发挥重要作用。温度升高时，皮肤的血管舒张，血液将体内深部产热器官产生的热运送到体表散发；温度降低时，皮肤血管则收缩，减少皮肤的血流量，以维持体温。

（四）防御和保护

血液中的白细胞对于侵入人体的微生物和体内的坏死组织都有吞噬分解作用，这称为细胞防御。血浆中含有多种免疫物质，如抗毒素、溶菌素等（总称为抗体），这些免疫物质能对抗或消灭外来的细菌和毒素（总称为抗原），从而避免传染性疾病的发生。血小板有加速凝血和止血作用，机体损伤出血时，血液能够在伤口处发生凝固，防止继续出血，对人体具有保护作用。

三、血液的理化特性

血浆和血细胞含有大量的水和化学物质，使血液表现出下列理化特性。

（一）颜色和比重

血液的颜色决定于红细胞内的血红蛋白的含量。动脉血含氧多，呈鲜红色；静脉血含氧少，呈暗红色；皮肤毛细血管的血液近似鲜红色。正常人全血的比重在1.050～1.060之间，全血的比重主要取决于红细胞的数量和血浆蛋白的含量。

（二）黏滞性

血液在血管内运行时，由于液体内部各种物质的分子或颗粒之间的摩擦而产生阻力，使血液具有一定的黏滞性。正常人血液的黏滞性约为蒸馏水的4～5倍，血浆的黏滞性约为蒸馏水的1.6～2.4倍。

血液黏滞性除了取决于红细胞的数量和血浆蛋白的含量，还与血细胞形状及在血流中的分布特点、表面结构和内部状态、易变形性以及它们之间的相互作用等有关。例如，登山运动中，由于空气稀薄，氧分压低，红细胞增多，血液黏滞性升高；长跑运动中，大量出汗引起血液浓缩，红细胞比例相对增大，血流阻力加大，血流速度缓慢，血压升高。所以，血液黏滞性对血流速度和血压都有一定影响。

（三）渗透压

渗透压是一切溶液所固有的一种特性，它是由溶液中溶质分子运动所造成的。水分子通过半透膜向溶液扩散的现象称为渗透现象，简称渗透。

溶液促使膜外水分子向内渗透的力量即为渗透压吸水力或渗透吸水力，也就是溶液增大的压强，其数值相当于阻止水向膜内扩散的压强。血液的渗透压一般指血浆渗透压。

正常人在体温37℃时，血浆渗透压约为5800毫米汞柱。以血浆的正常渗透压为标准，与血浆正常渗透压近似的溶液称为等渗溶液，如0.9%氯化钠（生理盐水）、5%葡萄糖溶液等。高于血浆正常渗透压的溶液称为高渗溶液，而低于血浆正常渗透压的溶液则称为低渗溶液。

血浆渗透压相对稳定，是维持细胞正常机能活动所必需的条件。通常血细胞和组织细胞的渗透压都与血浆渗透压相等，从而使细胞保持正常形态和功能。在高渗NaCl溶液中，由于高渗溶液吸水力强，红细胞失水发生皱缩，丧失功能。在低渗NaCl溶液中，由于水分过多进入红细胞，引起膨胀，红细胞最终破裂解体，血红蛋白被释放，这一现象总称为红细胞溶解，简称溶血。

（四）酸碱度

正常人血浆的酸碱度（pH值）为7.35～7.45，平均值为7.4。人体生命活动所能耐受的最大pH值变化范围为6.9～7.8。血浆pH值经常维持相对恒定，是由于血浆是个缓冲溶液。血液中含有数对具有抗酸和抗碱作用的物质（称为缓冲对），统称为缓冲体系。缓冲体系中每一个缓冲对是由一种弱酸与该种弱酸的盐组成的。**其中最重要的缓冲对是碳酸氢钠（$NaHCO_3$）/碳酸（H_2CO_3）**。

血液pH值的相对恒定，对生命活动有重要意义。如果血液pH值的变动超过正常范围，就会影响各种酶的活性，从而引起组织细胞的新陈代谢、兴奋性及各种生理机能的紊乱，甚至会出现酸或碱中毒现象。

碱储备：血液中缓冲酸性物质的主要成分是$NaHCO_3$，通常以每100毫升血浆的$NaHCO_3$含量来表示碱储备量。乳酸（HL）和$NaHCO_3$结合生成H_2CO_3，H_2CO_3再解离出二氧化碳，我们通常通过二氧化碳含量来推算出$NaHCO_3$的含量。碱储备的单位是以每100毫升血浆中H_2CO_3能解离出的二氧化碳的毫升数来间接表示。碱储备是一个很重要的生理生化指标，它能反映身体在运动时的缓冲能力，从而说明体内的代谢情况。有人测定得出，运动员的碱储备量比未受过训练的人高10%。经常锻炼可使血液的缓冲能力提高，碳酸酐酶的活性增强。

四、运动与红细胞

（一）红细胞的生理特性

正常成熟的红细胞（RBC）没有细胞核，形状圆而扁，边缘较厚（约2微米），中央薄（约1微米），直径约6~9微米（图3-6）。红细胞在血管中流动时可因血流速度和血管口径不同而暂时改变形态，这种变形能力是影响血液的流变性的重要因素。红细胞的寿命平均为120天。衰老的红细胞被巨噬细胞吞噬。正常成年男子每立方毫米血液中含有红细胞约450～550万个，平均为500万个，成年女子每立方毫米血液中含有红细胞约380～460万个，平均为420

万个。红细胞的作用是运输氧和二氧化碳、缓冲血液的酸碱度。

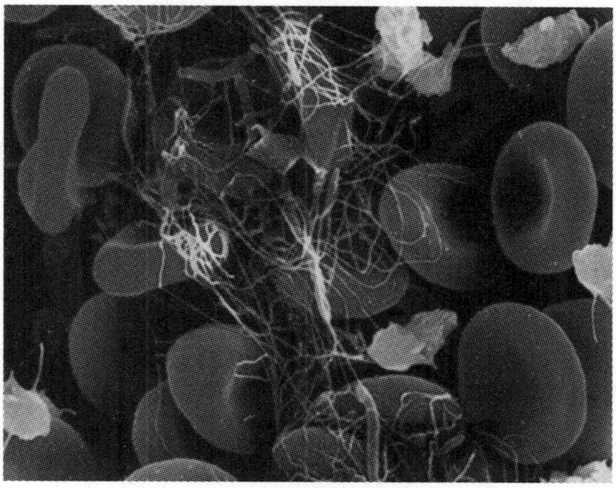
图3-6　血液中正常红细胞的形态

（二）血红蛋白的功能

血红蛋白（Hb）是红细胞内的主要成分，是一种含亚铁的结合蛋白质。每一分子血红蛋白由一分子珠蛋白和四分子亚铁血红素组成，珠蛋白约占96%，亚铁血红素约占4%（图3-7）。红细胞携带氧和二氧化碳这一机能是靠红细胞内的血红蛋白来完成的。

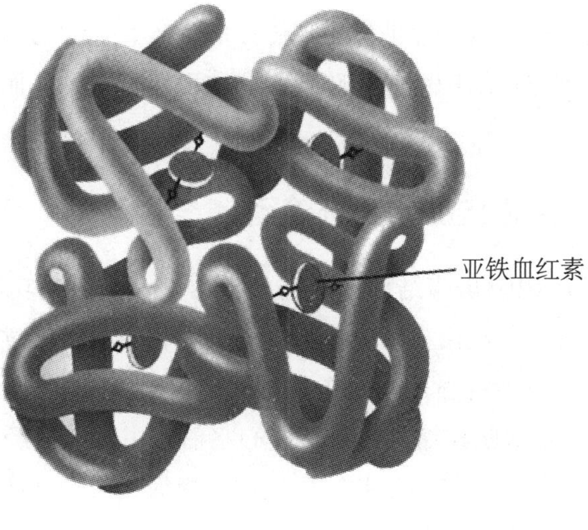

图3-7　血红蛋白示意图

由于血红蛋白指标相对稳定，又能较敏感地反映身体机能状态，因此这一指标常用于评定运动员机能状态、训练水平，预测运动能力。

运动员经过系统的运动训练，血液的有形成分会发生一些变化。正常情况下，血红蛋白的变化与红细胞的变化是一致的，运动中凡能影响红细胞的因素都能影响血红蛋白。

（三）血红蛋白与运动

我国成年男性血红蛋白浓度为120～160克/升，成年女性为110～150克/升。**血红蛋白浓度过低或过高都会影响运动员的运动能力。**血红蛋白浓度低于正常值，即出现贫血，氧和营养物质供给不足，必然导致工作能力下降。血红蛋白浓度过高时，血液中红细胞数量必然增多，压积也会增大。这样，血流的黏滞性增大，造成血流阻力增加和心脏负担加重，使血液动力学改变，从而引起身体一系列的不适应和紊乱。因此，保持血红蛋白浓度在恰当范围，可使运动员达到最佳机能状态，这也是其科学地进行训练的有效途径之一。

由于运动员血红蛋白浓度存在个体差异，不能用一个统一的正常值标准来评定运动员血红蛋白含量，应针对个体情况进行测定和分析。

第三节　运动与心血管系统

一、血液循环系统概述

循环系统包括血液循环系统和淋巴循环系统两部分。心脏和血管构成了机体的血液循环系统，又叫心血管系统。通过心脏的收缩，血液在血液循环系统内周而复始流动的过程称为血液循环。血液循环的主要目的是保证体内氧、二氧化碳、各种营养物质、代谢产物及各种体液调节物质的运输，维持组织细胞的新陈代谢和内环境稳定，从而保证生命活动的正常进行。

（一）心脏的一般结构与血液循环途径

心脏是一个由心肌组织和瓣膜结构构成的中空器官，其主要功能是通过心肌的收缩推动血液流到身体各组织细胞，经由血液完成细胞与外界物质的交换过程。人类的心脏通过室间隔分隔为完全独立的左心和右心，通过二尖瓣和三尖瓣将左右心分别分隔为左、右心房和左、右心室（图3-8）。心室肌收缩时血液从左心室射入主动脉，经各级动脉分支到毛细血管，在毛细血管处血液中物质与组织细胞物质完成交换后，由动脉血转为静脉血，经各级静脉分支汇集后，分别由上下腔静脉流入右心房，由右心房到右心室，完成体循环（大循环）过程。在左心室血液射入主动脉的同时，右心室亦收缩将血液射入肺动脉，血液流经肺毛细血管时完成气体交换，由静脉血转为动脉血，此后经肺静脉流回左心房、左心室，完成肺循环（小循环）过程（图3-9）。在血液循环过程中，心肌的收缩舒张引起心脏血管各部位压力差，加上房室瓣、动脉瓣、静脉瓣等结构类似单向“阀门”的作用，保证了血液的单向流动。

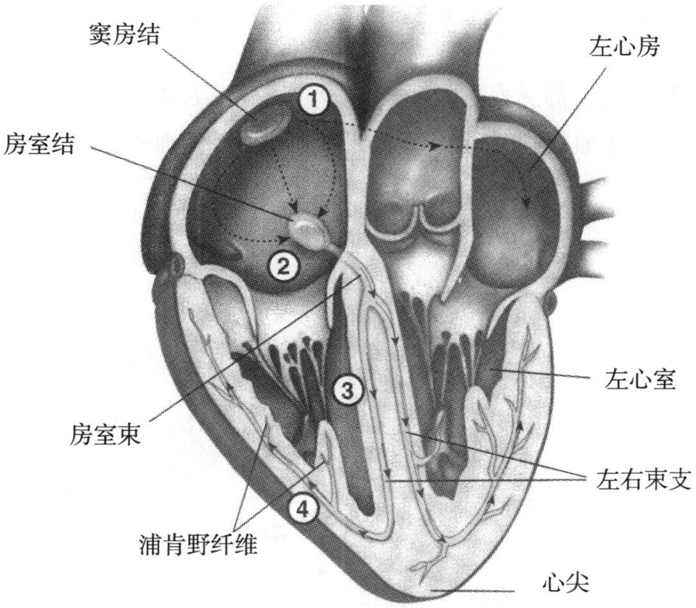

图3-8　心脏的腔室结构

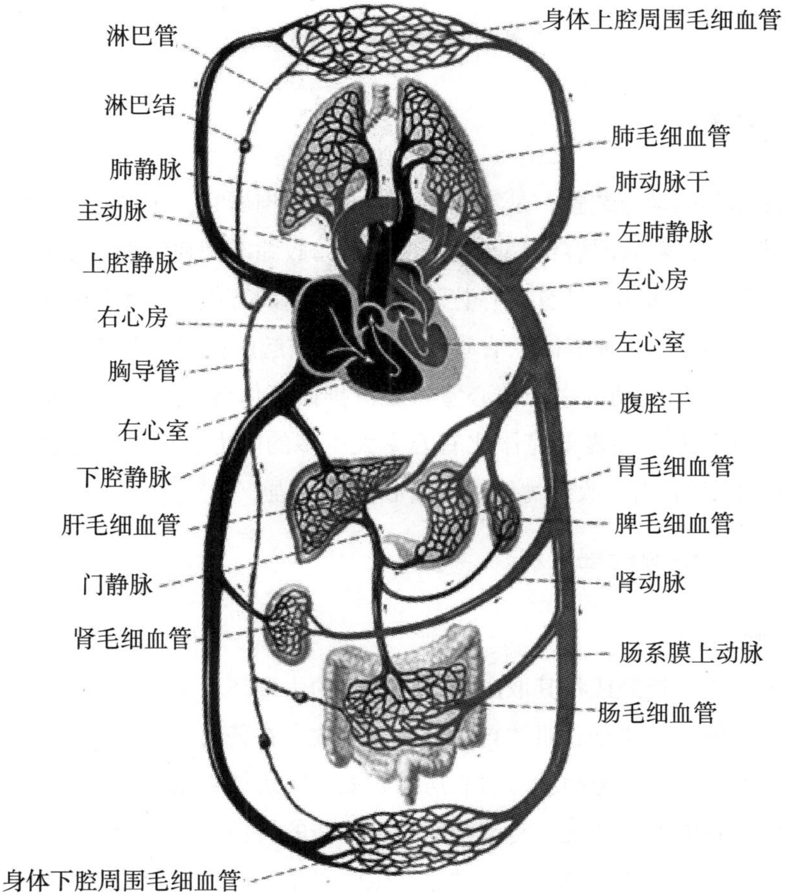

图3-9　心血管系统模式图

（二）各类血管结构功能特点

血管可分为动脉血管、静脉血管和毛细血管。动脉血管是将血液从心脏送至毛细血管的血管，静脉血管是将毛细血管内血液送回心脏的血管，毛细血管是连于小动脉和小静脉之间的微细血管（图3-10）。

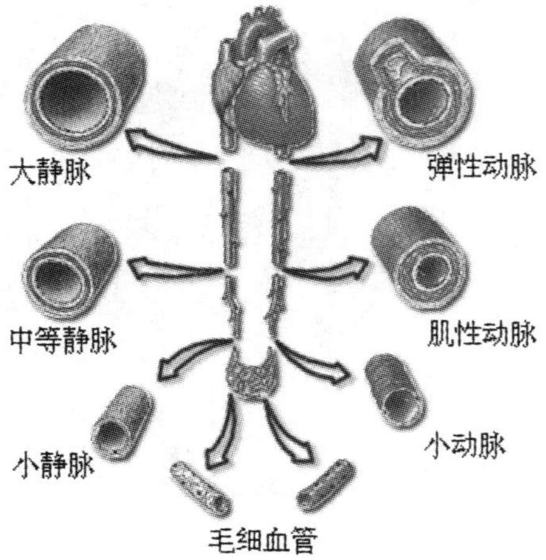

图3-10　各类血管示意图

二、心脏生理

心脏是血液循环的动力装置，是实现泵血功能的肌肉器官。生命过程中，心脏不断做收缩和舒张的交替活动，舒张时容纳静脉血返回心脏，收缩时把血液射入动脉，为血液流动提供能量。若按每分钟跳动70次计算，心脏一天跳动可达10万次，一生按70岁计，心脏总搏动次数超过25亿次。心脏的这种节律性活动以及由此而引起的瓣膜的节律性开启和关闭，推动血液沿单一的方向循环流动。由于左心室将血液推向身体各部位，右心室只需将血液推向肺部完成气体交换，左心室需要克服比右心室大得多的阻力，因此左心室壁的肌肉厚度约为右心室壁肌肉厚度的3倍，收缩力明显比右心室壁的强。

（一）心肌的生理特性

1.自动节律性

当切断支配心脏的神经或将其取出保存于适宜的生理环境中，心脏在一定时间内仍能自动有节律地收缩和舒张，这是心肌的自动节律性所致。在普通心肌组织中分布着一类特殊心肌细胞，它们主要由位于上腔静脉与右心房结合处的窦房结细胞和房室交界处的浦肯野细胞组成。这类细胞具备能够自动地、有节律地产生兴奋的特性，即自动节律性。特殊心肌细胞中以窦房结的自律细胞自律性最高，通过它产生的兴奋节律决定着心脏跳动的快慢，所以窦房结被称为心脏活动的正常起搏点。**以窦房结为起搏点的心脏节律活动称为窦性心律。**正常情况下浦肯野细胞的自律性被窦房结的自律性所掩盖，所以被称为潜在起搏点。**在窦房结异常不能完成起搏的情况下，浦肯野细胞自律性可能显现出来，主导心脏搏动，此时的心跳会明显减慢，称为异位心律。**

2.传导性

窦房结自律细胞产生的兴奋通过自律细胞构成的特殊传导系统传递到普通心肌，引起普通心肌兴奋，从而产生收缩。心脏的特殊传导系统主要由窦房结细胞和浦肯野细胞组成，包括窦房结、结间束、房室交界、房室束和与普通心肌细胞相连的浦肯野纤维。兴奋传导至房室交界处时，传导速度较慢（称为房室延搁），之后才传向心室，这就使得心房肌和心室肌的兴奋和收缩不同步，心房肌较心室肌稍先兴奋收缩。

虽然心房肌和心室肌兴奋收缩不同步，但由于心肌的特殊结构润盘，心房肌各细胞的兴奋和收缩几近同步，心室肌各细胞的兴奋和收缩亦几近同步。

3.兴奋性

心肌细胞与神经元和骨骼肌细胞一样具有对刺激产生反应的能力，即具有兴奋性。通常情况下心肌接受由窦房结产生的经特殊传导系统传递来的动作电位而兴奋，其兴奋性受心交感神经和心迷走神经影响，前者可提高其兴奋性，引起心跳加快加强，后者可降低其兴奋性，引起心跳减慢减弱。心肌细胞每产生一次扩布性兴奋之后，兴奋性也要经历有效不应期、相对不应期和超常期，然后才恢复到正常这样一段周期性变化。

心肌细胞产生兴奋后，在一段短暂的时间内，即使接受再强的刺激也不能产生第二次兴奋，这段时间称为心肌的有效不应期。

需要强调的是，与骨骼肌细胞相比，心肌细胞兴奋性变化的特点是有效不应期特别长，可达200毫秒，而骨骼肌细胞有效不应期仅约2毫秒。正是这种特点使心肌兴奋收缩一次后有足够长的时间舒张静息，而不会像骨骼肌那样出现强直收缩，保证了心脏有节律的收缩舒张，从而避免了发生会导致严重后果的持续收缩现象。

4.收缩性

与骨骼肌收缩过程相比较，心肌收缩有其自身的特点，主要表现如下：**自动节律性收缩；对细胞外液的Ca^{2+}浓度有明显依赖性；“全或无”同步收缩；不发生强直收缩。**

（二）心肌的供血与能量代谢特点

心脏向全身器官系统供血，心肌组织自身血液供应由冠状动脉提供（图3-11）。一般人心脏重量不到体重的1%，但安静状态下冠状动脉向心肌供血200～300毫升/分，占心脏每分钟射血量的4%～5%，超过一般组织平均供血量近10倍。在运动时，心肌则主要靠增加冠状动脉的供血量来满足对氧的需要，在剧烈运动情况下，每100克心肌供血量可增至300～400毫升/分。

尽管心肌有氧代谢酶系较发达，但无氧代谢酶系很弱，高度依赖有氧供能系统活动，其代谢的能量来源几乎完全靠有氧代谢提供，对缺氧缺血十分敏感，较长时间的缺血将导致心肌的严重损伤甚至坏死，出现心绞痛和心肌梗死。

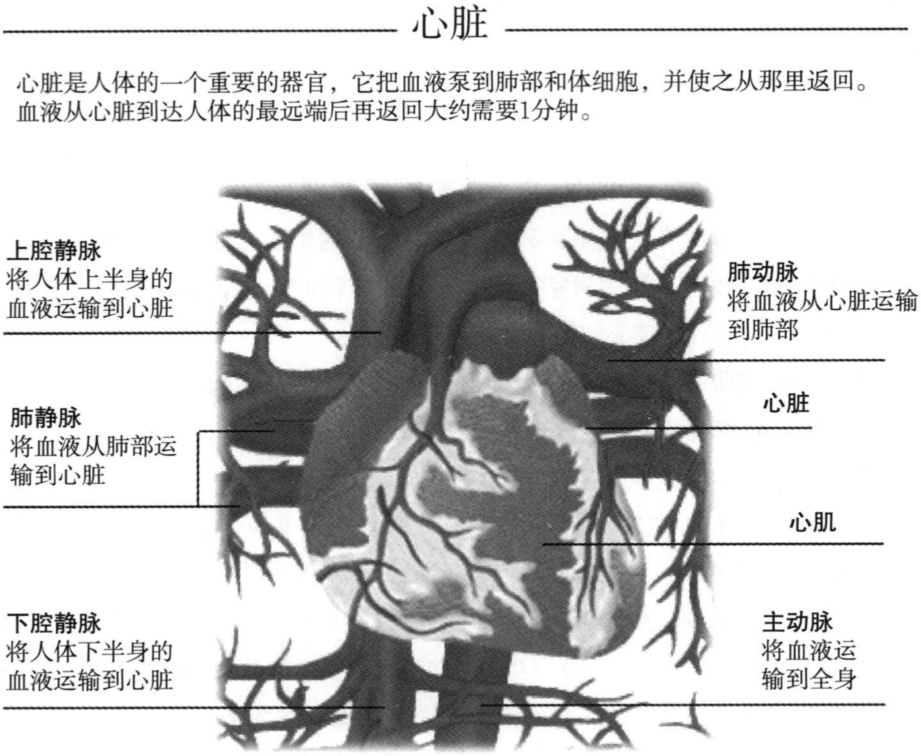

图3-11　心脏的冠脉循环

三、心脏的泵血功能

（一）心动周期与心率

心脏收缩和舒张1次这一机械活动周期，称为心动周期。心脏每分钟搏动的次数称为心率。心率即指1分钟的心动周期数，二者的关系可表示为：

心率=60秒/心动周期

心率是了解循环系统机能的简单易行指标，亦是反映身体整体代谢水平的重要指标。心率有明显的个体差异，不同年龄、性别和代谢状况的人，心率都不相同。成年人正常安静心率约在60～100次/分之间，若心率超过100次/分称为**窦性心动过速**，低于60次/分则称为**窦性心动过缓**。训练良好的耐力运动员，安静时心率较慢。安静心率、运动时心率增加情况，以及运动后心率的恢复速率可以反映心脏的收缩功能、运动强度以及整体机能状态。心率也是确定运动强度的依据。

（二）每搏输出量

每搏输出量指一侧心室每次收缩射入动脉的血量，简称每搏量。左右心室每搏输出量基本相等。每搏输出量是心室舒张末期容积与收缩末期容积之差，正常成年人安静时每搏输出量约60～80毫升，随着代谢水平的提高而增加，达到最大值后，如果代谢水平进一步提高，每搏输出量将下降。每搏输出量是反映心脏收缩功能的重要指标，受静脉回心血量和心肌收缩力的影响，一定范围内每搏输出量随着静脉回心血量增加（如身体从立位改为卧位）而增大，这是因为回心血量的充盈增加了心肌纤维收缩的初长度，反射性地提高了心肌收缩力，从而通过增加心室舒张末期容积来提高每搏输出量。另外，当心交感神经兴奋、肾上腺素和去甲肾上腺素分泌增加时，心肌纤维收缩性也会明显增强，通过加强收缩，减小心室收缩末期容积（余血量）亦可提高每搏输出量。

（三）心输出量

心输出量是指每分钟一侧心室射入动脉的血量，又称为每分输出量，通常以左心室每分钟的射血量来表示。心输出量等于每搏输出量与心率的乘积。心输出量除与机体代谢水平相适应外，还因性别、年龄和生理状况不同而异。正常成年人安静状态下的心输出量约为3～6升/分，在剧烈运动时可较安静值提高5～6倍。女性比同体重男性的心输出量约低10%，青年时期的心输出量高于老年时期。心输出量反映机体单位时间的血液循环量，是评定心泵功能最重要的指标之一。

（四）心力储备

心泵功能能够广泛适应机体不同生理条件下的代谢需要，表现为心输出量可随机体代谢率的增加而增加。健康成年人静息状态下的心输出量为3～6升/分左右。剧烈运动时，心率高达200次/分以上，心输出量可达25~30升/分，为安静值的5~6倍，这表明心脏泵血功能有较大的可变性。**心输出量随机体代谢需要而增加的能力，称为心泵功能储备，或心力储备，心力储备可以用最大心输出量与安静心输出量之差来表示。**心力储备反映心脏泵血功能对代谢需要的适应能力，也反映心脏的训练水平。有良好耐力训练的人，心力储备明显高于一般人，其最大心输出量可达静息心输出量的6~7倍。个别优秀的耐力运动员的最大心率输出量甚至可达到静息心输出量的8倍（40升/分以上）。

四、血管生理

（一）动脉血压

血压是指血液在血管内流动时对单位面积血管壁的侧压力。血压的单位是国际标准压强计量单位千帕（kPa），但人们通常用传统的毫米汞柱（mmHg）来表示血压的高低。

动脉血压指血液对单位面积动脉管壁所产生的侧压力。凡是能影响心输出量、外周阻力和循环系统的血液充盈程度的因素都能影响动脉血压。

在一个心动周期中，动脉血压随着心室的收缩和舒张而发生规律性的波动。**心室收缩时，血液对动脉管壁产生的最大压强值称为收缩压，心室舒张时血液对动脉管壁产生的最小压强值称为舒张压。收缩压和舒张压之差称为脉搏压或脉压。**

一般所说的动脉血压是指主动脉压，因为大动脉压降落很小，所以通常用上臂肱动脉血压来代表主动脉压。正常成年人安静时的动脉血压收缩压为90～140毫米汞柱，舒张压为60~90毫米汞柱，脉压为30～40毫米汞柱。我国健康青年人安静状态下的收缩压为100～120毫米汞柱，舒张压为60～80毫米汞柱。正常人的血压随年龄、性别及生理情况的不同而变化。随着年龄的增大，动脉血压也逐渐升高，收缩压的升高比舒张压的升高更加显著。男性动脉血压一般比女性略高。体力劳动、运动或情绪激动时动脉血压可暂时性升高。临床医学规定，安静时收缩压超过140毫米汞柱或者舒张压持续超过90毫米汞柱，即可认为高血压；如舒张压低于60毫米汞柱或收缩压低于90毫米汞柱，则是低血压。

（二）静脉血压和静脉回心血量

1. 静脉血压

当体循环血液经过微动脉到毛细血管动脉端时，其血压值为40～50毫米汞柱，经毛细血管到达微静脉时，血压值下降至15~20毫米汞柱。随着血液回流，静脉血压越来越低，右心房作为体循环的终点，血压最低，接近于零。**通常，右心房和胸腔内大静脉的血压称为中心静脉压，而各器官静脉的血压称为外周静脉压。**中心静脉压取决于心脏射血能力与静脉回心血量之间的相互关系。如果心脏射血能力较强，能及时地将回流入心脏的血液射入动脉，中心静脉压就较低。反之，当心脏射血能力减弱时，中心静脉压就升高。

2. 静脉回心血量及其影响因素

静脉回心血量决定了心脏舒张末期的心室血量，直接影响到心脏每搏射血量。单位时间内的静脉回心血量取决于外周静脉压和中心静脉压的差，以及静脉对血流的阻力。

（1）体循环平均充盈压

血管系统内血液充盈程度越高，静脉回心血量也就越多。当血流量增加或容量血管收缩时，体循环平均充盈压升高，静脉回心血量也就增多。反之，当血流量减少或容量血管舒张时，体循环平均充盈压降低，静脉回心血量减少。

（2）心脏收缩力量

心脏收缩时将血液射入动脉，舒张时则可从大静脉抽吸血液。心脏收缩时射血越充分，舒张时心室内压就越低，对心房和大静脉内血液的抽吸力量也就较大，静脉回心血量也就较多。

（3）体位、温度改变

当人体从卧位转变为立位时，身体低垂部分静脉扩张，容量增大，故回心血量减少。**长久站立不动，下肢静脉容纳血量增加，导致回心血量减少，心输出量减少，动脉血压降低，引起脑部缺氧而发生头晕甚至昏厥，这称为重力性休克**。在高温环境中，皮肤血管舒张，皮肤血管中容纳的血量增多，如果人在高温环境中长时间站立不动，更易出现头晕和休克。长期卧床者，静脉管壁的紧张性较低，可扩张性较高，加之腹壁和下肢肌肉的收缩力量减弱，对静脉的挤压作用减小，故由平卧位突然站起来时，亦可能发生上述反应。

（4）骨骼肌的挤压作用

当下肢进行肌肉运动时，回心血量会明显大于安静状态下的回心血量。一方面，肌肉收缩时可对肌肉内和肌肉间的静脉造成挤压，使静脉血流加快；另一方面，因静脉内有瓣膜存在，静脉内的血液只能向心脏方向流动而不能倒流。这样，骨骼肌和静脉瓣膜一起，对静脉回流起着“泵”的作用，称为“静脉泵”或“肌肉泵”。

（5）呼吸运动

呼吸运动也能影响静脉回流。在吸气时胸腔增大，胸膜腔负压值进一步增大，使胸腔内的大静脉和右心房更加扩张，压力进一步降低，因此有利于外周静脉内的血液回流至右心房。由于回心血量增加，心输出量也相应增加。呼气时，胸膜腔负压值减小，由静脉回流入右心房的血量也相应在减少。

五、运动与心血管功能

（一）一次性运动对心血管功能的影响

1. 运动时心率的变化

运动可导致心率明显增高。运动时心率的变化速率与幅度因运动强度和时间而异。研究表明，机体完成一次性较低强度运动时，心率在运动初期出现迅速上升，达到一定水平后较长时间维持在一个波动不大的范围，这提示这段时间各系统机能处于相对稳定状态。随着运动的持续，机体各系统机能的平衡被破坏后，心率将出现再次增高直至达到最大心率，此次心率的升高可被视为机体的运动疲劳点。机体完成一次性高强度运动时，由于机体代谢水平很高，各系统机能不能保持在相对稳定的状态，因此心率将持续增高至最大心率，而不出现平台。

2. 运动时每搏输出量和心输出量的变化

运动可明显提高每搏输出量和心输出量。运动引起血流速度加快，静脉回心血量增加，使舒张末期心室容积增大，同时通过交感神经兴奋及儿茶酚胺分泌增加使心肌收缩力增强，减小收缩末期心室容积，二者共同作用导致每搏输出量明显增加，每搏输出量的增加和心率的加快使心输出量显著加大。当心率超过150～160次/分时，心舒期缩短导致静脉回心血量减少，心肌收缩力的增强程度有限，每搏输出量从而逐渐减少。当心率超过180次/分时，由于每搏输出量的大幅度减少，心输出量也可能随之下降。

3. 运动时动脉血压的变化

运动导致动脉血压的收缩压显著增高，在剧烈运动时收缩压可高达190毫米汞柱甚至更高。不同运动形式下动脉血压的舒张压变化情况不同。动力性运动时收缩压明显升高，舒张压的变化相对较小，甚至可能略有下降。静力性运动时收缩压的升高幅度相对较小，而舒张压则明显地升高，给小血管造成很大的压力。中老年人由于血管硬化程度增加，血管弹性下降，脆性增加，因此在大强度静力性运动时因外周阻力过大易发生小血管的破裂，故应尽量少进行大强度静力性运动。

（二）长期运动对心血管功能的影响

1. 运动性心脏肥大

长期、系统的运动训练使运动员心脏发生明显的增大，这称为运动性心脏肥大。普通人心脏体积约为本人的拳头大小，重量约为200～300克。运动性心脏肥大发生后，心脏重量通常明显超过这一重量，有的甚至超重1倍以上，耐力性运动员和力量性运动员尤为明显，速度性运动员的心脏肥大程度较低。

运动性心脏肥大表现在心腔的扩大和心肌肥厚两方面。超声心动图和影像测试等表明，长期承受耐力性运动刺激的心脏的肥大以心室腔内径扩大为主，心肌的肥厚为辅；长期承受力量性运动刺激的心脏的肥大则以心肌肥厚为主，心室腔内径的改变相对较小甚至无改变。

运动性心脏肥大是心肌细胞对运动刺激的一种良好适应性反应，是一种功能性代偿，它与临床上冠心病、肺心病和风湿性心脏病后期常出现的病理性心脏肥大明显不同。前者心肌收缩功能增强，泵血效率显著提高，每搏输出量增大，且终止运动后一段时间，肥大心脏可逐步恢复到正常状态（可重塑性）；后者心肌收缩功能减弱，每搏输出量减少，心余血量增加，心脏肥大一经出现将不可逆转。

2. 运动性心动徐缓

具备运动员心脏者普遍出现安静心率明显低于正常值的现象，这称为运动性心动徐缓。运动性心动徐缓在优秀耐力性运动员中特别明显，其心率常降到40～50次/分，最低者竟达21次/分。运动员安静时虽然心率较低，但由于心脏肥大而表现出较大的每搏输出量，因此安静状态下的心输出量与普通人的无明显差异。但其较低的心率，使得每分钟能量消耗远较普通人的低，表现出安静状态下心率低、每搏输出量大的能量节省化现象。

3. 心泵功能改善

运动员的心脏与普通人的心脏相比，主要从以下几方面表现出心泵功能的改善。

在安静状态下，两者心脏的供血量并无显著区别，但普通人的心脏以较高的心率和较小的每搏输出量来保证机体供血，而运动员的心脏则以较低的心率和较大的每搏输出量保证供血，以较小的能量消耗保证了同样的供血量。同时，安静状态下低心率使运动员心脏的心率储备增大，有助于心力储备的提高。在以规定的强度和时间完成定量负荷运动时，运动员的心脏较普通人的心脏泵血功能变化幅度小，主要是因为运动员运动能力强，完成同样的运动更轻松，从而表现出较小的生理反应。在完成最大运动负荷时，运动员为取得更好的运动成绩，代谢水平更高，心泵功能将表现得更强。另外，运动员的心脏动员快、潜力大、恢复快。

思考题

1. 简述呼吸的概念及其整个过程。
2. 简述肺通气功能的评定。
3. 简述呼吸气中氧气和二氧化碳的运输。
4. 运动时应如何合理呼吸？
5. 简述血液的组成与功能。
6. 在运动中，如何应用血红蛋白指标来指导科学训练？
7. 心肌的生理特点有哪些？
8. 简述静脉回心血量及其影响因素。
9. 从一次性运动和长期运动方面论述运动对心血管系统有哪些影响。

第四章
肌肉运动的调节

本章教学提示

1. 本章学习重点是脊髓与脑干对躯体运动的调节；激素的分类及其作用过程；三个内分泌轴及其运动调节。
2. 本章学习难点是各神经中枢对躯体运动的调节；激素的作用过程；三个内分泌轴及其运动调节。

运动对机体而言是非常强烈的刺激。在运动过程中，机体每个系统、器官甚至每个组织和细胞在运动刺激的影响下，功能状态都会发生明显变化。随着肌肉剧烈运动，能量代谢明显加快，心率增加、心收缩力加强、心输出量明显增大，呼吸频率加快，通气量、摄氧量等也明显增加。

这一系列的变化主要基于神经和内分泌两大调节系统进行的整合调节。神经系统通过神经递质、内分泌系统通过激素等信息物构成了非常复杂的调节网络，通过各种复杂的信息联系，调节着各器官和各系统的功能状态。

第一节　神经调节

神经活动的基本过程是反射，反射活动的结构基础是反射弧。反射弧包括感受器、传入神经、神经中枢、传出神经和效应器五个环节。感受器能接受刺激并产生神经冲动；传入神经将感受器所产生的神经冲动传入神经中枢；神经中枢在脑和脊髓，能对各种刺激进行分析判断，产生反应信息，这一过程属于感觉机能；神经中枢将信息通过传出神经传递至效应器；效应器对刺激产生相应的生理反应，这一过程属于神经调节机能。

一、感觉机能

（一）感受器和感觉器官

感受器是指分布在体表或组织内部的一些专门感受机体内、外环境变化的结构或装置。感受器按分布部位分为外感受器和内感受器。外感受器感受外界的环境变化，如视、听、嗅觉感受器属于距离感受器，触、压、味、温度觉感受器属于接触感受器。内感受器感受机体内部的环境变化，如本体感受器、内脏感受器和平衡感受器等。感受器还可按接受刺激性质的不同分为光感受器、机械感受器、温度感受器、化学感受器和伤害感受器等。感受器的生理特征有适宜刺激、换能作用、编码作用和适应现象。

感觉器官是指感受器与其附属装置共同构成的结构。人最主要的感觉器官有眼、耳、前庭、鼻腔的嗅上皮、舌的味蕾、皮肤等。

（二）感觉

感觉是客观事物在人脑中的主观反映。感受细胞把机体内、外环境中的各种刺激转变为电位变化，以神经冲动的形式通过感觉神经纤维传向中枢特定部位，最后在大脑皮质上产生各种感觉，如视觉、听觉、位觉、运动觉等。

1. 视觉

视觉器官由折光系统和感光系统两部分组成（图4-1）。前者包括角膜、房水、晶状体和玻璃体；后者指视网膜。平行光线通过眼内折光系统发生折射后，在视网膜上成像。视网膜上的感光细胞将电磁波的光能刺激转换成神经冲动，经视神经传到丘脑，再向大脑皮质感觉区投射形成视觉。视觉在人体运动中具有极重要的意义。

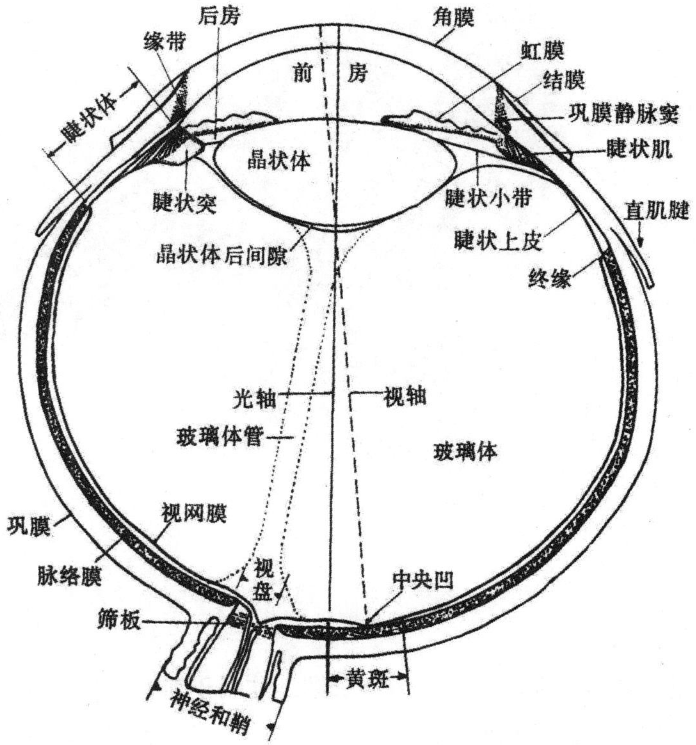

图4-1 眼的水平切面示意图

2. 听觉与位觉

耳是听觉器官，也是位觉（平衡）器官。从结构上看，耳由外耳（包括耳廓与外耳道）、中耳（鼓膜、鼓室、听骨链和咽鼓管）构成的传音系统和内耳的感音系统所组成（图4–2）。内耳又称迷路，包括耳蜗、椭圆囊、球囊和三个半规管。

外界的声波振动经外耳道、鼓膜和听骨链的传递，引起外淋巴和基底膜振动，刺激耳蜗螺旋器感受器产生振动，从而引起耳蜗内电位的一系列变化，以神经冲动的不同频率和组合形式对声音信息进行编码，当动作电位沿听神经传到大脑皮质听觉中枢时，产生听觉。

人和动物生活在外界环境中，必须保持正常的姿势，这是人和动物进行各种活动的必要条件。正常姿势的保持依赖于前庭器官、视觉器官和本体感觉感受器的协同活动，其中前庭器官的作用最为重要。前庭器官由椭圆囊、球囊和三个半规管构成，感受细胞都是毛细胞，适宜刺激是机械力作用。身体进行各种变速运动（加减速度运动）时会引起前庭器官中的位觉感受器兴奋，产生的感觉称为位觉（或前庭感觉）。前庭反应是指前庭器官受到刺激产生兴奋后，引起的一定位觉改变、骨骼肌紧张性改变、眼震颤及植物性功能改变，其意义在于维持机体一定的姿势和保持身体平衡，例如，晕车、晕船等引起的心率加快、血压下降、恶心、呕吐、眩晕和各种姿式反射等现象。

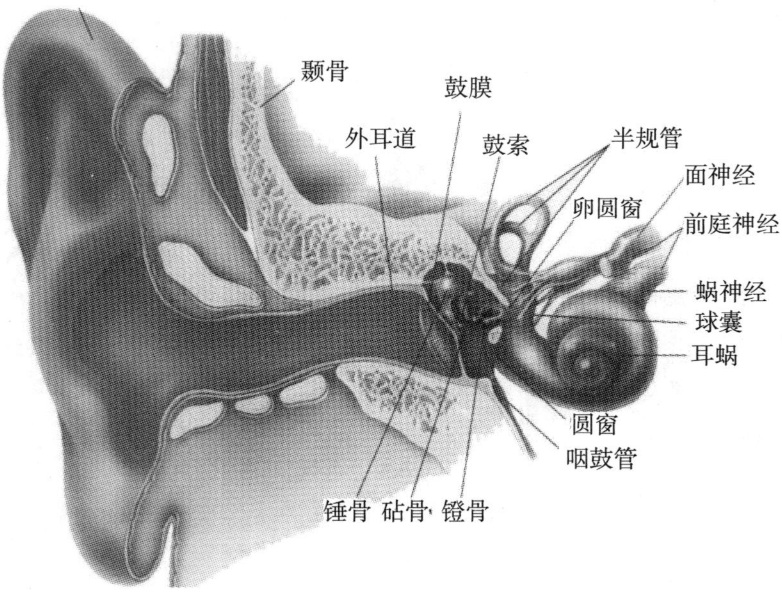

图4–2　耳的结构示意图

某一特定性质的刺激反复、长期地作用于前庭器官，经过一段时间后，前庭器官对刺激引起的反应逐渐减小的现象称为前庭适应。研究表明，在体育运动中，赛艇、划船、跳伞、跳水、滑雪、体操、武术、链球、投掷及各种球类运动项目，有利于提高运动员的前庭功能稳定性，使前庭器官对刺激的反应逐渐减小或消失。

3. 本体感觉

肌肉、肌腱和关节囊中分布的本体感受器肌梭与腱梭，能分别感受肌肉被牵拉的程度以及肌肉收缩和关节伸展的程度。**这种本体感受器受到刺激所产生的躯体各部相对位置和状态的感觉，称为本体感觉或运动觉。**其中肌梭主要感受肌肉长度的变化，腱梭主要感受肌肉张力的变化。当肌肉收缩张力增加时，腱梭因受到刺激而产生兴奋，冲动沿着感觉神经传入中枢，反射性地引起肌肉舒张。腱梭的本体感觉反应是一种安全机制。腱梭也是一种高阈值感受器，当肌肉的收缩力和外部因素引起的力之和达到可能损伤肌腱或骨骼的程度时，腱梭的传入冲动会使运动神经元胞体产生抑制而引起肌肉反射性舒张，防止出现损伤。

运动员的一切运动技能都在本体感觉的基础上形成。通过本体感受器感知到的肌肉、肌腱、关节和韧带的缩短、放松和拉紧的状况，连续地反映到中枢神经系统，这种反馈，不断地调整、矫正运动动作，使运动更加协调、精确。

一般情况下，视觉、位觉及本体感觉相互联系，经大脑皮质的综合分析功能控制肌肉活动。肌肉活动时发生的本体感觉往往被视觉、听觉和其他感觉遮蔽，故本体感觉也称为“暗淡的感觉”，如球类运动员的“球性”。本体感觉能力必须经过相当长时间的训练，才能比较明显而精确地在个体的动作过程中被感受到。例如，对于熟练动作，完成过程中略有变化运动员就能感觉出来；而对于新学的动作，完成过程中虽然有很大毛病，运动员往往也不易感觉到。因此，要使动作准确无误，运动员必须反复练习。

二、神经调节机能

神经系统是控制和协调全身各种功能活动的主要调节系统。肌肉运动主要由脊髓、脑干和大脑皮质三级调控，并由小脑和基底神经节进行监控，使人体的运动功能和植物性神经系统的功能整合协调一致，可以对内、外环境变化做出迅速且完善的适应性反应，满足当时生理活动的需要，以维持整个机体的正常生命活动。

（一）反射和反射弧

反射是指机体在中枢神经系统的参与下，对内、外环境刺激所做出的规律性应答。反射的结构基础是反射弧，由感受器、传入神经、神经中枢、传出神经和效应器五个部分组成。感受器是指接受某种刺激的特殊装置；效应器则为产生生理效应的器官。神经中枢简称中枢，是指位于脑和脊髓灰质内的调节某一特定功能的神经元群。传入神经是从感受器到中枢的神经通路；传出神经是中枢到效应器的神经通路。

（二）躯体运动的神经调控

1. 脊髓对躯体运动的调控

脊髓是实现躯体运动的最低级中枢。脊髓前角运动神经元支配骨骼肌，兴奋时产生肌肉收缩，它们是各种形式的躯体运动的最后“公路”。当脊髓与高级中枢的联系被切断后，仍可产生一些反射活动，如四足脊髓动物甚至还可以出现一定程度的行走运动。但在正常情况下，所有脊髓反射都接受高级中枢的下行调控。这说明有些反射性运动的中枢位于脊髓水平，如牵张反射，但同时接受高级中枢的调控。**牵张反射是指骨骼肌受外力牵拉时引起受牵拉同一肌肉收缩的反射活动，包括腱反射和肌紧张。**

腱反射是指快速牵拉肌腱时发生的牵张反射。例如，当叩击髌骨下方的股四头肌肌腱时，可引起股四头肌发生一次收缩，这称为膝反射。属于腱反射的还有跟腱反射和肘反射等。

肌紧张是指缓慢持续牵拉肌腱时发生的牵张反射，其表现为受牵拉的肌肉发生紧张性收缩，阻止被拉长。肌紧张是维持躯体姿势最基本的反射，是姿势反射的基础。例如，人体呈直立姿势时，由于重力的作用，头部将向前倾，胸和腰将不能挺直，髋关节和膝关节也将屈曲，但由于骶棘肌、颈部以及下肢的伸肌群的肌紧张加强，就能抬头、挺胸、伸腰、直腿，从而保持直立的姿势。肌紧张的收缩力量并不大，只是抵抗肌肉被牵拉，表现为同一肌肉的不同运动单位进行交替性的收缩，而不是同步收缩，因此不表现为明显的动作，并且能持久地进行而不易发生疲劳。

伸肌和屈肌都有牵张反射，对于人类，伸肌是抗重力肌，所以脊髓的牵张反射主要表现在伸肌。临床上常通过检查腱反射来了解神经系统的功能状态。腱反射减弱或消退提示反射弧损害或中断；而腱反射亢进则提示高级中枢有病变，因为牵张反射受高级中枢的调节。

另外脊髓控制的反射还有屈肌反射和对侧伸肌反射、腱器官反射等等。

2. 脑干对躯体运动的调控

脑干包括中脑、脑桥和延髓。在脑干中轴部位有许多形状和大小各异的神经元组成的脑区，其间穿行着各类走向不同的神经纤维，组成网状，故称为脑干网状结构。脑干网状结构内有许多神经核团，它们获得来自高位中枢和脊髓各节段的传入信息，同时脑干中也存在着直接支配某些肌肉的运动神经元，其作用特点与脊髓前角运动神经元相同。而脑干控制运动的主要是把高级中枢的下行运动指令与脊髓的上行信息进行整合，再通过脑干下行通路来调节运动神经元（包括脑干运动神经元）的活动，即起到承上启下的作用以实现对运动的控制。脑干主要调控人体姿势反射，使人体姿势维持正常状态。

人体姿势的维持是通过全身肌张力的相互协调实现的。**在身体活动过程中，中枢不断地调整不同部位骨骼肌的张力，以完成各种动作，保持或变更躯体各部分的位置，这种反射活动总称为姿势反射。**姿势反射可分为状态反射、翻正反射、旋转运动反射和直线运动反射等。

状态反射是头部空间位置改变时反射性地引起四肢肌张力重新调整的一种反射活动。头部后仰引起上下肢及背部伸肌紧张性加强；头部前倾引起上下肢及背部伸肌紧张性减弱，屈肌及腹肌的紧张性相对加强；头部侧倾或扭转时，引起同侧上下肢伸肌紧张性加强，对侧上下肢伸肌紧张性减弱。

在人体中，由于高级中枢的调节，状态反射常被抑制而不易表现出来。状态反射在人完成某些运动技能时起着重要作用。例如，在做体操的后手翻、空翻及跳马等动作时，若头部位置不正，就会使两臂用力不均衡，身体偏向一侧，常常导致动作失误或无法完成。短跑运动员起跑时，为防止身体过早直立，往往采用低头姿势。这些都是运用了状态反射的规律。但是，在运动中也有个别动作需要使身体姿势违反状态反射的规律。例如，训练有素的自行车运动员在快速骑车时，做出头后仰而身体前倾的姿势。

翻正反射是指当人和动物处于不正常体位时，通过一系列动作将体位恢复常态的反射活动。如动物从空中下落，可清楚地观察到动物在下降过程中，首先是头颈扭转，然后前肢、躯干和后肢依次扭转过来，当下降到地面时由四肢着地。翻正反射包括一系列反射活动，最先是由于头部位置不正常，视觉与内耳迷路感受刺激，从而引起头部的位置翻正。头部翻正以后，头与躯干的位置关系不正常，使颈部关节韧带或肌肉受到刺激，从而使躯干的位置也翻正。在体育运动中，很多动作是在翻正反射的基础上形成的。例如，体操运动中的空翻转体，跳水运动中的空中转体及篮球运动中的转体过人等动作，都要先转头以带动身体，使动作迅速协调完成。

旋转运动反射是指人体在进行主动或被动旋转运动时，为了恢复正常体位而产生的一种反射活动。当身体向任何一侧倾倒时，前庭感受器将受刺激而兴奋，通过传入神经到达中脑和延髓，反射性地引起全身肌肉张力重新调整，维持身体平衡。例如，在弯道上跑步时，身体向左侧倾斜，将反射性地引起躯干右侧肌张力增加，以保持身体姿势。

直线运动反射是指人体在主动或被动地进行直线加、减速运动时，即发生肌张力重新调配恢复常态现象，包括升降反射和着地反射。人体沿垂直方向直线加速或减速运动时，耳石受到刺激，反射性地引起肌张力重新调整的活动称作升降反射。人体从高处落下时，在着地的一刹那，上肢紧张性加强而两脚分开顺势弯曲，以保持身体重心减少震动，这种反射称为着地反射。人从体操器械上掉下来时用手撑地就是一个明显的例子。但这种着地姿势容易引起尺骨鹰嘴骨折，因而在体育运动中应克服这种先天的非条件反射，即当身体从高处落下时做滚翻动作，既能起保护作用又能避免出现伤害事故。

3. 小脑和基底神经节对躯体运动的调控

小脑和基底神经节都是同躯体运动协调有关的脑的较高级部位。由大脑下行控制躯体运动的锥体外系包括两大途径：一条是经小脑下行；另一条是经基底神经节下行。这两条途径最后都通过脑干某些核团调节运动神经元实现对运动的控制。小脑在躯体运动调节中的作用表现在程序预编与实时校正，维持稳定，眼–手协调动作的校准等，对保持躯体平衡、调节肌张力、协调随意动作和参与运动学习也起重要作用。基底神经节与随意运动的产生和稳定、肌紧张的调节、本体感受传入冲动信息的处理都有关。

4. 大脑皮质在运动调控中的作用

人体几乎所有的运动都是靠大脑皮质发出指令来完成的，都受到大脑皮质的支配。大脑发出指令，经内囊、脑干下行，到达脊髓前角运动神经元的传导束，称为皮层脊髓束；而由皮层发出，经内囊到达脑干内各脑神经运动神经元的传导束，称为皮层脑干束。皮层脊髓束和皮层脑干束是发动随意运动的初级通路，控制躯干和四肢肌肉的随意运动。

5. 躯体运动协调的神经机理

运动中神经系统对人体功能需要进行必要的整合。一个随意运动，即使是最简单的随意运动，如伸手取物的动作，都需要三个复杂的过程。首先，辨认物体的形状和空间位置；其次，选择行动计划，决定身体参与该动作的部位及其运动方向；最后，执行运动。运动计划制订后，命令由大脑皮质下行投射通路传送至脊髓运动神经元。该命令包括规定肌肉群（协调肌、拮抗肌）活动的时间顺序、肌肉收缩力的强度以及关节伸屈的角度，如当手到达物体时，手腕、手掌和手指的位置如何安排以按照物体的外形抓握它，以及肩和臂的协调等。在运动执行过程中，因负荷和阻力变化随时调整运动参数，才能完成预定的运动。为了对运动进行精细的控制，运动的编程和执行均需要不断地接受感觉信息。与此有关的感觉信息有两类：一类是视觉、听觉、皮肤感觉冲动，提供有关运动目标的空间位置、运动目标和机体自身所在位置的相互关系的信息；另一类是关节和肌肉、前庭器官的传入冲动，提供有关肌肉长度和张力、关节位置、身体的空间位置等信息；这些传入信息对运动计划和运动执行的反馈调节是必不可少的。

运动中，神经系统对人体功能的整合是极其复杂的过程，运动类型、过程、条件与环境不同，神经系统整合的部位、形式和机制均不同。

第二节　体液调节

一、内分泌与激素

内分泌是指内分泌腺体或内分泌细胞将其所产生的生物活性物质——激素直接释放到体液中并发挥作用的分泌形式。内分泌系统包括体内能够分泌激素的所有腺体、组织和细胞。内分泌腺主要有垂体、甲状腺、甲状旁腺、肾上腺、胰腺、性腺、松果体和胸腺等（图4-3）。许多内分泌细胞还散在于组织器官，如消化道黏膜、心、肾、肺、皮肤、胎盘等部位均存在各种各样的内分泌细胞。此外，在中枢神经系统内，特别是下丘脑也存在着兼有内分泌功能的神经细胞。

内分泌腺或散在的内分泌细胞能分泌各种高效能的激素，经组织液或血液传递而发挥调节作用。激素种类繁多，按其化学结构可分为含氮激素（肽类和蛋白质类激素以及胺类激素）和类固醇激素，主要用于维持内环境的稳定，调节新陈代谢，维持生长发育和调控生殖过程。激素作用的一般特征有信息传递作用、激素作用的相对特异性、激素的高效能生物放大作用、激素之间有拮抗和协同作用。

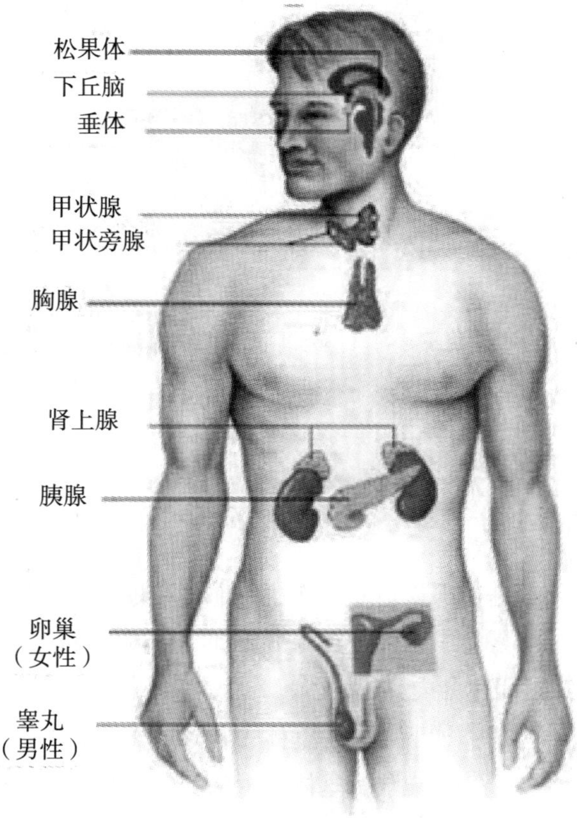

图4-3　人体的主要内分泌腺

二、激素的作用过程

激素由内分泌腺或者细胞分泌后进入组织液，全身循环至含有相应受体的细胞、组织或器官，与受体结合后激活下一步细胞的活动，以完成整个激素的调控。其中含氮激素由于不溶于脂肪，不能直接透过细胞膜，被细胞膜表面的受体激活后，信号进一步传递至第二信使环磷酸腺苷（cAMP）而引发细胞特异性生理反应，其作用机制称为第二信使学说［图4-4（a）］。而类固醇激素可以穿透细胞膜和细胞核膜，直接激活细胞某些基因，调控基因的转录和蛋白质翻译过程，其作用机制称为基因表达学说［图4-4（b）］。

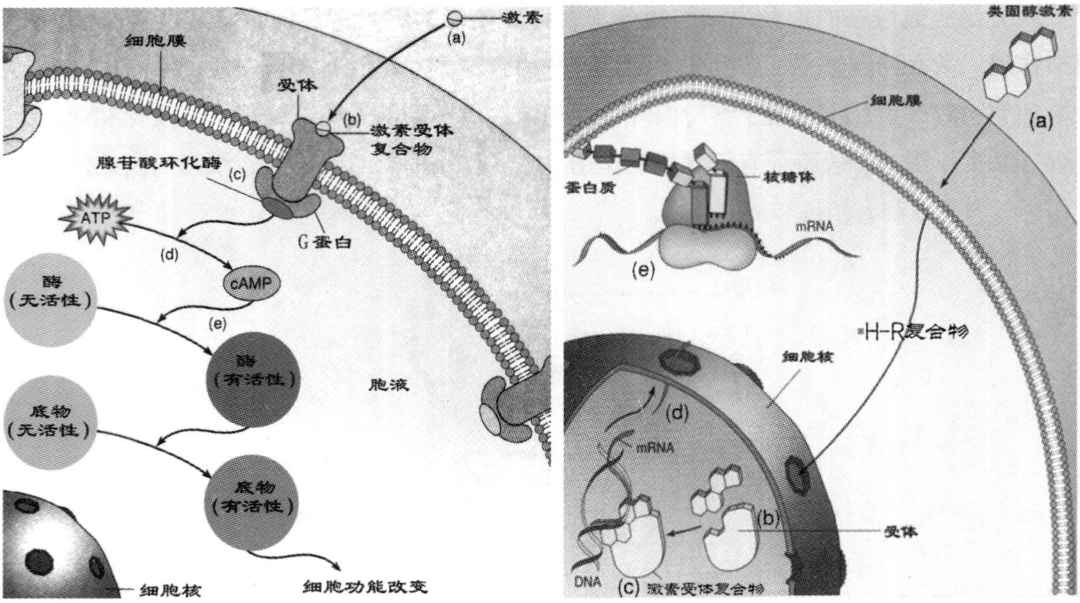

（a）第二信使学说　　（b）基因表达学说

图4-4　激素的作用机制

三、内分泌轴与运动

激素对身体功能的调控并非孤立地发挥作用，而是通过上位内分泌腺（下丘脑）释放促中位内分泌腺（垂体）的激素，中位内分泌腺分泌促下位内分泌腺的激素，形成级联放大的生物效应。这种级联放大过程称为内分泌轴。

机体重要的内分泌轴包括：①下丘脑—垂体—肾上腺（皮质）轴，其因主要与机体的应激活动有关，也称作应激轴；②下丘脑—垂体—甲状腺轴，其与物质能量代谢有关；③下丘脑—垂体—性腺轴，其与生长发育有关，也称作生殖轴。

与运动有关的主要是下丘脑—垂体—肾上腺（皮质）轴。而在这条轴上，下丘脑和垂体分泌的促激素对运动应激起着非常重要的作用。

（一）下丘脑——运动应激行为的发动者

身体运动是一种强烈刺激，可以引起机体各系统、器官发生剧烈的变化。这些变化可被体内外感官和感受器所接受，形成各种传入性神经冲动，传到中枢神经系统，由中枢神经系统对这些信息进行分析综合。分析综合的结果是，一方面经躯体神经和自主神经引起运动以及行为、器官的功能变化，另一方面则通过下丘脑的神经分泌神经元，将传入的信息转变为促垂体激素（或因子）的输出，进而由垂体分泌的促激素引起不同的靶器官、靶组织、靶细胞代谢功能的变化。

（二）促肾上腺皮质激素释放激素——运动应激行为的重要执行者

在运动应激一系列的调节过程中，尽管有大量激素参与，但主要调节者当属促肾上腺皮质激素释放激素，其他主要调节因子均直接或间接通过促肾上腺皮质激素释放激素发挥调节作用。在运动应激过程中，糖皮质激素、肾上腺素、去甲肾上腺素、胰高血糖素以及血糖水平升高、心血管功能及呼吸作用加强、血压升高，代谢加快等，均与促肾上腺皮质激素释放激素有关。

综上所述，促肾上腺皮质激素释放激素是运动应激反应过程中内分泌、代谢、心血管功能和行为等一系列变化的主要执行者和调节者。它同其他调节因素一起，通过整合心血管功能、免疫系统及行为等，使机体更好地适应与调节应激变化。

四、内分泌指标在运动实践中的应用

（一）睾酮

血清睾酮在运动训练中对人体形态和机能的改变，尤其对运动成绩，有着重要的作用。在考虑到年龄因素的前提下，其可作为评定运动员机能状态和运动员选材的重要指标。

男性睾酮的95%由睾丸间质细胞产生；女性睾酮由卵巢与肾上腺皮质合成，受下丘脑—垂体—性腺轴调控。一般来说，睾酮促进机体合成代谢，在身体机能良好时，血清睾酮水平变化不大，且随着体能增强逐渐升高。研究表明，一次性运动期间睾酮会出现小幅度升高，但长期训练会使男性运动员睾酮安静值降低。当睾酮持续明显降低时，应考虑疲劳、过度训练或机能状态不佳，但此判断标准至今仍难以统一。在应用血清睾酮指导运动员选材时，应选择在正常安静状态下睾酮水平高的运动员，其力量、耐力、恢复等方面均存在优势，能够承受较大运动强度和运动量的训练负荷。

（二）皮质醇

皮质醇由肾上腺皮质分泌，由下丘脑—垂体—肾上腺（皮质）轴调控，可促进脂肪分解，增强脂肪酸在肝内的氧化过程，有利于糖异生作用，是机体分解代谢的指标，可用于训练负荷监控和运动员恢复能力的评估。

研究发现，急性运动后皮质醇大多明显上升。皮质醇受运动强度和持续时间的共同影响，在运动应激时反馈性升高，运动结束后能迅速降至基础值，加速疲劳恢复。经过一个训练周期后，相同负荷运动时，血清皮质醇浓度上升的幅度下降，是适应运动量的表现，表明训练负荷适中；如上升幅度增加，表明训练负荷过大。在运动后恢复期，血清皮质醇持续偏高，恢复到正常水平的时间加长，表明身体机能状态差或对训练负荷不适应。

由于血清皮质醇受多种因素影响，因此在监测时要注意控制实验条件。现在人们把血清游离睾酮/皮质醇的值作为身体机能评定的敏感指标，反映身体合成及恢复状况。当血清游离睾酮/皮质醇的值下降超过30%或小于0.35×10^{-3}，则可诊断为过度疲劳。

（三）促红细胞生成素

促红细胞生成素（EPO）是一种调节红细胞生成的造血因子，主要作用是促进红细胞生成，维持血液中红细胞和血红蛋白的数量。有研究证实，耐力运动员的EPO比其他运动员高，所以EPO值可以作为耐力运动训练的评价、预测指标。

大负荷的训练可以导致EPO水平的降低。当机体处于缺氧环境(高原、低压氧舱)，EPO促使红细胞数量上升，以代偿动脉氧含量降低。EPO值上升的幅度可反映机体对缺氧的适应程度，但EPO值上升过多可能导致血液黏滞度增大，不利于血液携氧；相反EPO值过低，说明运动员身体机能较差。因此，EPO值也可以反映运动员在高原训练期间机体的适应情况。

思考题

1.简述肌梭与腱梭的功能及作用特点。

2.牵张反射有哪些？各有什么特点？

3.什么是状态反射？其在运动实践中有什么意义？

4.激素的作用机制有哪些？

5.简述三大内分泌轴及其功能。

第二篇

运动训练生理学

第五章
有氧无氧工作能力

本章教学提示

1. 本章学习重点是需氧量、摄氧量、氧亏和运动后过量氧耗的概念；最大摄氧量的概念、测量方法及其影响因素；乳酸阈的概念及其测定方法；提高有氧工作能力的训练；无氧工作能力的生理学基础、提高无氧工作能力的训练等；
2. 本章学习难点是最大摄氧量的影响因素；提高有氧和无氧工作能力的训练等。

第一节　概　述

一、需氧量

需氧量是指机体为维持某种生理活动所客观需要的氧量。需氧量可由两个变量决定：每分需氧量和总需氧量。正常成年人安静时需氧量约为250毫升/分。

运动中的每分需氧量主要受运动强度影响。运动强度越高，每分需氧量就越大；运动强度越低，每分需氧量就越小。但是运动所需要的总的氧量主要受运动持续时间的影响。持续时间长的运动项目总需氧量多，持续时间短的运动项目总需氧量则少。例如，最高强度运动时，100米跑的每分需氧量可高达40升，其总需氧量只有7升左右；而中等强度的马拉松跑每分需氧量为2~3.5升，但由于运动持续时间长（2小时以上），其总需氧量可达700升以上。可见，运动时每分需氧量的多少反映了运动强度的高低，总需氧量的多少反映运动持续时间的长短（表5-1）。

表5-1　运动强度及持续时间与需氧量的关系

运动项目	强度/米·秒$^{-1}$	持续时间	每分需氧量/升	总需氧量/升
短跑	9.8	10~20秒	40	7~14
中跑	8.9~6.8	1~4分	8.5~25	19~50
长跑	6.3~5.8	8~29分	4.5~6.5	50~150
马拉松	5	＞2小时	2~3.5	＞500

二、摄氧量

通常，单位时间内机体能够摄取并实际消耗或利用的氧量称为摄氧量（$\dot{V}O_2$），也称为耗氧量或吸氧量。摄氧量通常以每分钟为单位计算。

安静时，机体代谢水平低，能量消耗少，单位时间内摄取的氧量完全能够满足实际需要的氧量，故每分摄氧量与每分需氧量相等。运动时，随着运动强度的增加，每分需氧量成比例增加，摄氧量能否满足需氧量，取决于运动项目的特点。当运动强度增加到一定程度时，摄氧量常不能满足实际需要的氧量而出现氧的亏欠。

三、氧亏

在运动过程中，当机体能够摄取的氧量不能满足实际需要的氧量时，造成体内氧的亏欠，即氧亏。

在进行强度高且持续时间短的剧烈运动时，即使氧运输系统的功能已经达到最高水平，但摄氧量仍不能满足需氧量而出现氧亏。运动强度越高，每分需氧量越大，则出现的氧亏越多。低强度运动的开始阶段也会出现氧亏，此时内脏器官的生理惰性大，氧运输系统的功能不能立即提高到应有水平，摄氧量亦不能适应运动的需要。

四、运动后过量氧耗

尽管运动结束后多数肌肉已停止活动，但由于能量代谢率未恢复到运动前水平，机体的摄氧量也不能立即恢复到运动前水平。**这种运动后恢复期机体的耗氧水平高于运动前（或安静状态）耗氧水平的现象称为运动后过量氧耗（EPOC）。**

研究发现，运动后过量氧耗的水平及持续时间与运动强度和运动持续时间有关，其可以持续到运动后15分钟到48小时不等。无氧运动的运动后过量氧耗水平高于有氧运动的。而对于有氧运动，运动强度越高，运动后过量氧耗的水平越高，持续时间越长。影响运动后过量氧耗的主要因素有运动后的体温升高、运动后儿茶酚胺、磷酸肌酸的再合成、Ca^{2+}的作用以及甲状腺素和肾上腺皮质激素的作用等等。其他可能影响运动后过量氧耗的因素还包括运动水平、运动状态、运动后的体位以及年龄和性别等。

第二节　有氧工作能力

有氧工作能力是指机体在氧供充足的情况下，由能源物质氧化分解长时间提供能量的能力。氧供充足是进行有氧工作的先决条件，也是制约有氧工作的关键因素。因此，单位时间内机体的最大摄氧量水平及氧利用率是评价机体有氧工作能力的重要指标。

一、最大摄氧量

（一）最大摄氧量的概念及正常值

最大摄氧量（$\dot{V}O_2max$）是指人体在进行有大量肌肉群参与的长时间剧烈运动中，当心肺功能和肌肉利用氧的能力达到本人极限水平时，单位时间内所能摄取的氧量，也称最大耗氧量或最大吸氧量。它反映了机体吸入氧、运输氧和利用氧的能力，是评价机体有氧工作能力的重要指标之一。

$\dot{V}O_2max$的表示方法有绝对值和相对值两种。绝对值是指机体在单位时间内所能吸入的最大氧量，通常以升/分为单位；相对值是按每千克体重计算的最大摄氧量值，以毫升/（千克体重·分）为单位。由于消除了体重的影响，在不同个体间进行有氧工作能力的比较更有实际意义。我国正常成年男子$\dot{V}O_2max$绝对值约为3.0~3.5升/分，相对值为50~55毫升/（千克体重·分）；女子较男子略低，其绝对值为2.0~2.5 升/分，相对值为40~45毫升/（千克体重·分）。$\dot{V}O_2max$受遗传因素的影响较大，并依年龄、性别和训练水平等的不同而有所差异。

（二）$\dot{V}O2max$的测量

1.直接测量法

直接测量$\dot{V}O_2max$必须满足如下条件：

①进行大肌肉群参与的运动，且运动募集达到全身肌肉质量的50%，如跑步、蹬自行车、划船等。常用的实验方法有跑台运动实验、功率自行车运动实验和功率划船器实验。实验中跑台的速度和坡度以及功率自行车、功率划船器的速度和阻力是可控的。

②除特殊专项外，运动实验不应受到受试者体形、力量和速度素质以及运动技巧的影响。

③实验应持续足够长的时间以充分调动呼吸、心血管系统机能。一般而言，实验需持续6~12分钟。

④要求受试者运动耐受性良好。受试者应提前接受医学检查，运动过程中应有心电监护。

由于实验要求受试者在规定时间内完成强度递增的运动，因此通气量及吸入气和呼出气中氧和二氧化碳浓度会进行性增加。这些变量通过与受试者呼吸面罩相连的气体分析仪及电脑得到计算。当继续增加运动强度（负荷）而摄氧量不再增加时，即出现摄氧量稳态时，此时的摄氧量水平被认为是$\dot{V}O_2max$（图5-1、图5-2）。

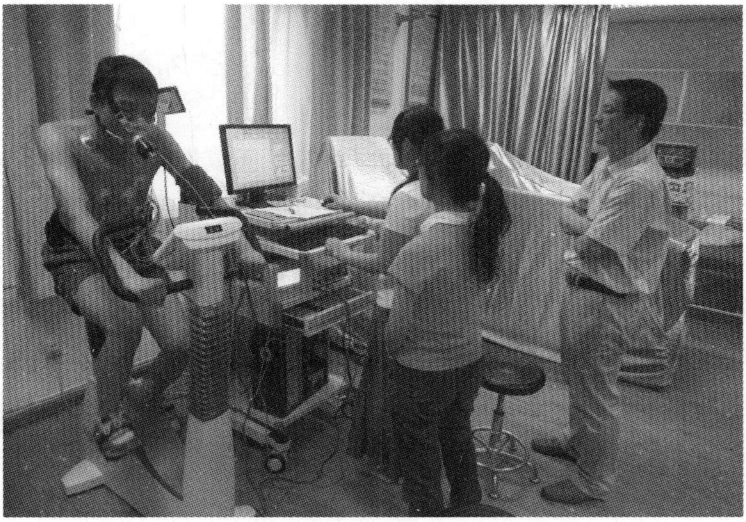

图5-1　最大摄氧量的直接测量法

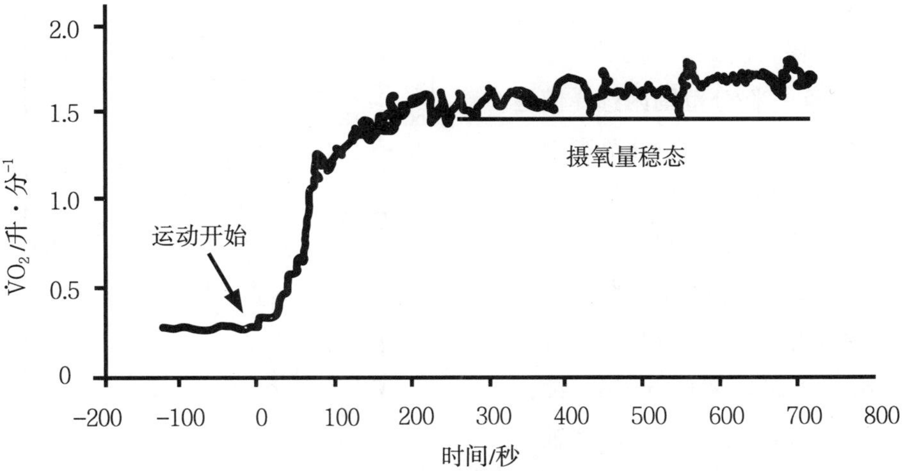

图5-2　递增负荷实验过程中摄氧量稳态示意图

该方法由于是极量负荷，因此对心脏病患者或老年人、儿童青少年有一定的危险性，实验中应注意受试者的自我感觉、心电图和血压的变化，出现异常时，应自行或命令其停止运动实验。

在递增负荷测试$\dot{V}O_2max$过程中，实验终止条件必须满足以下4条中的其中3条：

① 心率达180次/分（儿童青少年达200次/分）；

② 呼吸商（又称气体交换率，指同一时间内，释放的二氧化碳与吸收氧气的体积之比或摩尔数之比）达到或接近1.15；

③ 摄氧量随运动强度增加而出现平台或下降；

④ 受试者已发挥最大力量并无力保持规定的负荷，即达到精疲力竭。

2.$\dot{V}O_2max$的间接推算法

实验室条件下直接测定的$\dot{V}O_2max$尽管其数据可靠、重复性好，并能准确客观地评定有氧工作能力，但是要求通过强烈的运动刺激来充分调动受试者呼吸、循环机能。并非所有人群都能耐受这一刺激，如老年人及呼吸、循环系统器质性或功能性病变不能耐受者；此外，实验室条件下直接测定$\dot{V}O_2max$实验仪器昂贵、方法复杂，这些都限制了$\dot{V}O_2max$直接测定法的普及。目前比较流行的$\dot{V}O_2max$的间接推算法主要包括Åstrand-Ryhming列线图法、12分钟跑和台阶测试。

（1）Åstrand-Ryhming列线图法

让受试者进行亚极量运动，根据其心率及达到某一特定心率的做功量来推算或预测$\dot{V}O_2max$（图5-3）。具体方法是：功率自行车运动，保持脚踏转速50次/分，在300～1500千磅·米/分范围内选择使运动后即刻心率在120～170次/分范围内的功率输出。连接列线图中运动后即刻心率与功率值对应的两点，该连线与摄氧量列线相交的那一点对应的数值即为推测的$\dot{V}O_2max$值。图示为25岁健康女性受试者在600千磅·米/分下蹬功率自行车6分钟，其运动后即刻心率为162次/分。心率轴女性侧数值162和功率轴女性侧数值600连线与$\dot{V}O_2max$轴交点数值2.2，即为受试者$\dot{V}O_2max$推算值为2.2升/分。

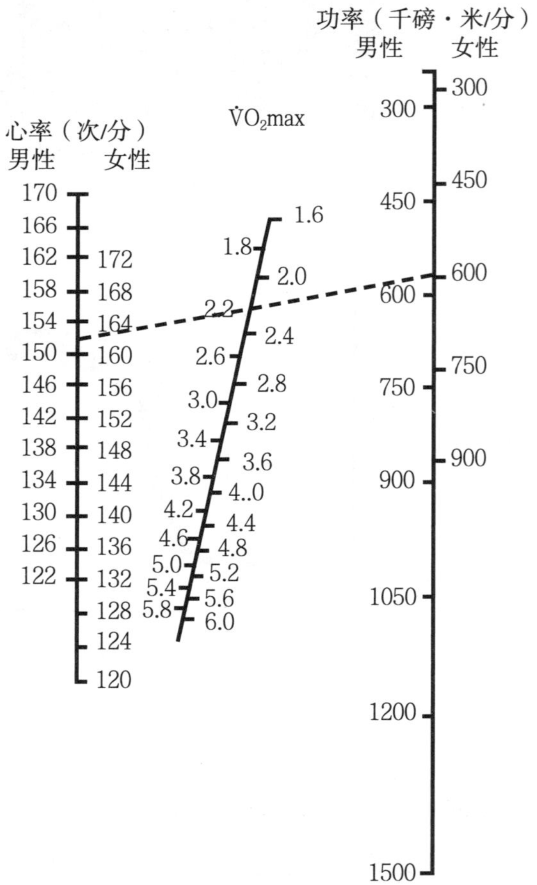

图5-3 Åstrand-Ryhming列线图

（2）12分钟跑测试

通常使用Cooper实验，即通过计算全力12分钟跑的运动距离推算$\dot{V}O_2max$。

其计算公式为$\dot{V}O_2max$（毫升/千克体重$^{-1}$·分$^{-1}$）$=\frac{d_{12}-505}{45}$，其中d_{12}为12分钟跑的运动距离（米）。如受试者12分钟跑的距离是2980米，则$\dot{V}O_2max$ $\frac{2980-505}{45}=55$（毫升/千克体重$^{-1}$·分$^{-1}$）。台湾学者林伟立针对大学生的有氧工作能力状况提出预测公式为$\dot{V}O_2max$（毫升/千克体重$^{-1}$·分$^{-1}$）=0.02×跑步距离（米）－3.47。如果某受试者12分钟跑的距离是2400米，代入上一公式，即得$\dot{V}O_2max$为44.53毫升/千克体重$^{-1}$·分$^{-1}$。

（3）台阶测试

实验前称体重，将心率遥测仪固定在受试者的胸部。令受试者以22.5次/分的频率上下高40厘米的台阶5分钟，记录第4分30秒到第5分钟的心率，然后乘以2代表台阶负荷时第5分钟心率。按下列公式推算$\dot{V}O_2max$：$y=1.488+0.038x_1-0.0049x_2$（男）；$y=3.769+0.0388x_1-0.0192x_2$（女）。

x_1：受试者体重（千克）；x_2：台阶负荷时第5分钟心率（次/分）；y：推测的$\dot{V}O_2max$（升/分）。

$\dot{V}O_2max$的间接推算法中，12分钟跑较适合年轻人或体能较好者；年纪大或体能差的人可使用台阶测试。

需要指出的是，尽管应用间接法推算$\dot{V}O_2max$具有简易、经济、快速等特点，但优秀运动员使用上述方法推算获得$\dot{V}O_2max$的数值常与实测值有较大误差，应考虑到误差因素的影响。

（三）$\dot{V}O_2max$的影响因素

有氧工作能力是肌肉摄取并利用氧的能力，因此凡是涉及肌肉摄取、利用氧的器官、系统都会成为有氧运动能力的影响因素。其中主要包括呼吸系统和循环系统以及血液、肌肉等组织器官。$\dot{V}O_2max$受多种因素制约，其水平主要取决于氧运输系统和肌肉组织利用氧的能力（图5-4）。

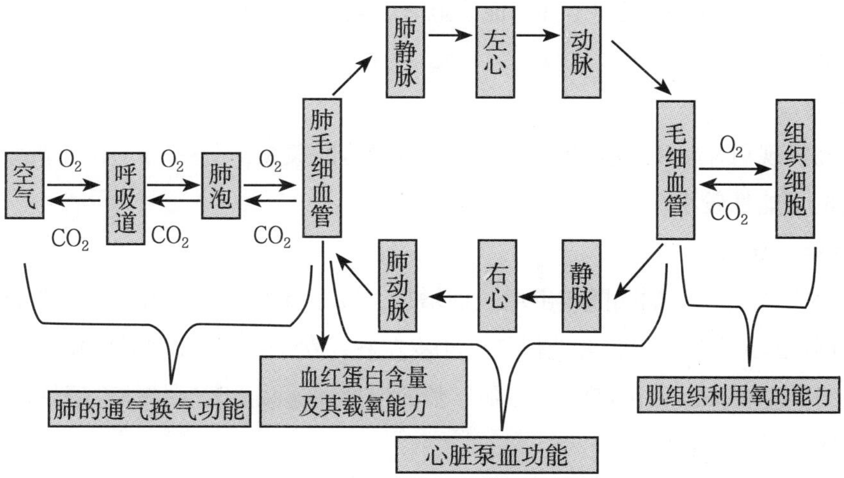

图5-4 $\dot{V}O2max$的影响因素

1.氧运输系统（中央机制）

（1）肺的通气和换气功能

空气中的氧通过呼吸器官的活动吸入肺，并通过物理弥散作用与肺循环毛细血管血液之间进行交换。因此，肺的通气与换气机能是影响人体吸氧能力的因素之一，肺活量、肺通气量、最大通气量以及肺泡与血液之间的气体交换等均是$\dot{V}O_2max$的影响因素。肺功能的改善为运动时氧的供给提供了先决条件。

（2）血红蛋白含量及运载氧气的能力

弥散入血的氧由红细胞中的血红蛋白携带并运输。因此，血红蛋白含量及其载氧的能力与$\dot{V}O_2max$密切相关。

（3）心脏的泵血功能及每搏输出量

血液运输氧的能力取决于单位时间内循环系统的运输效率，即心输出量的大小，它受每搏输出量和心率制约。优秀耐力运动员在系统训练的影响下出现安静心率减慢、左心室容积增大和每搏输出量增加等一系列心脏形态机能的适应性变化，表明心脏的泵血机能和工作效率提高。由此可见，心脏的泵血机能及每博输出量的大小是决定$\dot{V}O_2max$的重要因素。

2. 肌肉组织利用氧的能力（外周机制）

当毛细血管血液流经组织细胞时，肌肉组织从血液中摄取和利用氧的能力是影响$\dot{V}O_2max$的重要因素。肌肉组织利用氧的能力主要与肌纤维类型及其代谢特点有关。许多研究表明，慢肌纤维具有丰富的毛细血管分布，肌纤维中的线粒体数量多、体积大且氧化酶活性高，肌红蛋白含量也较高。慢肌纤维的这些特征都有利于增加摄氧能力。研究发现，慢肌纤维的百分比与$\dot{V}O_2max$有密切关系，优秀的耐力运动员慢肌纤维百分比高并出现选择性肥大现象，使其摄氧和利用氧的能力增加。

值得注意的是在运输和利用氧的过程中，某单一器官、系统的能力增加并不会显著提高$\dot{V}O_2max$水平，但某个环节的能力下降可能会显著影响$\dot{V}O_2max$水平。

3. 其他因素

（1）遗传

通过研究发现$\dot{V}O_2max$的遗传度为93.5%，与遗传的关系十分密切，其可训练性即训练使$\dot{V}O_2max$提高的可能性较小，一般为20%~25%。

（2）年龄、性别

$\dot{V}O_2max$在儿童青少年期间随年龄增长而增加，并于青春发育期出现性别差异，男子一般在18~20岁时$\dot{V}O_2max$达到峰值，并能保持到30岁左右；女子在14~16岁时$\dot{V}O_2max$达到峰值，一般可保持到25岁左右。以后，$\dot{V}O_2max$将随年龄的增加而递减。若坚持体育锻炼，$\dot{V}O_2max$随年龄增加而递减的幅度会减小。

（3）运动训练

长期进行系统的耐力性运动训练可以提高$\dot{V}O_2max$水平25%左右，表明经训练$\dot{V}O_2max$水平是可以得到一定程度提高的。在训练引起$\dot{V}O_2max$提高过程中，训练初期$\dot{V}O_2max$的提高主要依赖于心输出量的增大；训练后期$\dot{V}O_2max$的提高则主要依赖于肌肉组织利用氧的能力的提高。但$\dot{V}O_2max$水平提高幅度受遗传因素的制约。

（四）$\dot{V}O_2max$在运动实践中的意义

1. $\dot{V}O_2max$是评定有氧工作能力的客观指标

$\dot{V}O_2max$是反映心肺功能的综合指标。许多学者对$\dot{V}O_2max$与有氧工作能力之间的关系进行了研究，发现耐力性项目的运动成绩与$\dot{V}O_2max$高度相关。因此，可以根据$\dot{V}O_2max$预测耐力项目运动员的运动成绩。大量研究结果表明，$\dot{V}O_2max$水平高是耐力性项目运动员取得优异成绩的基础和先决条件之一。如何在先天因素的基础上最大限度地提高运动员的$\dot{V}O_2max$水平，这是耐力性项目训练的重要课题之一。

2. $\dot{V}O_2max$是评定心肺功能的指标

在运动过程中，人体达到$\dot{V}O_2max$时，心肺的功能达到极限水平。因此，$\dot{V}O_2max$的大小可较客观地评定心肺功能。

3. $\dot{V}O_2max$是运动选材的生理指标

$\dot{V}O_2max$有较高的遗传度，故可以作为选材的运动生理指标之一。有学者指出$\dot{V}O_2max$尤其可作为儿童青少年心肺功能和有氧耐力最好的选材指标。

4. $\dot{V}O_2max$是制定运动强度的依据

将$\dot{V}O_2max$强度作为100%训练强度，然后根据训练计划制定不同百分比$\dot{V}O_2max$强度，使运动负荷更客观、更实用，为运动训练服务。

虽然$\dot{V}O_2max$在运动实践中有较高的应用价值，但它具有一定的局限性，如受实验设备等条件限制难以普遍推广和应用；其数值有时并非与运动成绩的提高绝对相关等。因此，$\dot{V}O_2max$只是诸多影响运动员运动能力的因素之一。

二、乳酸阈

$\dot{V}O_2max$是反映人体有氧工作能力的客观生理指标，并已广泛应用于运动实践，用于评定心肺功能和有氧能力。但近二十年来，耐力性项目的竞技水平有了大幅度提高，而运动员$\dot{V}O_2ma$提高并不明显。因此，多数专家认为，运动员有氧竞技能力的提高并不完全是$\dot{V}O_2max$提高带来的，而与$\dot{V}O_2max$具有同等重要意义的另一个指标——乳酸阈或个体乳酸阈越来越得到关注。

（一）乳酸阈与个体乳酸阈的概念

在递增负荷运动中，乳酸浓度随运动负荷的递增而增加，当运动强度达到某一负荷

时，乳酸浓度会急剧增加。乳酸出现急剧增加的那一点（乳酸拐点）称为“乳酸阈”，这一点所对应的运动强度即乳酸阈强度（图5-5）。它反映了机体的代谢方式由有氧代谢为主过渡到无氧代谢为主的临界点或转折点，故也称无氧阈。

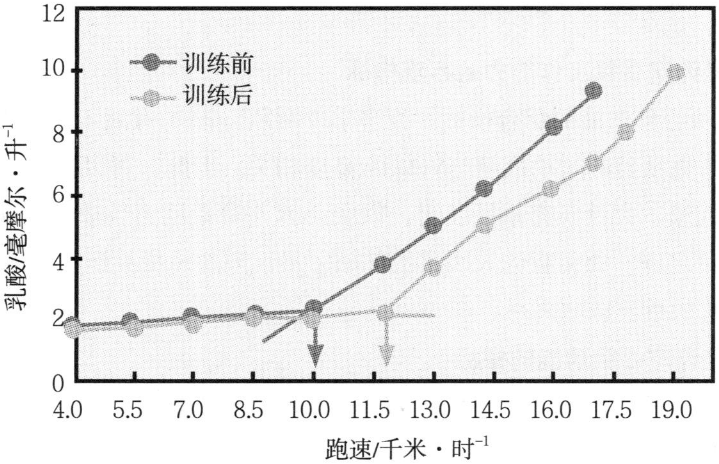

图5-5 训练前后乳酸阈的变化

受试者在跑台上进行3分钟一次的递增负荷（速度）运动，运动结束后采集指血测定乳酸浓度。经3个月的有氧训练，受试者乳酸阈发生右移，表明有氧工作能力得到提高。

人体从事渐增负荷运动时，机体能量的供给是从有氧代谢供能为主过渡到无氧代谢供能为主的连续过程。随着运动强度的增加，有氧代谢产生的能量满足不了机体需要时，糖酵解供能的比例增大，导致乳酸浓度明显增加，从而出现乳酸阈。$\dot{V}O_2max$反映了人体在运动时所摄取的最大氧量，而乳酸阈则反映了人体在渐增负荷运动中乳酸开始积累时的$\dot{V}O_2max$利用率，其阈值是反映人体有氧工作能力的又一重要生理指标。乳酸阈值越高，有氧工作能力越强，在同样的渐增负荷运动中无氧代谢供能系统动员的则越晚，即在较高的运动负荷时，可以最大限度地利用有氧代谢而不过早地动员无氧代谢供能使乳酸积累快速增加。

乳酸代谢存在较大的个体差异，渐增负荷运动乳酸急剧上升时的乳酸水平在1.4~7.5毫摩尔/升之间。在运动训练实践中，经常将乳酸水平在4毫摩尔/升时对应的强度称为乳酸阈强度（图5-6），但每个个体在达到乳酸阈强度时的乳酸水平并不一致，因此，将个体在渐增负荷中乳酸拐点定义为“个体乳酸阈”。个体乳酸阈更能客观和准确地反映机体有氧工作能力的高低，已被教练员和运动员广泛接受。

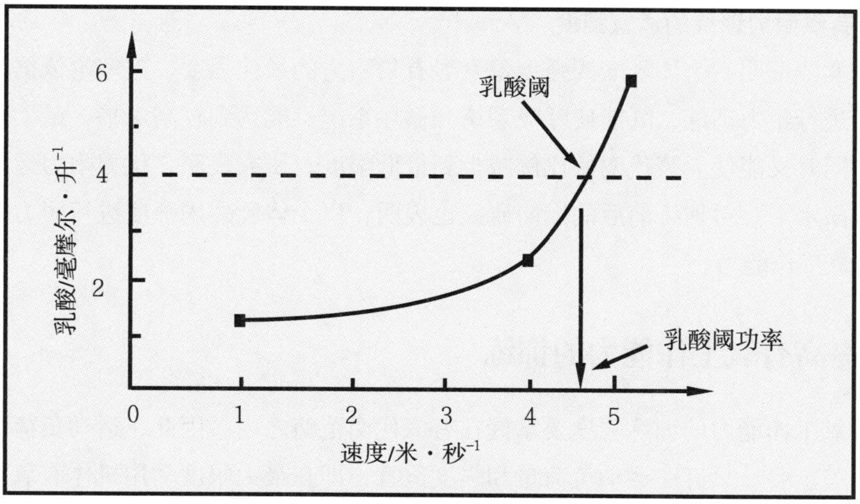

图5-6　乳酸功率曲线

（二）乳酸阈的测定方法

通常在实验室条件下进行渐增负荷运动（跑台或功率自行车）实验，通过连续测得乳酸浓度的变化来确定乳酸阈。受试者在渐增负荷运动实验中，连续采集每一级运动负荷时的血样（一般用耳垂或指尖末梢血）测得其乳酸值。以运动负荷时做功量（W）为横坐标，乳酸浓度为纵坐标作图，将乳酸急剧增加的拐点对应的乳酸浓度确定为乳酸阈（或个体乳酸阈），而此时的运动强度就是乳酸阈强度。

另外可以通过气体代谢仪测试运动中呼出气体参数的变化来无损伤测定乳酸阈，也就是通气无氧阈。因为随着运动强度增大，乳酸产生增多，动用血液缓冲系统缓冲乳酸，致使二氧化碳增多，而刺激呼吸中枢，使呼吸加深加快。因此，在乳酸阈出现时，肺通气量及二氧化碳排出量均出现非线性增加。另外还可以通过心率拐点、肌电图等测试无氧阈，为心率无氧阈和肌电无氧阈。

在渐增负荷运动中，气体代谢各项指标随运动强度的增加而发生相应的变化。当乳酸急剧增加时，肺通气量也出现明显的变化，通气阈为肺通气量变化的拐点，可由此判断乳酸阈的高低。

（三）乳酸阈在运动实践中的应用

1.评定有氧工作能力

$\dot{V}O_2max$和乳酸阈是评定人体有氧工作能力的重要指标，二者反映了不同的生理机制。前者主要反映心肺功能，后者主要反映骨骼肌的代谢水平。乳酸阈对耐力的评定、训练强度控制方面都有重要的实用价值。$\dot{V}O_2max$虽然是评定耐力的可靠指标，但随着运动员耐力水平不断提高，运动成绩不断被刷新，运动员的$\dot{V}O_2max$的提高则幅度很小。$\dot{V}O_2max$主要受遗传的影响。

2.制订有氧耐力训练的适宜强度

理论与实践证明，个体乳酸阈强度是发展有氧耐力的最佳强度。其理论依据是，用个体乳酸阈强度进行耐力训练，既能使呼吸系统和循环系统机能达到较高水平，最大限度地利用有氧供能，同时又能使无氧代谢的比例减少到最低限度。研究表明，优秀耐力运动员有较高的个体乳酸阈水平。对训练前后的纵向研究也表明，以个体乳酸阈强度进行耐力训练，能有效地提高有氧工作能力。

四、提高有氧工作能力的训练

提高有氧工作能力的训练强度要掌握在有氧代谢范畴之内。因此，运动负荷量和负荷强度的安排至关重要。只有在运动负荷量和强度适宜，即在最大限度动用机体有氧代谢系统使其处于最大应激状态下训练，才能有效地提高机体有氧工作能力。目前，用于发展有氧能力的训练方法主要有持续训练法、个体乳酸阈强度训练法、最大乳酸稳态强度训练法、间歇训练法和高原训练法。

（一）持续训练法

持续训练法是指强度较低、持续时间较长且不间歇地进行训练的方法，主要用于提高心肺功能和发展有氧代谢能力。由于机体内脏器官的机能惰性较高，需在运动开始后约3分钟才能发挥最高机能水平。因此，为发展有氧代谢能力而采取的训练，练习时间要在5分钟以上，甚至要持续20~30分钟以上。

长时间持续运动对人体生理机能产生诸多良好的影响。主要表现在：能提高大脑皮质神经过程的均衡性和机能稳定性，改善参与运动有关中枢间的协调关系，并能提高心肺功能及$\dot{V}O_2max$，引起慢肌纤维出现选择性肥大，肌红蛋白也有所增加。对发育期的少年运动员及训练水平低者尤其要以低强度的匀速持续训练为主。

（二）个体乳酸阈强度训练法

个体乳酸阈强度是发展有氧耐力训练的最佳强度。以此强度进行耐力训练，能显著提高有氧工作能力。目前，在田径中长跑、自行车、游泳及划船等项目训练中，已广泛采用个体乳酸阈强度进行训练。

有氧能力提高的标志之一是个体乳酸阈提高。由于个体乳酸阈的可训练性较大，有氧耐力提高后，其训练强度应根据新的个体乳酸阈强度来确定。一般无训练者，常以其50%$\dot{V}O_2max$的运动强度进行较长时间的运动，而乳酸几乎不增加或略有上升，经过良好训练的运动员可达到60%~70%$\dot{V}O_2max$强度，而优秀的耐力运动员（如马拉松、滑雪）可以85%$\dot{V}O_2max$强度进行长时间运动。这表明，随着训练水平的提高，运动员有氧能力的利用率明显提高。在具体应用个体乳酸阈指导训练时，常采用心率乳酸阈来控制运动强度。

（三）最大乳酸稳态强度训练法

马拉松跑因其运动时间长，能量供应几乎完全由有氧代谢提供，运动员在运动中乳酸浓度低于乳酸阈值。因此在运动训练中要采用低于乳酸阈值（4毫摩尔/升）的强度才能适应比赛要求。采用这种方法训练时，在乳酸值达到低于4毫摩尔/升的水平后维持这个训练强度45分钟左右，这期间乳酸值达到一个最大的稳态水平，这是发展有氧代谢能力最适宜的负荷强度（图5-7）。

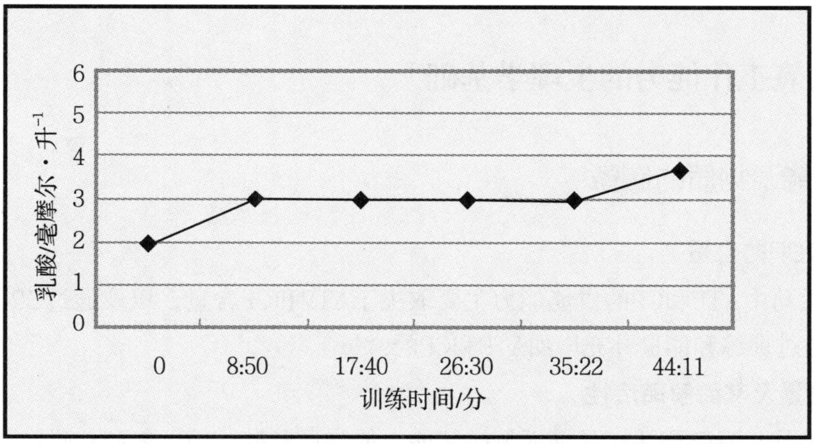

图5-7　最大乳酸稳态强度训练示意图

（四）间歇训练法

间歇训练法是指在两次练习之间有适当的间歇，并在间歇期进行强度较低的练习，而不是完全休息。由于间歇训练对练习的距离、强度及每次练习的间歇时间有严格的规定，往往不等身体机能完全恢复就开始下一次练习。因此，对机体机能要求较高，能引起机体结构、机能及生物化学等方面较深刻的变化。该方法完成的总工作量大，对心肺机能的影响大，是一种比较好的训练方法。

（五）高原训练法

随着运动水平的不断提高，人们在谨慎加大运动负荷的同时，着眼于提高训练难度，给予机体更强烈的刺激，以调动人体的最大潜力。高原训练法就是基于这种设想逐渐开展起来的一种训练方式。在高原训练时，人们要经受高原缺氧和运动缺氧双重负荷，这对机体造成的缺氧刺激比平原上更深刻，可以极大地调动机体的机能潜力，使机体产生复杂的生理效应和训练效应。研究表明，高原训练能使血红蛋白数量及总血容量增加，并使呼吸系统和循环系统的工作能力增强，从而使有氧能力得到提高。

第三节　无氧工作能力

无氧工作能力是指运动中人体通过无氧代谢途径提供能量进行运动的能力，由磷酸原分解供能（非乳酸能）和糖无氧酵解供能（乳酸能）两部分组成。与有氧工作相比，无氧工作的强度提高，但持续时间减少。磷酸原是无氧功率的物质基础，一切短时间、高效率运动，如冲刺、短跑、投掷、跳跃和足球射门等活动能力均取决于磷酸原供能的能力；而乳酸能则是速度耐力的物质基础。在长时间剧烈运动的开始和运动加速过程中，无氧工作也占主导地位。

一、无氧工作能力的生理学基础

（一）能源物质的储备

1.ATP和CP的含量

人体在运动中ATP和CP的供能能力主要取决于ATP和CP含量，以及通过CP再合成ATP的能力。可以通过训练和能量补充增加ATP和CP的含量。

2.糖原含量及其酵解酶活性

糖原含量及其酵解酶活性是糖无氧酵解能力的物质基础。糖无氧酵解供能是指由肌糖原无氧分解为乳酸时释放能量的过程，其供能能力主要取决于肌肉组织中糖原的含量及其酵解酶活性的高低。

（二）代谢过程的调节能力及恢复能力

代谢过程的调节能力包括参与代谢过程的酶活性、神经与激素对代谢的调节、内环境变化时酸碱平衡的调节以及各器官活动的协调等。如肌酸激酶、磷酸果糖酶等对提高ATP再合成速率及快速恢复ATP含量是十分重要的，另外乳酸的清除能力也是关键影响因素。

（三）最大氧亏积累

最大氧亏积累是指人体从事极限强度运动时（一般持续运动2~3分钟），完成该项目运动的理论需氧量与实际耗氧量之差。许多研究发现，最大氧亏积累是衡量机体无氧供能能力的重要指标。短跑运动员的无氧工作能力和运动成绩与最大氧亏积累高度相关。

二、无氧工作能力测试与评价

常用的无氧工作能力测试方法依测试指标性质不同分为两类，一类测定磷酸原代谢能力，一般是通过10～15秒的最大能力持续运动实验来完成。基本评价标准是：无氧输出功率越高，乳酸上升越少，磷酸原能力越强。另一类是测定糖酵解代谢能力，一般是通过30～90秒的最大能力持续运动实验来完成。基本评价标准是做功的量越大、运动后乳酸的增值越大，糖酵解代谢供能能力越强。

（一）磷酸原系统工作能力评价

磷酸原系统工作能力评价主要包括撒扎特纵跳实验、磷酸原能商法测试、玛加利亚-卡拉门台阶实验，以及Quebec10秒无氧功实验和10秒最大负荷测试法等（以下择要介绍撒扎特纵跳试验、磷酸原能商法测试、玛加利亚-卡拉门台阶实验）。主要反映速度爆发力项目的运动机能能力。

1.撒扎特纵跳实验

撒扎特纵跳实验主要用于评价人体的肌肉爆发力（磷酸原供能能力）。受试者采用蹲伏体位，低头、弯腰、屈膝，上肢摆向下后，停顿数秒调整平衡后尽最大力量起跳，同时上肢摆向前上，记录垂直纵跳前后指间差。无氧功率用以下公式推算：

$$P=\sqrt{4.9}\times W\times\sqrt{H}$$

其中P代表无氧功率；W代表体重；H代表纵跳高度。

这种方法简便易行，但精确性较差。

2.磷酸原能商法测试

磷酸原能商法测试测定程序为：先测定安静时乳酸，然后让受试者在自行车功率计上做2~3分钟准备活动后，再以100转/分，600瓦最大用力运动15秒，记录在15秒期间完成的总功（*TWP*，以千焦耳表示），并在运动后6分钟测定乳酸，求出乳酸增值，通过下列公式计算出磷酸原能商（*AQ*）：**磷酸原能商=*TWP*（15秒）/乳酸增值（15秒）**。求得的磷酸原能商值越大，表示磷酸原供能能力越强。

3.玛加利亚-卡拉门台阶实验

玛加利亚-卡拉门台阶实验也用于评价人体的肌肉爆发力（磷酸原供能能力）。受试者从助跑线起跑，助跑距离为6米，以三级台阶为一步，用最快速度跑上九级台阶（2～3秒）。第三级和第九级台阶下安装压力垫，可以启动和终止连接的计时器，以此记录受试者从第三级至第九级台阶所需的时间。实验假设运动中所有的外功用于提升身体重心，重心的提升高度相当于第三级至第九级台阶间的垂直距离（1.05米）。功率输出按下式计算：

$$P=(W\times 9.8\times D)/t$$

P为无氧功率（千克·米/秒）；W为体重（千克）；9.8为重力加速度；D为第三至第九级台阶垂直距离（米）；t为通过第三至第九级台阶的时间（秒）。

玛加利亚-卡拉门台阶实验的运动形式简便，且不会导致精疲力竭，可较精确地了解受试者磷酸原供能的能力。其缺点是对部分妇女或老年人不太适宜，并在一定程度上受受试者主观努力和身高与腿长的影响。

（二）酵解能系统工作能力评价

酵解能系统工作能力评价主要包括温盖特（Wingate）无氧功率实验、恒定负荷实验、最大氧亏积累测试，以及Quebec90秒实验、60秒最大负荷测试和无氧功跑台测试等（以下择要介绍温盖特无氧功率实验、恒定负荷实验、最大氧亏积累测试）。主要反映速度耐力项目运动员的运动机能能力。

1. 温盖特无氧功率试验

温盖特无氧功率实验主要用于检测最大无氧功率（磷酸原供能能力）和平均无氧功率（磷酸原和无氧酵解能力）。

受试者先做准备活动，在功率自行车上骑2～4分钟，心率达到150～160次/分，其中2～3次（每次持续4～8秒）为全力蹬骑。准备活动后休息3～5分钟，之后进行正式实验，受试者尽力快骑，同时阻力递增，在2～4秒内达到规定负荷，之后开始计算骑行圈数，并做持续30秒最快速度蹬骑，每隔5秒记录蹬踏圈数。实验结束后进行2～3分钟放松蹬骑。并将每5秒的蹬车圈数代入下面公式计算无氧功率，单位是瓦特（W）。

最大无氧功率（第一个5秒）=5秒最大蹬车圈数×前车轮周长×阻力×6.11。最大无氧功率的能量来源于ATP及CP的分解。

平均无氧功率：将6个5秒蹬车功率相加除以6。其能量来源于ATP、CP及无氧糖酵解。

无氧功率递减率（%）=最高无氧功率－最低无氧功率/最高无氧功率×100%

无氧功率递减率表示的是在无氧供能条件下的疲劳程度。

其中功率车阻力设置为：系数 ×体重（千克）（下肢蹬车时，成年男性系数为0.083，儿童和女性系数为0.075；用上肢摇柄时，成年男性系数为0.58，女性为0.50，单位为千克体重）。

温盖特实验运动强度极大，容易造成受试者肌肉损伤。实验要求受试者充分休息，无严重运动损伤，禁食2小时，4周内身体健康，情绪良好和自愿参加实验。

2.恒定负荷实验

受试者在相应的运动器械上维持恒定功率负荷的运动，直至不能维持为止。最常用的是无氧跑速实验，即要求受试者在20%坡度的跑步机上以约13千米/时的速度跑步，以受试者维持运动的时间长短来评价无氧做功能力。研究表明，训练有素的短跑运动员无氧做功能力明显高于耐力性项目的运动员，并且无氧做功能力与400米跑成绩有较好的相关性。但如何准确判断受试者力竭始终是难以解决且影响检测结果的一个重要问题。

3.最大氧亏积累测试

测试时受试者分别以相当于50%、60%、70%、80%、95%$\dot{V}O_2max$强度，进行5级6分钟匀速跑，记录跑速和摄氧量，画出跑速—摄氧量曲线。受试者再进行专项跑（如800米或1500米跑）测试，记录跑速和专项摄氧量。根据跑速—摄氧量曲线外推至专项跑速，可得专项需氧量。与专项摄氧量一起带入公式即可得到相关专项的最大氧亏积累。计算公式为：最大氧亏积累 = 专项需氧量 – 专项摄氧量。

（三）无氧能力的生理学检测

通过在实验室运动时测得的最大氧亏积累和最大乳酸水平等生理指标来反映无氧能力的高低。

三、提高无氧工作能力的训练

（一）发展磷酸原系统供能能力的训练

目前，在发展磷酸原系统供能能力的训练中，主要是采用无氧低乳酸的训练。其原则是：①最高强度练习时间不超过10秒；②每次练习的运动间歇时间不能短于30秒，因短于30秒时ATP、CP在运动间歇中的恢复数量不足以维持下一次练习对于能量的需求，故间歇时间一般选用长于30秒，以60秒或90秒的效果更好；③成组练习后，组间的间歇时间不能短于3~4分钟，因为ATP、CP的恢复至少需要3~4分钟。

与其他供能物质相比，磷酸原的恢复较快。剧烈运动后被消耗掉的磷酸原在20~30秒内合成一半，3~4分钟可完全恢复。因此，发展磷酸原系统供能能力的训练，一般采用短时间、高强度的重复训练。

此外，需要指出的是在短跑、跳跃、投掷和举重等项目比赛中，运动员要在10秒内以最大输出功率完成运动。从理论上来看，其能量主要由磷酸原系统供应，但在能量供应过程中，相邻的供能系统也参与供能，且占一定的比例。因此在短时间、高强度运动项目的训练中，在注重磷酸原系统供能能力的同时，也应注意加强酵解能系统供能能力的训练，即应有一定比例的大于10秒的无氧训练。

（二）提高酵解能供能系统的训练

1.最大乳酸训练

乳酸是糖酵解的最终产物。运动中乳酸生成量越大，说明糖酵解供能的比例越高，无氧耐力素质越好，所以机体生成乳酸的最大能力和机体对它的耐受能力直接与无氧耐力运动成绩相关。

让受试者在田径场上全速跑400米1次，跑后3～5分钟测定乳酸，如果测定值达到15毫摩尔/升，就是酵解能系统供能能力强的表现，但在训练中应使乳酸高于这个水平，以达到训练效果，只采用1次1分钟左右的超极量负荷不可能达到一个高水平的乳酸浓度。而采用1分钟超极量强度跑、间歇4分钟重复5次的间歇训练，乳酸浓度可达到一个很高的水平，最高值可达

31.1毫摩尔/升。这说明1分钟超极量强度间歇4分钟的重复运动可以使身体获得最大的乳酸刺激，是提高最大乳酸能力的有效训练方法，主要是训练400米跑或者800米、1500米冲刺等能力。

间歇训练法是提高无氧耐力的良好方法，其关键在于对负荷强度和适宜的休息间歇的控制。为了使运动中能产生高浓度的乳酸，练习强度要高，密度要大，间歇时间要短。练习时间一般应大于30秒，以1～2分钟为宜。以这种练习强度和练习时间及间歇时间的组合，能最大限度地动用酵解能系统供能的能力。

2. 乳酸耐受能力训练

不同训练水平和运动项目的运动员对乳酸的耐受能力不同。乳酸耐受力高，机体不易疲劳，运动能力也高。在一些运动项目中，因运动时间较长、运动强度较高，乳酸会在较高水平上保持较长的时间，因此运动员要加强乳酸耐受能力训练。乳酸耐受能力一般可以通过提高肌肉缓冲能力和肌肉中乳酸脱氢酶活性而获得。在训练中要求乳酸达到较高水平，在第一次的训练中乳酸达到12毫摩尔/升左右，选择适当的间歇时间，然后在重复训练时维持在这一水平上，以刺激机体对这一乳酸水平的适应，提高肌肉对乳酸的缓冲能力和肌肉中乳酸脱氢酶的活性。一般是极限下强度运动1.5~2分钟，间歇4~5分钟，主要训练800米、1500米途中跑的能力。

思考题

1. 什么是需氧量、摄氧量以及氧亏？各有什么区别？
2. 什么是最大摄氧量？最大摄氧量的影响因素有哪些？
3. 最大摄氧量的测量方法有哪些？
4. 最大摄氧量在运动实践中有什么意义？
5. 乳酸阈的概念是什么？其测定方法有哪些？
6. 乳酸阈在运动实践中有什么意义？
7. 提高有氧工作能力的训练方法有哪些？
8. 简述无氧工作能力的生理基础。
9. 简述发展无氧工作能力的训练原则。

第六章 身体素质

本章教学提示

1. 本章学习重点是力量素质的生理学基础及训练原则；速度素质的生理学基础；有氧耐力和无氧耐力的生理学基础。
2. 本章学习难点是力量、速度、耐力、平衡、灵敏、柔韧和协调素质的生理学基础。

人的日常生活、生产劳动和体育运动等，都是在神经系统支配下实现的不同形式的肌肉活动。这些活动的基本能力可以表现在很多方面，如肌肉收缩力量的大小、收缩速度的快慢、持续时间的长短、关节活动范围的大小以及动作是否灵敏和协调等。**通常将人体在肌肉活动中所表现出来的力量、速度、耐力、灵敏及柔韧等机能能力统称为身体素质。**

身体素质是在遗传的基础上，人体在长期的生活、工作和运动中逐渐形成的身体能力要素。身体素质是人体肌肉活动基本能力的表现。身体素质的发展水平不仅取决于骨骼、肌肉本身的结构和功能特点，而且与肌肉工作时的能量供应、内脏器官的机能以及神经调节能力有关。更确切地讲，身体素质是人体各器官系统的功能在肌肉工作中的综合反映。

第一节　力量素质

力量是人体对抗阻力的能力，是速度、耐力、灵敏和柔韧等身体能力要素的基础。肌肉力量可表现为绝对肌力、相对肌力、肌肉爆发力和肌肉耐力等几种形式。绝对肌力是指肌肉做最大随意收缩时所能产生的张力，通常用肌肉收缩时所能克服的最大阻力负荷来表示。相对肌力又叫比肌力，是指单位生理横断面积的肌肉做最大收缩时所能产生的肌张力。肌肉爆发力是指肌肉在短时间内发挥力量的能力，通常用肌肉单位时间的做功量来表示。肌肉耐力是指肌肉长时间收缩的能力，常用肌肉克服某一固定负荷的最多次数（动力性运动）或最长时间（静力性运动）来表示。

一、决定肌肉力量的生物学因素

影响肌肉力量的生物学因素很多，除年龄和性别外，主要受“肌源性”因素和“神经源性”因素的影响。“肌源性”因素包括肌肉的生理横断面积、肌纤维类型、肌肉收缩时的初长度等，“神经源性”因素包括中枢神经激活数量及神经系统的兴奋状态、中枢神经对肌肉活动的协调和控制能力等方面。

（一）肌肉生理横断面积

肌肉生理横断面积是指横切一块肌肉所有肌纤维所获得的横断面的面积之和，由肌纤维的数量和粗细决定，通常以平方厘米（cm^2）为单位。在其他因素相同的情况下，肌肉的生理横断面积越大，力量越大。

（二）肌纤维类型

肌纤维类型直接影响到肌肉力量。对于同样肌纤维数量而言，快肌纤维的收缩力明显大于慢肌纤维，因为快肌纤维内含有更多的肌原纤维，无氧供能酶活性高，供能速率快，单位时间内可完成更多的机械功。因此，肌肉中快肌纤维百分比高的人，肌肉收缩力量也大。

（三）肌肉收缩时的初长度

肌肉收缩时的初长度对肌肉最大肌力具有极大的影响。肌肉收缩力量的大小取决于活化的横桥数目多少。当肌肉处于某一初长度时，肌小节中粗、细肌丝的重叠状态最佳，收缩可活化（与位点结合）的横桥数目最多，因而产生的力量也最大，这一长度称为最适初长度。通常，肌肉的最适初长度稍长于肌肉在人体内的静息长度，此时肌小节长度为2.0～2.2微米，肌小节过短或过长都将因肌球蛋白横桥与肌动蛋白结合的数目减少而导致肌力下降。因此，在运动实践中，肌肉在收缩前常会先被拉长，然后再做向心收缩，以提高肌肉力量。例如，上肢的鞭打动作（如投掷）常先向后引臂、纵跳前常先下蹲等。

（四）中枢神经激活数量及神经系统的兴奋状态

肌肉活动受运动中枢神经的支配。中枢神经激活指中枢神经系统动员肌纤维参加收缩的能力。中枢神经激活水平越高，动员的肌纤维数目就越多，肌肉收缩力量也越大。肌肉即使在进行最大随意收缩时，也并不是所有的肌纤维都同时参与收缩，缺乏训练的人只能动员肌肉中60%的肌纤维同时参与收缩，有良好训练的人可动员90%以上的肌纤维。

中枢神经兴奋性通过参与兴奋的神经元数量和兴奋神经元发出神经冲动的频率来体现，兴奋性高，则参与兴奋的神经元多，所发出的动作电位频率高，可使更多的兴奋性较低的运动单位也参与到兴奋收缩中来，从而使肌力增大。快肌较慢肌的兴奋性高，随着阻力负荷加大，先动员慢肌，然后才开始动员快肌。研究表明，当肌肉克服相当于最大肌力的20%～80%的阻力负荷时，肌肉力量的增加主要靠神经系统不断募集动员更多的运动单位来完成；当阻力负荷超过最大肌力的80%时，肌肉力量的增加主要靠提高神经中枢发放冲动的频率和有关肌肉中枢神经同步兴奋程度来实现。克服最大负荷甚至超过最大负荷的训练有助于提高中枢神经系统的兴奋性，将有效地提高肌肉最大肌力。例如，举重这类项目就对运动员中枢神经系统的同步兴奋性和反射协调能力提出了很高的要求，由于受体重所限，运动员要以最小的肌肉质量获得最大的肌肉力量，此时运动神经中枢的同步兴奋性将起重要的作用。

（五）中枢神经对肌肉活动的协调和控制能力

人体完成任何动作，即使是最简单的动作也需要多块肌肉（主动肌、协同肌、拮抗肌、固定肌）协调工作来实现。人体在某一运动中表现出的力量是参与该运动的所有肌肉收缩的合力。不同肌群接受不同神经中枢的支配，中枢神经之间良好的协调配合将减少肌群间工作不协调所致的力量抵消和能量浪费，有利于发挥出更大的力量。中枢神经对肌肉活动的协调和控制能力具有可训练性，可以通过训练得到提高。对于某一特定动作来说，动作越熟练，与其相关的神经中枢之间的协调配合也越好，因此，动作是否熟练将影响完成动作时的力量表现。

（六）年龄与性别

肌肉力量从出生后随年龄的增加而发生自然增长，通常在20～30岁时达最大，以后逐渐下降。身体发育成熟以后，只有经过超负荷训练才能使肌肉力量增加。如果不进行力量训练，随着年龄的增长，肌肉力量会同其他器官系统功能一样出现衰减。如果持续进行超负荷训练，可使力量显著增大，超过刚成年时的力量水平。但是，如果肌肉只承担较小的负荷，力量将随着年龄的增加而下降，到65岁时力量约下降20%。

（七）体重

体重大的人一般绝对力量较大，而体重轻的人可能具有较大的相对力量。

除了上述因素，肌糖原、肌红蛋白含量和毛细血管分布密度也会影响肌肉力量。肌糖原和肌红蛋白是分布在肌浆中的能量物质和氧储备物质，其含量的增加有助于肌肉长时间进行较低强度收缩时的能量和氧供应。肌肉毛细血管数量的增加有助于肌肉运动所产生的酸性物质和代谢废物的运输及氧气和营养物质的供应。这些因素都与肌肉的力量有关。

二、力量训练原则

众所周知，力量训练（抗阻力训练）是提高肌肉力量的重要手段，但只有遵循科学的训练原则才能有效地提高肌肉力量。要有效地提高肌肉力量，在抗阻力训练中还应遵循以下基本原则。

（一）超负荷原则

若要提高肌肉的最大力量，必须使肌肉克服的阻力足够大，阻力应接近（至少超过肌肉最大负荷能力2/3以上）或达到甚至略超过肌肉所能承受的最大负荷。只有力量训练的负荷逐渐增大，超过过去的负荷，才能发展力量。通常低于最大负荷80%的力量练习对提高最大肌力的作用不明显（图6-1）。

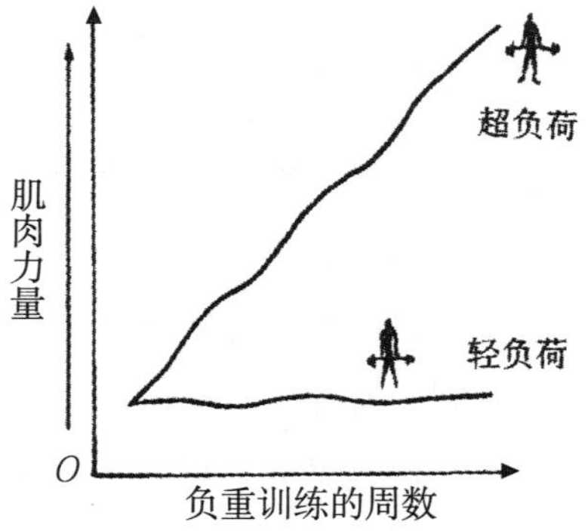

图6-1　力量训练超负荷原则

（二）专门性原则

从事的肌肉力量练习应与运动项目相结合。进行负重抗阻练习时，应包含直接用来完成动作的肌肉群，并尽可能地模拟实际的动作结构及动作的节奏与速度。身体部位的专门性和动作结构的专门性有利于提高神经系统的协调调节能力，以及肌肉内一系列适应性生理和生化变化。

（三）渐增负荷原则

通过一段力量训练后，力量获得增长，就要及时增加负荷量，这样才能使肌肉力量持续提高。某一负荷最初对某一个练习者来说可能是超负荷，但随着训练水平的提高，这一负荷对他来说已经是平常负荷，而不是超负荷。此时若不增加负荷，则后面的练习将逐渐转向发展肌肉耐力而不是发展最大肌力。因此，应逐渐增大负荷，使其训练的肌肉经常处于大负荷状态，这样才能有效地提高最大肌力，即最大负荷→适应→新最大负荷→适应，呈现负荷渐增模式。

（四）有效运动负荷原则

当运动强度较低和运动量太小时，对身体机能没有明显的影响，只有足够高的运动强度和足够长的运动时间才会对身体机能产生运动痕迹和效果，长期的身体机能运动变化最终将导致身体形态结构的一系列变化。这种将导致身体产生运动痕迹和效果的最低运动强度叫作靶强度，此时的心率称为靶心率。通常每次力量训练应有不少于三组接近或达到肌肉疲劳的力量练习，这样才能使肌肉力量逐渐提高。

（五）负荷顺序原则

力量训练过程中要考虑前后练习动作的科学性和合理性。应遵循先练大肌肉、后练小肌肉、前后相邻运动避免使用同一肌群的原则。大肌肉相对不易疲劳，可延长练习时间，而小肌肉练习容易疲劳，将影响大肌肉练习动作的完成。前后相邻动作若使用同一肌群，由于前一动作练习已经使该肌群疲劳，所以完成后一动作时，既不能保证动作质量，又容易出现肌肉过度疲劳甚至损伤。

（六）合理训练间隔原则

两次训练课之间的间隔时间要适宜，下次力量训练应在上次力量训练出现的超量恢复期内进行，从而使运动训练效果得以积累。训练间隔时间与训练强度和训练量相关，训练强度和训练量大，间隔时间应相应延长。不同训练水平者出现超量恢复的时间不同，应根据不同情况确定训练的间隔时间。对初次参加运动的训练者，隔天训练的效果较好。一般经训练力量增加后，每两周进行一次力量训练可使已获得的力量得到保持。

三、力量训练的要素和手段

（一）力量训练要素

力量训练可增加肌肉体积和生理横断面积，改善神经—肌肉控制能力，是提高肌肉力量的基本手段。其训练效果取决于阻力负荷大小、每组练习次数、组数、组间间隔时间、完成每组练习时间、训练频率等训练要素。在制订力量训练计划时，应根据被训练者情况、训练目的和运动专项，在确定训练需求的基础上，合理选择和确定阻力负荷的方式，以及上述各力量训练要素。

1. 负荷强度

常用最多重复次数（RM）来表示力量训练的负荷强度，也可以用最大肌力的百分比表示。**最多重复次数是指肌肉收缩所能克服某一负荷的最多次数**。如果某负荷（如100千克），甲最多能克服3次，乙最多能克服5次，则该负荷为甲的3RM、乙的5RM。很显然，乙的力量大于甲，如果采用这一负荷训练甲和乙，虽然绝对负荷相同，但相对负荷甲大于乙。RM越小，表示运动员能克服该负荷的重复次数越少，负荷强度越大。RM为1时表示进行1次自身最大负荷重量的练习。表6-1反映出不同训练目的的力量练习的参考负荷强度。

表6-1 不同训练目的的力量练习的参考负荷强度

项目	训练目的	最大肌力/%	起始负荷	调整负荷
举重等	最大肌力	90～100	1～3RM	3～5 RM
健美等	最大肌力和爆发力	75～90	5～8RM	8～12 RM
健身等	肌肉耐力	50～75	12～15RM	20～25 RM

注：上表中，起始负荷是指"负荷到多少RM"，调整负荷是指"训练到多少RM后需调整负荷"。以训练最大肌力为例，选择起始负荷为2RM，调整负荷为4RM，即选择只能完成2次的负荷为练习强度，经过一段时间训练，练习者能克服该负荷4次时，就应该调整（增加）负荷，使练习者又只能完成2次，开始新一轮训练。

2. 每组练习次数、组数和训练频度

在力量训练中，每组练习次数、组数和训练频度（每周训练的次数）的安排，受训练目的、运动形式和练习者训练水平等因素的影响。每组练习次数与负荷强度密切相关，负荷强度越高，每组练习次数越少。组数随训练目的不同而异，一次力量训练课可在3～6组间选择。训练频度主要取决于练习者训练水平和训练目的。研究表明，对初练者，隔天训练比每天训练的效果好。有研究表明，每天进行力量训练者，训练10次后，肌肉力量提高47%，而以同样训练负荷进行隔天训练，经过10次训练后肌肉力量提高77.6%。举重等以发展肌肉最大肌力为主的运动，其练习强度应足够高，一般接近或达到肌肉的最大负荷能力，每组练习次数较少，练习组数至少不低于3组，训练频度则可适当减少，每周1～2次即可。以发展肌肉体积线条和爆发力为主的运动，如健美，其运动强度应适当降低，但练习组数和频度则相应地增多；以发展肌肉耐力和提高内脏机能水平为主的运动，其运动强度更低，练习次数相应较多，练习频度亦可有所增加。总之，运动者的训练水平（或承受能力）和身体恢复情况是决定训练频度的主要依据。

（二）几种肌肉力量训练手段的生理学分析

1. 抗阻力练习

抗阻力练习是肌肉力量训练的基本手段，根据肌肉工作形式的不同，可有多种抗阻力练习方式。

（1）等长练习

等长练习，又称静力性练习，指肌肉对抗阻力收缩时长度不变的力量训练方法。这种练习要求神经细胞在较长时间内持续兴奋，有利于提高神经细胞的兴奋性和稳定性；由于肌肉持续收缩压迫血管，影响静脉回流和肌肉的血液供应，有利于提高肌肉的无氧代谢能力；肌肉在做等长收缩时能承受较大的阻力负荷，是发展最大肌力的常用方法。必须指出，等长力量训练的效果具有明显的"关节角度效应"，即训练效果仅局限于受训练的关节角度。

（2）向心练习

向心练习指肌肉收缩产生张力的同时，肌肉长度缩短的练习方法。该方法的优点是：神经、肌肉的兴奋与抑制交替进行，可在力量增长的同时提高神经、肌肉的协调性；肌肉工作形式可与运动专项相一致。由于“关节角度效应”的存在，虽然外在负荷不变，但该练习中肌肉张力将随关节角度的变化而改变。

（3）离心练习

离心练习指肌肉收缩产生张力的同时，肌肉被拉长的练习方法。离心收缩产生的最大离心张力大于最大向心张力，因此，离心练习比向心练习对肌肉的刺激更大，在其他要素相同的情况下，离心练习更有利于发展肌肉力量和横断面积。但是，离心练习更容易引起急性肌肉疼痛和延迟性肌肉酸痛。

（4）等速练习

等速练习也称等动练习，是利用专门的等速力量训练器进行肌肉力量训练的方法。在整个关节活动范围内，等速力量训练器产生的阻力始终与用力大小相适应，并以恒定的角速度运动，练习者尽力运动时，肌肉在各关节角度都呈“满负荷”工作而产生最大张力。等速练习是发展动力性肌肉力量较好的方法之一。

除了上述几种基本的抗阻力练习手段外，出于不同的训练目的，研究者还发展了一些新的抗阻力训练手段。为了发展肌肉的爆发力，借助肌肉的牵张反射机制和肌肉的弹性回缩，提出了“超等长练习”，该练习对肌肉进行快速动力性负荷牵拉后产生爆发性肌肉收缩，是包括所有含离心与向心收缩周期（牵拉—缩短环）的快速练习。例如，跳深练习、快速牵拉橡皮带等。为了克服传统抗阻力训练对柔韧性发展的不利影响，达到在发展肌肉力量的同时发展肌肉及关节周围软组织伸展性的目的，研究者提出了“全幅度练习”。该练习是在关节所能达到的最大范围内，大幅度拉伸工作肌群，接着进行大幅度向心收缩的练习方式。

2. 电刺激

电刺激是采用一定频率和强度的电脉冲刺激肌肉收缩的力量训练方法。此法可作为运动员伤后恢复期不能进行正常力量训练时的辅助训练手段，也可用于常规训练方法难以达到效果的肌肉。但该方法引起的肌肉收缩可干扰机体自身感受器的反馈调节和保护功能，对协调性产生不利影响，大量使用还可能导致肌肉过度疲劳甚至损伤。

3. 振动训练

振动训练是近年发展起来的一种通过给人体施加一定频率（25 ~ 60Hz）和强度的机械振动，保持和提高肌肉力量的训练方法。研究表明，此法能有效改善瘫痪者和运动员的肌肉最大力量与爆发力，增加肌肉运动时的协调性。该法常作为附加或辅助训练手段与一般的力量训练同步进行，其生理效应和作用机制是机械振动可以激发高频率动作电位，以刺激快肌纤维兴奋，动员更多的肌纤维。

第二节　速度素质

速度素质是指人体进行快速运动的能力或最短时间完成某种运动的能力。按其在运动中的表现可以分为反应速度、动作速度和周期性运动的位移速度三种形式。

一、速度素质的生理基础

（一）反应速度的生理学基础

反应速度是指人体对各种刺激产生反应的快慢，如短跑运动员从听到发令声到起动的时间。人体对刺激的反应，是一种神经反射活动，其结构基础为反射弧。反应速度的快慢主要取决于兴奋通过反射弧所需要的时间（反应时）的长短。因此，凡能影响反射弧五个部分中任一部分的因素都会影响反应速度。

1. 反射的复杂程度与中枢延搁

从感受器接受刺激产生兴奋并沿反射弧传递开始，到引起效应器发生反应所需要的时间称为反应时。在构成反射弧的五个部分中，传入神经和传出神经的传导速度基本上是固定的，所以，反应时间的长短主要取决于感受器的敏感程度（兴奋阈值的高低）、神经中枢和效应器（肌组织）的兴奋性。其中，神经中枢又是最重要的，反射活动越复杂，历经的突触越多，反应时越长（图6-2）。

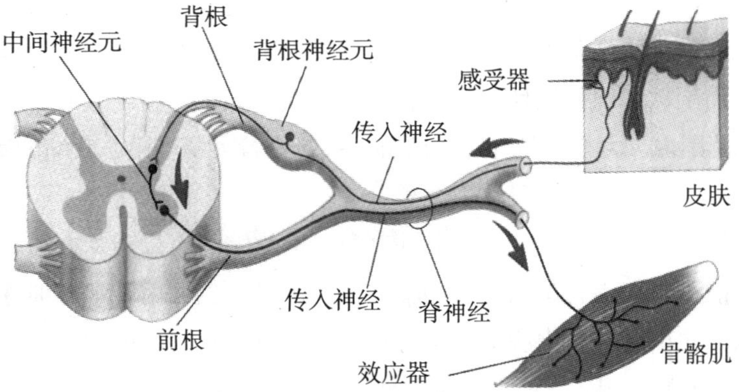

图6-2　反应时的影响因素

2. 中枢神经系统的机能状态

中枢神经系统的机能状态与反应速度有密切关系。良好的兴奋状态，能够加速机体对刺激的反应，使效应器由相对安静状态或抑制状态迅速转入活动状态。运动员处于良好的赛前状态时，反应时缩短；反之，如果运动员大脑皮质的兴奋性降低，反应时将明显延长。

3.运动条件反射的巩固程度

随着运动技能的日益熟练，反应速度加快。研究发现，通过训练，反应时间可以缩短11%~25%。

（二）动作速度的生理学基础

动作速度是指完成单个动作时间的长短，如排球运动员扣球时的挥臂速度等。动作速度主要是由肌纤维类型、肌肉力量、肌肉组织机能状态和运动条件反射的巩固程度等因素决定的。

1. 肌纤维类型

肌肉中快肌纤维占比高是速度素质水平高的重要基础之一，快肌纤维百分比越高，肌肉收缩速度则越快。研究证实，优秀短跑运动员腿部肌肉中快肌纤维百分比高，并且快肌纤维出现选择性肥大。

2. 肌肉力量

力量是速度的基础，在阻力负荷相同时，力量越大，加速度也越大，从而缩短完成动作的时间。凡影响肌肉力量的因素也必将影响动作速度。

3. 肌肉组织机能状态

肌肉组织机能状态良好时，较低的刺激强度和较短的作用时间就能引起肌肉组织兴奋。

4. 运动条件反射的巩固程度

在完成动作过程中，运动技能越熟练，动作速度越快。此外，动作速度还与神经系统对主动肌、协调肌和对抗肌的调节能力有关，并与肌肉的无氧代谢能力有密切关系。

（三）位移速度的生理学基础

位移速度是指周期性运动（如跑步和游泳等）中人体通过一定距离的时间。以跑为例，位移速度主要取决于步长和步频两个变量，而步长和步频又受多种生物学因素的制约（图6-3）。步长主要取决于肌力的大小、肢体的长度以及髋关节的柔韧性；而步频主要取决于大脑皮质运动中枢的灵活性和各中枢间的协调性，快肌纤维的百分比及其肥大程度。神经系统的灵活性好，兴奋与抑制转换速度快，是肢体动作交替迅速的前提；而各肌群间协调关系的改善可以减少因对抗肌群紧张而产生的阻力，有利于更好地发挥速度。所以，在周期性运动项目中，肌肉放松能力的改善也是提高速度的一个重要因素。

此外，速度性练习时间短，主要依靠磷酸原系统供能，因此，肌肉中磷酸原含量较多是速度素质重要的物质基础。研究发现，通过速度训练，肌肉中磷酸肌酸的储备量随训练水平的提高而增加。

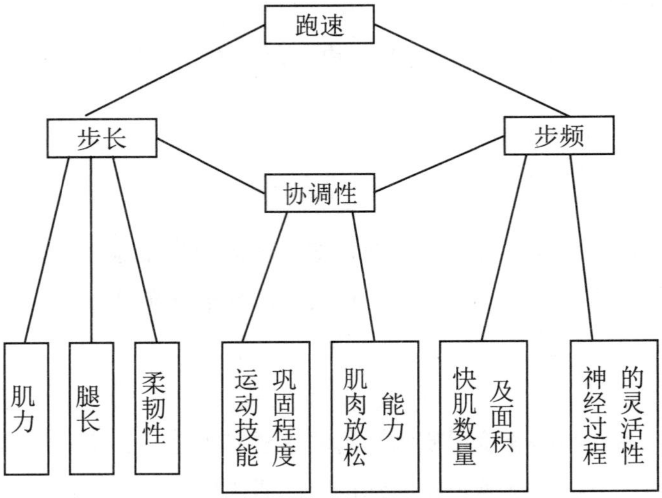

图6-3　影响步长、步频的主要生物学因素

二、速度素质的训练

（一）提高动作速率的训练

大脑皮质神经过程的灵活性是实现高频率动作的重要因素。为了改善和提高神经过程的灵活性，采用变换各种信号让练习者迅速做出反应的练习，以及做各种高频率动作的练习，如牵引跑、在转动跑台上跑和顺风跑等借助外力提高动作频率的练习，都可使练习者在不缩短步长的情况下提高步频，提高神经中枢兴奋与抑制快速转换的能力。

（二）发展磷酸原系统供能的能力

速度练习是强度大、时间短的无氧训练，主要依靠磷酸原系统提供能量，因此，在提高速度的训练中，应着重发展磷酸原系统供能的能力。一般常用的方法是重复训练法，如短跑运动员常采用10 秒以内的短距离反复疾跑来发展磷酸原系统供能能力。

（三）提高肌肉的协调放松能力

肌肉的协调放松能力也是影响速度素质提高的一个重要因素。肌肉放松能力的提高不仅可以减少快速收缩时肌肉的阻力，而且有利于ATP的再合成，使肌肉收缩速度提高和力量增加。

（四）发展肌肉力量及关节的柔韧性

力量是速度的基础，对于短距离游泳、短距离径赛以及所有鞭打动作（如投掷、扣球等），力量（特别是快速力量，即爆发力）都是制约并速度的关键因素。对短跑运动员来说，腿部力量对增加步长是十分重要的，除负重训练外，还可进行一些超等长练习（如连续单腿跳、蛙跳等练习）来发展腿部力量。另外，改善关节柔韧性的练习也有利于速度素质的提高。

第三节　耐力素质

耐力是指人体长时间进行肌肉工作的运动能力，也称为抗疲劳能力。耐力素质的分类及命名十分繁杂，按运动时的外部表现分为速度耐力、力量耐力和静力耐力等；按该项工作所涉及的主要器官分为呼吸循环系统耐力、肌肉耐力及全身耐力等；按运动的性质分为一般耐力和专项耐力等。运动生理学更多是从能量供应的角度将其划分为有氧耐力和无氧耐力。

一、有氧耐力

有氧耐力是指人体长时间进行以有氧代谢（糖类和脂肪等有氧氧化）供能为主的运动能力。有氧耐力有时也被称作有氧能力。肌肉要持久地工作，必须有充足的能量供应。因此，充分的氧供应及其糖类和脂肪的有氧氧化能力是影响有氧耐力的关键因素。有氧耐力的生理学基础具体表现为以下几个因素。

1. 最大摄氧能力

最大摄氧能力也就是最大摄氧量，包括呼吸系统肺的通气和换气功能，血液系统红细胞的多少、血红蛋白含量及载氧能力，心脏的泵血功能及每搏输出量，外周肌肉组织利用氧气的能力及慢肌百分比，还受到遗传、年龄、性别和训练因素等的影响。

2. 能量供应能力

糖类和脂肪有氧氧化为长时间运动提供大量能量，体内肌糖原的储备量以及肌肉氧化脂肪酸的能力是影响有氧耐力的重要因素。系统的耐力训练可以提高有氧氧化效率、各种氧化酶的活性及机体动用脂肪供能的能力。有氧能力强的运动员动员脂肪供能的能力强，从而节省了糖原的利用。

3. 神经系统的调节能力

各中枢神经间兴奋和抑制协调性提高使肌肉活动节律化、能量消耗节省化及吸氧量与需氧量相对平衡，从而能长时间保持运动。神经过程的相对稳定及各中枢之间的协调性是提高有氧能力的重要前提。长期进行耐力训练能提高神经过程的稳定性、改善各中枢神经间的协调关系，使肌肉收缩与放松更加协调，如主动肌、对抗肌、协调肌间的配合更加完善，避免消耗不必要的能量；同时，内脏器官的活动能够与肌肉活动更好地适应。

二、无氧耐力

无氧耐力是指机体在无氧代谢（无氧糖酵解）的情况下较长时间进行肌肉活动的能力。无氧耐力有时也称为无氧能力。进行强度较大的运动时，体内主要依靠糖无氧酵解提供能量，因此，无氧耐力的高低主要取决于肌肉内无氧糖酵解供能的能力、缓冲乳酸的能力以及脑细胞对血液pH值变化的耐受力。

1. 肌肉无氧糖酵解能力

无氧耐力的主要能源靠糖酵解供给，因此糖酵解供能能力的优劣是无氧耐力强弱的主要因素。肌糖原的含量、糖酵解酶活性、快肌纤维比例等因素直接影响机体的无氧耐力。肌糖原含量高、糖酵解酶活性高、快肌纤维比例高，则肌肉无氧糖酵解能力强。有学者发现，优秀赛跑运动员腿肌中快慢肌纤维百分比及乳酸脱氢酶活性随项目不同而异，长跑运动员慢肌纤维百分比高，中跑运动员居中，短跑运动员最低；而乳酸脱氢酶和磷酸化酶的活性却相反，短跑运动员最高、中跑运动员居中、长跑运动员最低。

2. 肌肉缓冲乳酸的能力

乳酸是一种较强的酸（pH＝3.5），在运动过程中，糖无氧酵解代谢的产物——乳酸一经产生便迅速进入血液，使血液酸性升高。但血液中存在多种缓冲物质，能够中和进入血液的酸性物质，使血液的酸碱度改变得较少，以维持人体内环境的相对稳定性。同时，肝脏也具有缓冲和消除乳酸的能力。机体缓冲乳酸的能力主要取决于碳酸氢钠的含量及碳酸酐酶（促进碳酸分解的酶）的活性。其中，缓冲物质碳酸氢钠是最重要的一种化合物。一些研究表明，经常进行无氧耐力训练，可以提高碳酸氢钠的含量，同时可提高血液中碳酸酐酶的活性。因而认为运动训练可以提高机体缓冲和消除乳酸的能力。

3. 脑细胞耐受酸的能力

乳酸增多可使血液pH值降低，虽然血液中的缓冲物质能中和一部分进入血液的乳酸，但进入血液的乳酸量大，血液的pH值仍向酸性方向发展，同时氧供应不足导致代谢产物堆积，加强了其对脑细胞工作能力的影响。另外，脑细胞自身对血液pH值的变化十分敏感，导致脑细胞工作能力下降。经常进行无氧耐力训练可提高脑细胞对这些不利因素的耐受能力，从而提高无氧运动能力。例如，短跑和短泳运动员对静脉血二氧化碳含量增多的耐受力比长跑和长泳运动员强，这是短跑和短泳运动员对长期无氧训练产生适应的结果。

第四节　平衡性、灵敏性、柔韧性和协调素质

一、平衡

平衡是身体所处的一种姿态以及在运动或受到外力作用时能够自动调整并维持姿势的能力。保持平衡是完成跑、跳、滑冰、滑雪、踢球、体操、舞蹈等多种运动技能的前提条件。按其性质可将人体平衡分为三种，即对称性平衡、静态平衡和动态平衡。

人的平衡能力除了与遗传、自身身体结构的完整性和对称性有关外，还与前庭器官、视觉器官、本体感受器、大脑平衡调节、小脑共济协调以及肢体肌群力量、肌张力之间的相互平衡等密切相关。因此，平衡所反映的是人体对来自前庭器官、肌肉、肌腱、关节内的本体感受器以及视觉等各方面刺激的协调、综合能力。

（一）发展平衡能力的训练

进行任何形式的运动都需要人维持或改变自身的姿势和位置，这样才能顺利完成各种不同的运动技能。尤其是在竞技运动中，发展运动员的平衡能力有着极其重要的作用。尽管人体的平衡能力受多器官功能状态的影响，但是前庭器官、本体感受器和视觉器官是制约人体平衡的主要因素。因此，通过训练来改善和提高它们的功能，有利于促进平衡能力的发展，包括前庭功能训练、本体感觉功能训练和视觉器官功能训练等。

（二）平衡能力的评定

平衡能力的评定是指按照特定的方法或程序对人体的平衡功能进行定量或定性的描述与分析的过程。在运动实践中，平衡能力的评定主要适用于：运动员选材，制定运动训练方案，诊断运动员有没有平衡功能障碍、如果有其原因是什么，确定平衡训练的效果，等等。常用的平衡能力评定方法如下。

1.睁眼动态平衡测验

让受试者在3.8厘米宽的平衡木上往返行进4次，记录时间及掉下来的次数，然后进行评价。

2.睁、闭眼静态平衡测验

让受试者先睁眼用优势脚在2.5厘米宽的木板上站立，记录站立的时间。然后再让受试者闭眼，采用同样方法，记录站立的时间，最后比较睁眼与闭眼时的平衡能力。此测验表明视觉在平衡中具有重要的作用。

3.金鸡独立测验

让受试者用优势腿站立，另一腿的脚置于支撑腿的膝关节处，双手叉腰。当听到“开

始”信号后，尽量使自己的身体保持不动，一直到不能坚持为止。如果出现下述三种情况中的任何一种，即为失败：①支撑腿脚掌发生移动；②叉腰的双手离开叉腰的位置，用双臂来帮助维持平衡；③另一脚离开支撑腿的膝关节。计算从开始到失去平衡之间的时间。共做3次，以维持平衡时间最长的一次作为测验的成绩，来评价受试者用优势腿站立时的静态平衡能力。

4.头手倒立测验

测量改变体位后，保持平衡的能力。让受试者在垫子上做头手倒立，测定其倒立的时间。

5.平衡仪测验

用特制的平衡仪进行测验，根据测定的目的可采用静态平衡仪或动态平衡仪。

二、灵敏性

灵敏性是运动者迅速改变体位、转换动作和随机应变的能力。它是运动员运动技能和各种运动能力在运动过程中的综合表现，其突出特点是当环境突然发生变化时，能够随机应变地完成动作，并能够创造出新的动作，以适应新的突变条件。例如，体操运动员的灵敏主要表现为对身体姿势的控制和转换动作的能力，球类运动员的灵敏则主要表现为对外界环境变化能及时而准确地转换动作，以做出反应的能力。灵敏是一项复杂的综合素质，它与运动员的力量、反应、速度、爆发力和协调性密切相关。因此，灵敏性的生理学基础主要涉及大脑皮层神经过程的灵活性与分析综合能力、感觉器官的机能状态和骨骼肌的结构及功能状态、运动技能的掌握程度等。人的灵敏性还与年龄、性别、体重和整个机体功能状态等有关。

（一）发展灵敏性的训练

发展人的灵敏性，要从提高大脑皮质神经过程的灵活性，熟练掌握多种运动技能，增强力量、速度、柔韧、平衡和协调能力入手，这样才能使人体适应千变万化的运动环境。但是，因为各种不同的运动技能对灵敏性的要求既有共性又有个性（项目的特异性），所以发展不同运动项目运动员的灵敏性不能采用同样的模式，必须结合运动专项的性质、动作的结构特点等采用各种不同的方法和手段来发展灵敏性。

（二）灵敏性的评定

1. 立卧撑测验

评定身体由立姿经下蹲到俯撑姿势，再恢复到立姿的变换速度。方法：从站立姿势开始，受试者听到“开始”信号后，迅速屈膝、弯腰、下蹲，两手在足前撑地，两腿向后伸直成俯撑，然后再经过屈蹲，恢复正常的站立姿势。共进行10秒，计算受试者完成动作的得分。评定：以10秒钟完成正确动作的次数作为测验成绩。把整个动作分为四部分，每部分计1分。第一部分：站立→下蹲，手撑地；第二部分：下蹲→俯撑；第三部分：俯撑→下蹲；第四部分：下蹲→站立。在测验过程中，凡有在俯撑时两腿弯曲及站立时身体不直者均要扣除1分。

2. 侧跨步测验

在一块2米长、1米宽的一块场地进行。方法：开始时受试者两腿立于中线位置，当听到“开始”信号时，受试者向右跨步，到右脚触及端线，再收回右脚成开始姿势。然后再向左跨步到左脚触及端线，再收回左脚成开始姿势。在10秒内统计完成动作的得分。评定：在中线到两侧端线50厘米处各画一条标志线。跨步时，脚越过标志线得1分，触及端线得2分；脚收回时越过标志线得3分，回到中线得4分，计算10秒钟测试所得（图6-4）。

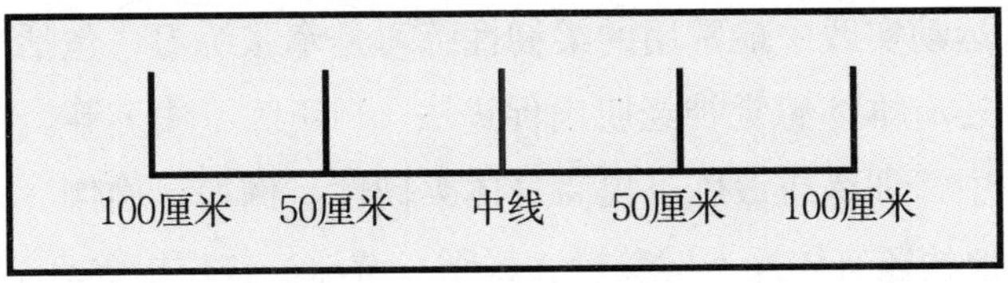

图6-4　侧跨步距离图示

3. 象限双脚跳测验

在一块画有“十”字线的小场地（每条线长1米左右，如图6-5所示）进行测验。方法：受试者听到“开始”信号后，按图6-5的顺序，做双脚同时并跳（面向一个序号），顺序是由起点→1→2→3→4→1，直到听见“停止”的信号时为止，计算10秒钟跳动的次数。评定：计算10秒钟双脚准确落在象限内的次数作为所得的测验成绩，每跳一个象限可得1分，如果踏线或跳错了象限，每次扣0.5分。

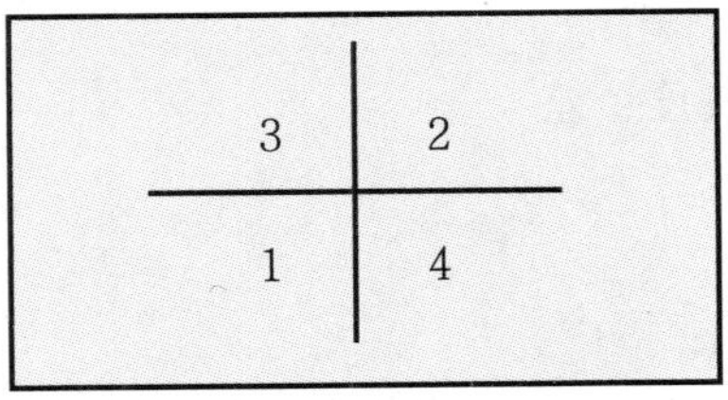

图6-5　象限双脚跳顺序图示

三、柔韧性

柔韧性是人体在运动过程中完成大幅度运动技能的能力。柔韧性不足可直接影响动作的学习和高难运动技能的掌握，也会有碍于力量、速度、协调、平衡能力的发展，并易造成运动损伤。特别是对快速、有力、轻松、富有表现力的动作影响更大，这在艺术体操、花样滑冰、花样游泳、自由体操、杂技等一些表演性运动技能方面尤其突出。

决定柔韧性的生理基础主要是运动器官的构造（包括关节的骨结构）、关节周围组织的体积和跨关节的韧带、肌腱、肌肉及皮肤的伸展性。同时，与支配骨骼肌的神经系统的机能状态，特别是中枢神经支配对抗肌的协调能力，以及对肌肉收缩和放松的调节能力有关。

（一）发展柔韧性的训练

在发展柔韧性的练习中可采用主动运动、助力运动、阻力运动和被动运动等方法。竞技体育和健身锻炼中，主要采用主动运动或助力运动。前者是加大关节活动幅度的主要方法。利用主动运动提高身体柔韧性时，可借助一些器械，如肋木、毛巾等。为了加强锻炼的效果，或者由于自身力量不足、因疼痛不敢用力活动时，可用人工或器械给予助力。被动运动仅适用于康复训练。运动实践中最常用的柔韧性练习是牵张练习，包括冲击性牵张练习和静力性牵张练习，此外还有本体感觉神经肌肉促进法（PNF练习法）等。在一些对身体柔韧性要求较高的运动项目中，训练或锻炼可提高身体柔韧性。例如，瑜伽、太极拳等是有益于提高柔韧性的运动，其他的还有体操、健美操、舞蹈、游泳、普拉提等。

（二）柔韧性的评定

柔韧性的评定是进行运动员选材、指导运动训练、制定健身运动处方和康复锻炼的重要依据。由于人体各关节活动范围大小各异，不可能用某一项测试来评定全身的柔韧性。因此，颈、肩关节、躯干、髋关节、下肢等部位的柔韧性，必须分别进行评定。

1.直立体前屈测验

双膝、双脚并拢，双膝伸直，保持直立，上体逐渐向前弯腰，不能抬脚跟，尽量做最大范围内的动作。

评定方法：

双手只能触及踝关节以上高度：差

手指尖能触及脚尖：下

指腹能触及脚尖：中

指根能触及脚尖：良

掌根能触及地面：优

2.踝关节背屈测验

测试小腿三头肌和跟腱的伸展能力。

受试者面向墙站立，脚跟着地，上体前倾，要求下颌、前胸及双手着墙，两膝必须伸直，脚跟不能离地，测量下颌距离地面的高度，减去脚尖至墙壁的距离，所得差数越小，则屈踝功能越好。

3.旋肩测验

测验肩关节及周围软组织的柔韧性。

两臂在胸前充分伸直，握棍，直臂由前向后旋臂，测量两手拇指之间的距离。评定方法是用两拇指之间的距离减去肩宽等于旋肩指数，该指数越小，肩带柔韧性越好。（肩宽的测定方法是测量两肩峰外缘的距离）。

4.背伸测验

测验腰背肌肉和韧带的柔韧性。

受试者俯卧，双手抱颈，测试者压住受试者的臀部，让受试者尽量抬高头部，测量评定下颌距地面的高度，数值越大说明腰部的柔韧性越好。

5.小腿内外旋测验

测量小腿及踝关节周围肌肉韧带的柔韧性。

双膝固定伸直，双脚拇趾平行并拢，尽量使双脚跟向外分开，测量两脚之间后夹角的大小。夹角越大，说明踝关节柔韧性越好。

四、协调性

协调性是指人体在运动过程中身体各器官、系统在时间和空间上相互配合完成动作的能力。如伸肌和屈肌、上肢与下肢、躯干与肢体、神经与肌肉、感官和运动器官等的相互协同与配合。协调性是完成动作的基本条件之一，它贯穿于一切动作的始终，是人体速度、力量、耐力、平衡、柔韧性等各种素质与运动技能协同的综合表现。一个人只有具备良好的协调性，才能使动作做得省力、快速、舒展、流畅、准确、优美，才能顺利完成高、难、美的运动技能。

由于协调性是人体多项身体素质或机能与运动技能结合的综合表现，必定有着较为广泛的生理学基础，涉及多个系统或器官的机能水平和彼此间的协作与配合，并与人的观察力、判断力、思维力、想象力、记忆力、鉴赏力、表现力和对动作的适应能力有着紧密直接的联系，包括神经的协调作用、肌肉的协调作用、感知觉的协调作用。由于协调性涉及人体多系统、器官的综合功能表现，目前还没有十分理想的方法来评定人体的协调性。

思考题

1.决定肌肉力量的生物学因素有哪些?

2.简述肌肉力量的训练原则。

3.简述速度素质的分类及其生理学基础。

4.简述速度素质的训练方法有哪些。

5.有氧耐力和无氧耐力的生理学基础有哪些?

6.平衡、灵敏和柔韧素质的评定各有哪些测验方法?

第七章 运动过程中人体机能变化规律

本章教学提示

1. 本章学习重点是赛前状态类型及调整；准备活动的生理作用；生理“极点”与第二次呼吸产生机制；真稳定状态和假稳定状态；运动性疲劳产生机理及判断；人体机能恢复的措施等。
2. 本章学习难点是生理“极点”与第二次呼吸产生的机制；运动性疲劳产生的机理，以及不同类型运动的疲劳特征；超量恢复的特点等。

人体在运动过程中，由于受运动条件、运动负荷刺激以及身体各器官和系统自身的生理、生化特点的影响，其机能水平会发生一系列规律性的变化（图7-1）。研究和掌握各阶段身体机能的变化特点和规律，认识其生理机制和影响因素，对于增强运动训练效果、提高比赛成绩、促进全民健身和防止运动损伤具有重要的意义。

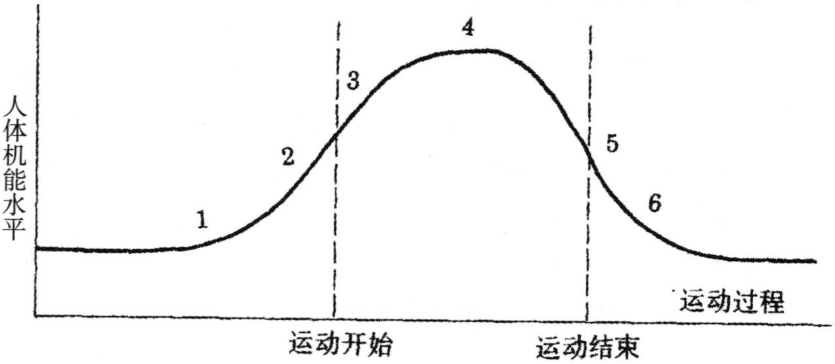

图7-1 运动过程中人体机能变化规律

1 赛前状态；2 准备活动；3 进入工作状态；4 稳定状态；5 疲劳状态；6 恢复

第一节　赛前状态与准备活动

赛前状态与准备活动是在参加正式比赛或运动训练前身体机能提前动员的两个不同阶段。前者是受运动条件刺激而引起人体生理机能发生变化的自然条件反射；后者是人为的，有目的的身体练习，良好的赛前状态与适宜的准备活动有益于提高人体运动能力。

一、赛前状态

赛前状态是指在参加比赛或运动训练前，人体某些器官、系统产生的一系列条件反射性机能变化。赛前状态可发生在比赛前数天、数小时或数分钟，越临近比赛表现越明显。甚至在想象比赛时，也会出现赛前状态。

良好的赛前状态可预先动员人体相应器官、系统的机能，克服内脏器官的生理惰性，为即将进行的比赛或运动训练做好准备，有利于机体快速进入高水平运动状态。不良的赛前状态，将会对比赛或运动训练造成负面影响。

（一）赛前状态的生理变化

赛前状态的生理变化主要表现为中枢神经系统兴奋性提高，内脏器官功能增强，体温上升，物质代谢活动加强。例如，心率加快、收缩压升高、心输量增加；呼吸频率加快、呼吸深度加大、肺通气量和吸氧量增加；紧张性出汗、尿频、血糖升高以及肌肉颤抖；等等。

赛前状态的反应程度与比赛性质、运动员的训练水平、运动员的机能状态以及心理素质等因素有关。比赛规模越大，离比赛时间越近，赛前状态反应越明显，如血压和脉搏的变化；运动员情绪紧张、训练水平低、身体机能欠佳、比赛经验不足等也会使赛前状态反应增强。此外，运动强度越大，赛前生理机能反应也越大（图7-2、图7-3）。

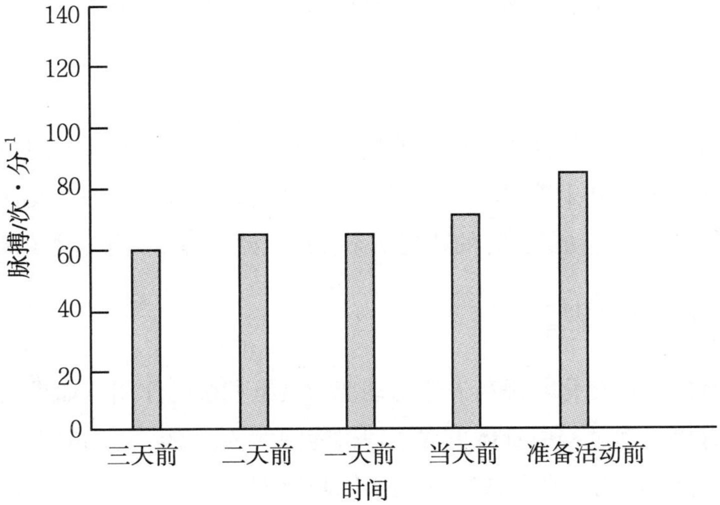

图7-2　赛前脉搏变化

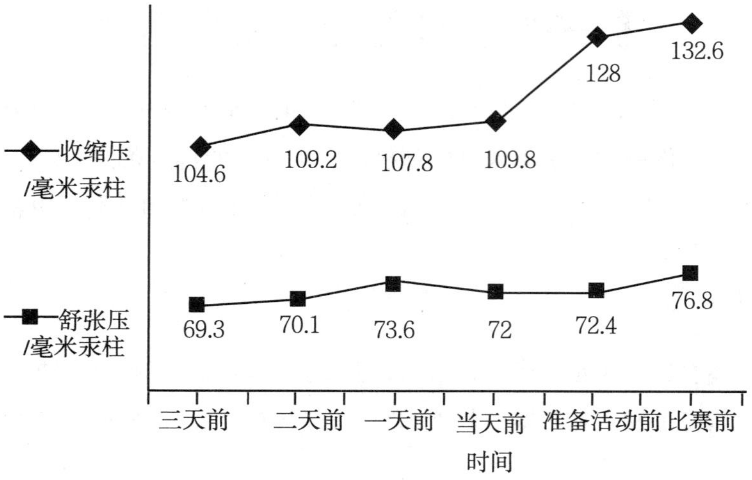

图7-3　赛前血压变化

（二）赛前状态的类型

根据赛前状态的生理反应特征将赛前状态分为以下三种类型。

1.起赛热症

起赛热症的特点是中枢神经系统兴奋性过高，常表现为精神过度紧张、四肢乏力、全身微微颤抖、咽喉发堵、寝食不安、呼吸短促、尿频等不良反应，使运动员身体机能下降，不能正常发挥运动水平，影响其竞技能力和运动表现。起赛热症多见于初次参加比赛的年轻运动员、参加特别重大比赛的运动员或心理负担过重的运动员。

2.起赛冷淡

起赛冷淡的特点是中枢神经系统兴奋性过低，常表现为情绪低落、全身无力、反应迟钝、对比赛或训练淡漠、主观上不愿意参加比赛或运动训练等现象，从而影响人体运动能力的正常发挥。产生起赛冷淡的原因是：中枢神经系统过高的持续性兴奋引起超限抑制的结果。

3.准备状态

准备状态的特点是中枢神经兴奋性适度提高，植物神经和内脏器官的惰性有所克服，机体机能得到预先动员，有利于缩短进入工作状态的时间，使机体更好地发挥机能水平，以提高运动表现。准备状态是运动员良好的赛前状态表现，此状态多见于优秀运动员。

（三）赛前状态的调整

赛前状态适宜的生理变化对提高人体运动能力具有积极的作用，如果其生理变化程度过弱或过强，将会有碍运动过程中身体正常生理机能的发挥，影响运动能力。因此，在运动实践中有时需要采取相应的措施来调整运动员的不良赛前状态，以增强其运动能力。

（1）不断提高运动员的心理素质，端正比赛态度，正确认识和对待比赛的意义；掌握必要的身心调整方法，增强自控能力，确保情绪稳定。

（2）多组织运动员参加比赛、模拟比赛或观看比赛，适应各种比赛环境，积累比赛经验。

（3）根据运动员赛前状态安排适宜的准备活动，如果运动员过度紧张，可安排一些轻松缓和、节奏感强、强度低、能够转移注意力的活动或练习；如果运动员兴奋性过低、情绪消沉，则可安排一些活跃、强度较高、时间较长、与比赛内容比较接近的练习或活动。

（4）按摩对消除精神紧张或提高神经中枢的兴奋性均有一定的作用。例如，强度较高的叩击能提高运动员的兴奋性，而强度低的揉、抚摩则能降低其兴奋性。

（5）随时了解运动员的思想状况，加强思想教育和管理，科学安排赛前活动，严格遵守作息制度，有足够的睡眠时间，合理调整膳食结构，等等。

二、准备活动

准备活动是指在比赛、训练和体育课的基本部分之前进行的身体练习。其目的是预先动员人体的生理机能，克服内脏器官的生理惰性，缩短进入工作状态的时间，为即将进行的正式比赛、训练和体育课做好身体机能上的准备；或是为了强化已掌握的运动技能，以提高比赛成绩。

（一）准备活动分类

根据准备活动的目的不同，通常将准备活动分为一般性准备活动和专门性准备活动。

1.一般性准备活动

一般性准备活动是指与正式比赛或训练动作结构及生理特点不相似的活动。例如，在比赛、训练或体育课前进行的各种走、跳、跑、徒手操、压腿和游戏等身体练习，属典型的热身运动。其目的在于提高神经系统的兴奋性、升高体温、增强机体的代谢水平和各器官系统的功能及预防运动损伤等。

2.专门性准备活动

专门性准备活动是指与正式比赛或训练的动作结构、节奏及运动强度相似的各种身体练习，如篮球运动员在比赛前进行的上篮跳跃等。专门性准备活动的目的是提高参与运动有关中枢神经间的协调性，强化动力定型，为正式比赛或训练做好技术和机能上的准备。

在运动实践中，为了提高神经系统的兴奋性，两种准备活动缺一不可，通过完成合理的准备活动，不仅可预先动员内脏器官、骨骼肌的机能，而且可强化运动技能，从而缩短进入工作状态的时间，为正式比赛或训练奠定良好的基础。

（二）准备活动的生理作用

1. 提高机体的调节能力

准备活动可适度提高神经系统的兴奋性，增强参与运动有关中枢神经间的协调性和内分泌腺活动，使神经调节与体液调节协同调控全身各脏器的机能活动，确保训练或比赛时的生理机能迅速达到适宜状态。

2. 提高机体的有氧工作能力

准备活动可使肺通气量、心输出量、血流量和血流速度加大，氧运输能力增强，心肌和骨骼肌中毛细血管扩张，供血量增加，氧合血红蛋白解离加速，血液释氧加快，有利于工作肌肉单位时间内摄取更多的氧气，以增强机体进入工作状态阶段时的有氧供能能力，降低乳酸的产生。

3. 提高体温和代谢水平

准备活动时的身体练习，使机体耗能增加，其能耗一部分供肌肉收缩，一部分转化为热能，导致体温升高。体温的适度升高则可提高体内代谢酶的活性，加快物质的分解速度，保证运动中肌肉活动的能量供应。据报道，体温升高1℃，细胞的新陈代谢速度约提高13%。

4. 提高肌肉的收缩能力

由于准备活动适度提高了体温和神经系统的兴奋性，从而可使神经冲动的传导速度加快、肌肉的兴奋性增强、肌肉的黏滞性降低，使肌肉的收缩速度加快、收缩力量增大，并能提高肌肉及韧带的弹性和伸展性，预防运动损伤。英国生理学家希尔发现哺乳动物的肌肉温度升高2℃时，肌肉收缩速度提高20%。研究表明，人体活动的最佳体温是37.2℃，最佳肌肉温度为38℃。

5. 提高机体的散热能力

准备活动时的身体练习可增大皮肤血流量，动员汗腺分泌活动，有利于机体散热，防止或减小比赛或训练时体温过高对机体造成的不良影响，如热应激伤害等。

6. 调整赛前状态

准备活动可改善大脑皮质的兴奋状态，提高反应速度，减小不良的赛前反应，使机体在比赛前达到或处于良好的赛前状态，为比赛或训练做好机能上的准备。适度的肌肉活动能在中枢神经系统的相关部位留下兴奋性提高的痕迹，在这一痕迹效应的基础上进行训练或比赛，有利于发挥最佳机能水平。

（三）准备活动的生理负荷

准备活动生理负荷的大小直接影响其作用效果，构成生理负荷的主要因素包括准备活动的内容、形式、时间、强度以及与训练或比赛的时间间隔等。

准备活动的强度过高及运动量过大往往使机体疲劳，降低比赛或训练时的运动能力。一般情况下，准备活动的强度为45%$\dot{V}O_2max$，心率以100～120次/分为宜，持续时间为10～30分钟；准备活动结束到比赛开始的时间间隔可根据兴奋性提高的痕迹效应在体内延续的时间长短来确定，通常两者之间的时间间隔不超过15分钟，在体育教学课中以2～3分钟为宜。若准备活动与正式练习之间的间隔时间过长，准备活动的痕迹效应将会消失，实验证明，准备活动后间隔45分钟其痕迹效应完全消失。准备活动的内容可因运动项目、训练内容而异。此外，准备活动还受运动员的年龄、训练水平、运动项目、季节气候以及赛前状态等因素的影响，如在温暖的季节里准备活动的时间可适当缩短，而在寒冷的季节里则应适当延长。

第二节　进入工作状态

在运动的开始阶段，人体的运动能力并不能立刻达到最高水平，而是有一个逐步提高的过程。例如，100米赛跑在40~50米处达到最高速度，篮球比赛中的投篮命中率往往在开赛后数分钟才达到最高水平。因此，运动开始后人体机能逐步提高的过程称为进入工作状态。长期的运动训练可提高内脏器官与骨骼肌运动高度协调和配合的能力，缩短进入工作状态的时间，从而使机体能够更快地进入最佳运动状态，提高运动成绩。

内脏器官的生理惰性是影响进入工作状态的主要因素。研究表明，在不做准备活动的情况下跑1500米，骨骼肌在20~30秒内就可发挥出最大工作效率，而呼吸和循环系统的机能需要在运动开始后2~3分钟才能达到最高水平，从而出现氧供不足。

一、影响进入工作状态的因素

进入工作状态所需时间的长短取决于运动强度、运动性质、训练水平、赛前状态、准备活动、个人特点以及当时的身体机能状态等因素。在适宜运动负荷下，运动强度越高，进入工作状态的时间就越短。例如，低强度有氧运动时，达到所需的吸氧量水平需要7～10分钟，而极限强度运动时达到所需要的吸氧量仅需1.5～2分钟；动作越复杂、活动变换越频繁，进入工作状态越慢；训练水平越高，当时的身体机能状态越好，进入工作状态越快；良好的赛前状态及充分的准备活动能有效地缩短进入工作状态的时间，使机体更快地发挥自身的机能水平和运动能力；场地条件好、气候温暖适宜能激发运动欲望，迅速调动身体机能。据研究，儿童青少年进入工作状态的时间比成年人短。

二、生理“极点”与“第二次呼吸”

生理“极点”与“第二次呼吸”是人体在进入工作状态过程中先后出现的两种截然不同的生理反应。生理“极点”是内脏器官的机能水平不能满足运动器官的需要，出现暂时性的生理机能失衡所致；“第二次呼吸”则是通过自身的调整，使内脏器官与运动器官在功能上达到了高度的协调与配合，标志着进入工作状态阶段的结束。

（一）生理“极点”及其产生的机制

1. 生理“极点”及其影响因素

在进行持续时间较长的剧烈运动中，由于运动开始阶段内脏器官的功能不能满足运动器官的需要，运动者常常产生一些非常难受的生理反应，如呼吸困难、胸闷、头晕、肌肉酸软无力、动作迟缓不协调、精神低落，甚至产生停止运动的念头等，这种现象称为生理“极点”。

生理“极点”现象多出现于中长跑等强度较高、持续时间较长的运动项目中。生理“极点”出现的早晚、生理反应程度的强弱以及消失的快慢，与运动强度、运动项目、训练水平、赛前状态以及准备活动等因素有关。一般情况下，运动强度越高，训练水平越低，生理“极点”出现的越早，反应越明显，消失的也越慢；良好的赛前状态及充分的准备活动可预先动员内脏器官，从而推迟生理“极点”的出现，减弱生理“极点”的反应程度。为了减轻生理“极点”的反应，生理“极点”出现时，应采取适当降低运动强度、继续坚持运动、调整呼吸节奏、加深呼气深度等措施。

2. 生理“极点”产生的机制

生理“极点”是运动过程中人体暂时性的机能紊乱，其原因主要是内脏器官的活动跟不上肌肉活动的需要，出现体内氧气供应不足、大量代谢产物（如乳酸）在体内堆积、血浆pH值下降、内环境发生改变等现象。这不仅影响了神经肌肉的兴奋性，还反射性地引起呼吸和循环系统的活动紊乱。同时，机能失调的强烈刺激传入大脑皮质，使运动动力定型暂时遭到破坏，运动中枢抑制过程占优势。因此，生理“极点”出现时，往往表现为动作迟缓、不协调、精神低落等症状。

（二）“第二次呼吸”及其产生的机制

1. “第二次呼吸”

生理“极点”出现后，运动者依靠意志力和调整运动节奏继续坚持运动，不久，一些不良的生理反应便会逐渐减轻或消失，此时呼吸变得均匀自如，心率趋于平稳，动作变得轻松有力，能以较好的机能状态继续运动下去，这种状态称为“第二次呼吸”。

2. “第二次呼吸”产生的机制

“第二次呼吸”是运动中机体建立新平衡的一种表现。产生的原因是运动中内脏器官惰性逐步得到克服，氧供应增加，乳酸得到逐步清除；同时生理“极点”出现时，运动强度暂时性下降，使机体需氧量下降、乳酸产生减少，内环境得以改善，动力定型得到恢复。此外，“第二次呼吸”还与肾上腺素等运动应激性激素分泌量的增加有密切关系。“第二次呼吸”的出现标志着进入工作状态阶段的结束，机体的机能水平进入一个相对稳定的状态。

第三节 稳定状态

稳定状态是指进入工作状态阶段结束后，人体各器官、系统的机能在一段时间内保持在相对稳定的状态。此时，人体生理机能与运动输出功率保持相对稳定，如心率、心输出量、呼吸频率、每分通气量、摄氧量及血压等均出现相对稳定状态。根据机体对氧气的供求关系，可将稳定状态分为真稳定状态和假稳定状态。

一、真稳定状态

人体在进行强度较低（亚极限强度以下的运动）、持续时间较长的运动时，进入工作状态阶段结束后，机体的摄氧量（VO_2）能够满足需氧量的要求，各项生理、生化指标保持相对稳定状态，这种稳定状态称为真稳定状态。其特点是摄氧量能够满足需氧量，即吸氧量和需氧量保持动态平衡（图7-4）。在真稳定状态下，运动中以有氧代谢供能为主，乳酸和氧亏产生少，血液pH值变化小，内环境保持相对稳定。此时，肺通气量、心率、血压及其他生理指标均处于相对稳定状态，运动持续时间相对较长，可达几十分钟或几小时。可见，真稳定状态保持时间的长短主要取决于呼吸、循环和血液对氧的摄取运输功能以及肌肉对氧的利用能力。氧运输系统的功能越强，心肌、骨骼肌利用氧的水平越高，真稳定状态保持的时间就越长。例如，优秀耐力性运动员以67%$\dot{V}O_2max$的强度进行运动可维持8小时；以47%$\dot{V}O_2max$的强度运动可维持24小时。在超长距离跑、竞走、游泳、划船、自行车、滑雪等项目中，运动员几乎是在真稳定状态下完成整个运动过程。

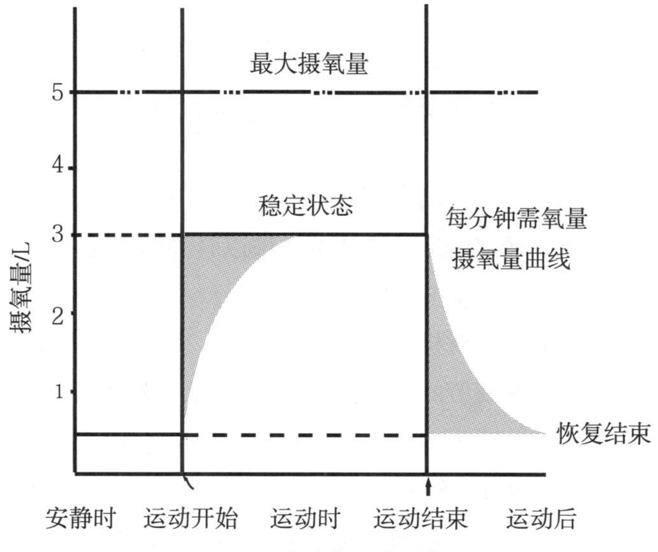

图7-4 真稳定状态示意图

二、假稳定状态

人体在进行强度较高（极限强度或亚极限强度）、持续时间较长的运动时，进入工作状态结束后，摄氧量已经达到并稳定在最大摄氧量的水平上，但仍不能满足机体对氧的需要，氧亏不断增多，无氧酵解供能比例明显增加，乳酸的产生率大于清除率，乳酸堆积，血液pH值下降，这种状态称为假稳定状态，其特点是需氧量大于摄氧量（图7-5）。在假稳定状态下运动时，与运动有关的生理指标基本达到并稳定在本人的极限水平，如心率可达200次/分，心输出量达30升，呼吸频率达60～80次/分及以上，肺通气量达120～150升/分，收缩压达200～240毫米汞柱等。但是，由于此种状态下无氧代谢供能比例显著增加、乳酸堆积快，造成神经和骨骼肌机能下降，故运动持续时间较短。

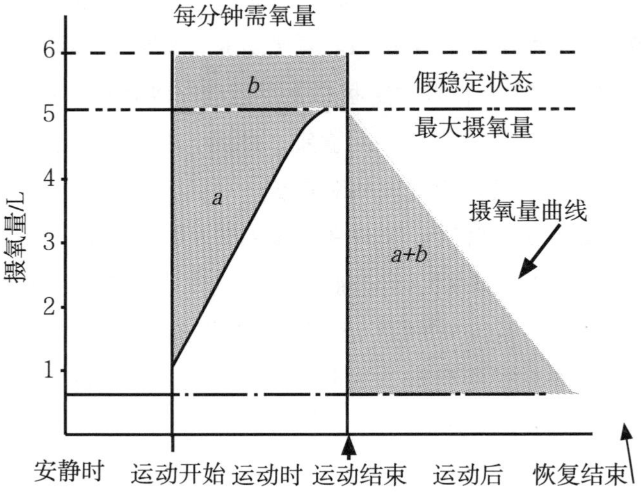

图7-5　假稳定状态示意图

第四节　运动性疲劳

运动性疲劳是指由于运动过度而引发身体工作能力下降的现象，是人体运动到一定阶段出现的一种正常生理现象。适度的运动性疲劳并施以合理的恢复手段能及时消除运动性疲劳，并促使机能的恢复和提高，运动员训练水平的提高就是一个“疲劳—恢复—再疲劳—再恢复”的变化过程。过度疲劳则会对机体产生不良影响，引起各种机能障碍或运动损伤，甚至损害运动员的身体健康。没有疲劳的训练是无效的训练，没有恢复的训练是危险的训练。因此，正确认识运动性疲劳及其产生的机制对于合理地安排运动训练、促进机能恢复以及提高训练效果等具有重要的理论和实践意义。

1982年美国波士顿的第五届国际运动生物化学会议将运动性疲劳正式定义为：**机体不能将它的机能保持在某一特定的水平和/或不能维持某一特定的运动强度。**该定义首次将疲劳时各组织、器官的机能水平和运动能力结合起来分析疲劳发生和发展的规律，提出了评定运动性疲劳要将生理生化指标和运动能力相结合的方法，有助于选择客观的指标和方法评价运动性疲劳（如在某一特定水平运动时，单一或同时使用心率、乳酸、最大摄氧量和输出功率或运动成绩等指标判断运动性疲劳），因而得到了许多专家和学者的认可。

运动性疲劳根据其产生的部位、运动方式以及产生机制等可分为：骨骼肌疲劳、心血管疲劳和呼吸系统疲劳；快速疲劳和耐力疲劳；整体疲劳和局部疲劳；轻度疲劳、中度疲劳和重度疲劳；心理性疲劳和躯体性疲劳；中枢性疲劳和外周疲劳。在运动训练和比赛中，应根据运动项目的特点正确认识疲劳产生的原因，并以此为依据采用科学、合理的手段促进疲劳的消除。

一、运动性疲劳的产生机理

运动性疲劳产生的机理是世界各国运动生理学者热衷研究的课题之一，研究人员从不同角度对运动性疲劳提出了许多新的理论和假说。但由于运动项目的代谢差异，以及运动性疲劳的复杂性，其产生机理又有所不同。目前关于运动性疲劳产的生机理主要有以下几种学说。

（一）衰竭学说

衰竭学说又称为能源耗竭学说，认为运动性疲劳的产生是能源物质耗竭造成的。研究发现，在长时间运动过程中，产生运动性疲劳的同时常常伴有糖原及高能磷酸物含量下降，补充能源物质后，运动能力又有一定程度的提高，表明运动性疲劳与体内能源物质的储量有关。美国生理学家福克斯研究发现，人体在做单腿功率自行车运动时，运动腿肌肉至疲劳时糖原含量明显下降；非运动腿的糖原含量几乎未变，运动时间越长，疲劳症状越明显，糖原消耗也越多。可见，糖原含量与长时间、中等强度运动性疲劳有密切关系。

（二）堵塞学说

堵塞学说又称为代谢产物堆积学说，认为运动性疲劳的产生是由于运动过程中某些代谢产物在肌肉组织中大量堆积造成的。研究发现：肌肉收缩时产生的某些代谢产物在肌组织中的堆积，可使肌肉工作能力下降，这些物质主要是二氧化碳和乳酸等；肌肉疲劳的同时，出现高乳酸浓度；将离体肌肉放进碱性的任氏液中，发现其收缩能力提高、收缩时间延长。研究证实，在持续5～10秒的运动中，ATP、CP明显消耗；3～5分钟后，乳酸有较多的堆积，并主要发生在快肌纤维中，运动能力可因乳酸和肌乳酸浓度的升高而被抑制。可见，乳酸浓度升高是导致机体产生运动性疲劳的原因之一。同时，血氨浓度升高也是影响运动性疲劳产生的重要因素。

（三）内环境稳定性失调学说

内环境稳定性失调学说认为，运动性疲劳是由于血液中pH值下降，细胞内、外离子平衡破坏以及血浆渗透压改变等因素造成的。哈佛大学疲劳研究所研究发现，高温环境下工作的工人，因泌汗过多而产生不能劳动的严重疲劳时，如果仅给予饮水并不能缓解疲劳，若饮用0.04%～0.14%氯化钠水溶液则可缓解或消除疲劳。另据研究发现，当机体失水量达体重5%时，肌肉工作能力将会下降20%～30%。此外，体内离子平衡遭到破坏也会引起机体运动能力下降而产生运动性疲劳。运动时，由于K^+大量外流，导致细胞膜内、外极化状态发生改变，从而引起组织细胞兴奋性下降，机能活动减弱。

（四）保护性抑制学说

保护性抑制学说认为，无论是脑力疲劳还是体力疲劳都是大脑皮质保护性抑制发展的结果。运动时大量神经冲动传至大脑皮质相应的神经细胞，使之长期兴奋，导致消耗增多，为了避免过度消耗，当消耗到一定程度时便产生了保护性抑制。研究发现，当手指拉重物至疲劳时，若用电刺激屈指肌，手指又能拉起重物，表明疲劳是由神经中枢抑制造成的，而并非肌肉本身所致。

（五）突变理论

运动性疲劳是机体内部许多生理、生化变化在肌肉活动中的综合反映。突变理论认为运动性疲劳是由运动过程中能量消耗、力量下降和兴奋性丧失三维空间关系改变造成的，是机体为避免能量储备进一步下降而存在的一个运动能力急剧下降的过程。该理论克服了以往用单一指标解释疲劳现象的不足，从能量代谢和生物电的角度揭示了肌肉力量（运动性疲劳）突然下降的原因。

（六）自由基损伤学说

自由基是指外层电子轨道带有不成对电子的基团，主要包括氧自由基、羟自由基、过氧化氢及单线态氧等。由于自由基化学性质较为活泼，可与机体内糖类、核酸、蛋白质和脂类等物质发生反应，因此自由基能破坏细胞的结构，并造成细胞功能下降。例如，自由基可以和细胞膜上的不饱和脂肪酸发生脂质过氧化反应，生成对细胞具有毒性作用的过氧化物；脂质过氧化物又可自发分解，形成更多的自由基，攻击其他双键，引起自由基连锁反应。同时，自由基还可直接攻击细胞膜等。

二、不同类型运动的运动性疲劳特征

运动性疲劳的产生是一个极其复杂的生理过程，与运动持续时间、运动强度以及代谢特征等因素有密切关系。因此，不同类型运动过程中产生的运动性疲劳具有不同的特征（表7-1）。

表7-1　不同代谢类型运动性疲劳的代谢特征

疲劳因素	磷酸原型	磷酸原-糖酵解型	糖酵解型	糖酵解-有氧代谢型	有氧代谢型
ATP下降%	30	90	20~30	30	不变
CP下降%	90以上	90	75~90	65	50
乳酸积累	少	中	最多	较多	少
肌肉pH值	下降少	下降少	6.6	6.6	下降少
肌糖原消耗	—	—	少	中	75%~90%以上
肌内离子变化	—	Ca^{2+}下降	Ca^{2+}下降	K^+下降，Na^+上升	离子紊乱

（1）短时间、最高强度运动（如短跑等），运动性疲劳产生的主要原因是中枢神经系统机能下降、CP耗竭引起ATP转化速率降低。

（2）短时间、次最高强度运动（如800米跑等），能量供应以糖酵解系统为主，因此，肌肉和血液中乳酸大量堆积、pH值降低是造成机体机能下降而产生疲劳的主要原因。

（3）长时间、中等强度运动（如长跑等），疲劳的产生往往与肌糖原和肝糖原大量消耗、血糖浓度下降、体温升高、内环境稳定性失调、工作肌肉氧气供应减少以及神经系统兴奋性降低等因素有关。

（4）静力性运动（如马步、平衡等），中枢神经系统持续兴奋，肌肉中血液供应减少以及过度憋气导致心、肺功能下降，是产生疲劳的主要原因。

此外，在进行非周期性练习的过程中，其技术动作的复杂程度和变化也是影响运动性疲劳的重要因素。一些习惯性、自动化程度较高、动作节奏性较强的运动不易产生运动性疲劳；而一些动作结构复杂、动作变换较多、精力要求高度集中的练习，则容易产生运动性疲劳。

三、运动性疲劳的判断

正确地认识和判断运动性疲劳，是实施科学训练、促进疲劳消除以及提高运动成绩的前提，具有重要的实践意义。我们既要判断疲劳的发生以及疲劳的程度，又要找到疲劳的原因，只有这样才能有针对性地科学恢复。由于不同形式运动具有不同的运动性疲劳特征，因此，判断运动性疲劳的方法也有差异。目前，判断运动性疲劳的方法主要有以下几种。

（一）测定肌力判断运动性疲劳

1.骨骼肌力量测试

肌肉力量下降是肌肉疲劳的显著特征，也是判断运动性疲劳的重要指标。一般情况下，如果运动后肌肉力量明显下降且不能及时恢复，可视为肌肉疲劳。在评定运动性疲劳时，应根据参与运动的主要肌群确定测试内容，如以上肢活动为主的运动，可测试握力或屈臂力；以腰背肌活动为主的运动，可测试背力等。

2.呼吸肌耐力测试

呼吸肌耐力通过连续测定5次肺活量来评定。实验过程中，要求相邻两次测试之间间歇30秒，运动性疲劳时，肺活量依次下降。

（二）测定神经系统和感觉机能判断运动性疲劳

1.两点辨别阈

皮肤感觉能分辨出的最小距离叫皮肤两点辨别阈。在运动训练中，当运动员身心达到疲劳状态时，可能会引起身体一些机能，特别是神经系统机能状态紊乱，从而导致人体感觉机能失调，引起皮肤感觉敏感性下降。因此，可以把皮肤两点辨别阈作为监测运动性疲劳和恢复的简单无创性指标。

2.闪光融合频率

闪光融合频率是指刚能够引起闪光融合感觉刺激的最小频率，也称为闪光融合临界频率或闪烁临界频率。它表现了视觉系统分辨时间能力的极限，通过对人的闪光融合临界频率的测定可以了解人体的疲劳程度。运动员产生运动性疲劳时，视觉机能下降，闪光融合频率阈值下降。

3.反应时

反应时是指由刺激作用于感受器开始到效应器开始活动为止所需要的时间，包括简单反应时和选择反应时。出现运动性疲劳时，大脑皮质分析机能下降，反应时明显延长，尤其是选择反应时延长更为明显。

4.膝跳反射阈

机体出现疲劳时，膝跳反射的敏感性降低，引起膝跳反射所需的叩击力量增加。若引起膝跳反射的最小叩击力量（一般以锤子下落角度表示）较运动前增加5°～10°为轻度疲劳，增加 15°～30°为中度疲劳，增加30°以上为重度疲劳。

5.血压体位反射

血压体位反射是反映植物性神经调节能力的指标。运动训练后，植物性神经调节能力下降，血压体位反射会发生异常变化。因此，血压体位反射可作为评定心血管系统疲劳程度的依据。具体方法是：受试者坐位静息5分钟，待安静后，测定安静血压，随即让受试者保持仰卧姿势3分钟；之后，使受试者恢复坐姿（推受试者背部，使其被动坐起，不能让受试者自己坐起），立即测定血压，并每隔30秒测定一次，测试持续时间为2分钟。如果2分钟内完全恢复，即为正常；恢复一半，为轻度疲劳；完全不能恢复，可视为深度疲劳。

（三）用生物电判断运动性疲劳

1.肌电图

肌电图（EMG）反映了肌肉兴奋时电活动变化的特征。运动过程中，肌电图变化可评定神经系统及骨骼肌的机能状态。通常评定运动性疲劳的肌电图指标有平均功率频率、中位频率、电机械延迟、积分肌电和均方根振幅等。肌肉疲劳时，肌电图可表现出积分肌电幅值和均方根振幅增大，平均功率频率和中位频率降低以及电机械延迟延长等现象。而且肌电图的这些变化随运动性疲劳程度的加深而更加明显。

2.心电图

心肌疲劳可引起心电图（ECG）的异常变化，常表现为S-T段下移，T波下降或倒置，出现肌电干扰等现象。

3.脑电图

正常成人脑电图几乎均为α波和β波，左右脑的脑电图在波幅、波形和频率上均对称。研究发现，大脑皮质的疲劳状态与α波、θ波有密切关系。此时，神经细胞抑制过程加强，因此脑电图慢波成分增加。例如，机体处于剧烈运动后的疲劳状态时，脑电图慢波明显增多，α波节律紊乱，时慢、时快，波幅降低等。

（四）主观体力感觉等级判断运动性疲劳

主观体力感觉等级（RPE）是判断运动性疲劳的重要指标。具体测定方法是：受试者在功率自行车或跑台上做递增负荷运动，在运动过程中每增加一级负荷，应在主观体力感觉等级表上指出自我感觉等级。表7-2中的等级乘以10即为受试者完成该负荷运动的理论心率。如果机体出现疲劳，主观体力感觉等级将相应增加。

表7-2　主观体力感觉等级表

等 级	自我感觉
6	根本不费力
7	极其轻松
8	
9	很轻松
10	
11	轻松
12	
13	稍费力
14	
15	费力
16	
17	很费力
18	
19	极其费力
20	尽最大努力

（五）测定运动中心率判断运动性疲劳

心率是评定运动性疲劳的简易指标之一。一般常用基础心率、运动后即刻心率及恢复期心率判断运动性疲劳程度。具体表现为疲劳时基础心率增加，定量运动后即刻心率增加，恢复期延长，等等。

（六）判断运动性疲劳的其他指标

判断运动性疲劳的其他指标包括肌肉硬度，生化指标，如血尿素、血清睾酮 / 皮质醇比值（T/C）、乳酸、尿蛋白、尿胆原，以及教育学观察等。

第五节　恢复过程

恢复过程是指人体在运动过程中和运动结束后，各种生理机能和运动中消耗的能源物质逐渐恢复到运动前水平的变化过程。运动过程中消耗的物质只有在恢复期得到完全恢复，人体机能才能提高；反之，将会出现过度训练或过度疲劳，导致运动能力下降，甚至出现运动性损伤。应该指出，运动过程与恢复过程的合理安排及良好组合是机体对运动负荷产生最佳适应性变化的前提条件，在运动训练中，恢复过程与运动过程具有同等重要的作用，充分的机能恢复是取得良好训练效果的保障。

一、恢复过程的一般规律

恢复过程可分为三个阶段，即运动时恢复阶段、运动后恢复阶段及超量恢复阶段（图7–6）。

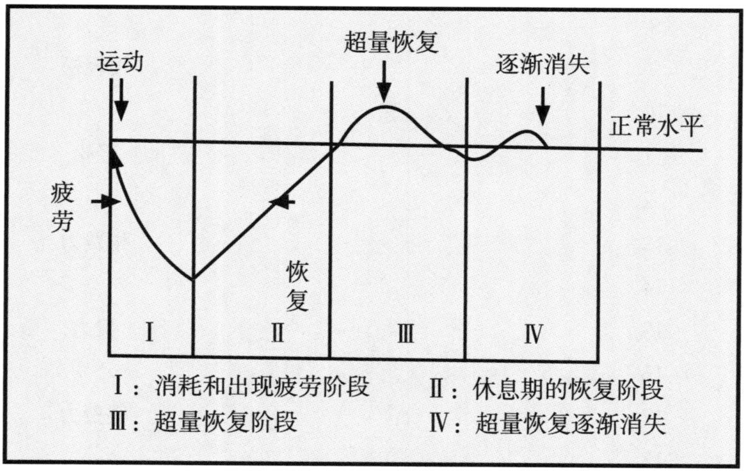

图7–6　消耗与恢复过程

（一）运动时恢复阶段

运动时能源物质消耗占优势，虽然恢复过程也在进行，但是消耗大于恢复，因此，能源物质逐渐减少，各器官、系统的功能逐渐下降。

（二）运动后恢复阶段

运动结束后消耗过程减弱，恢复过程占优势，能源物质及各器官、系统功能逐渐恢复到运动前的水平。

（三）超量恢复阶段

运动时消耗的能源物质及各器官、系统的机能恢复超过原有的水平，该现象称为超量恢复或超量代偿。超量恢复保持一段时间后又回到原有的水平。

超量恢复的程度及出现的时间与运动量（或消耗程度）有密切关系。在一定的范围内，运动量越大，物质消耗的越多，超量恢复越明显，但出现的时间延迟；反之，超量恢复不明显，但出现的时间较早。如果运动量过大，超过了生理范围，恢复过程将会进一步延长。

不同能源物质出现超量恢复的快慢也不同（运动后物质恢复的异时性原理）。例如，剧烈运动后CP在20～30秒内仅恢复一半，3～5分钟后才能出现超量恢复；短时间、高强度运动后，肌糖原约在运动后15分钟出现超量恢复，而蛋白质出现超量恢复时间相对较晚；马拉松运动后，脂肪出现恢复的时间发生在第三天。游泳运动员在进行大运动量训练后的第1～3天，身体机能明显下降，到第3～5天恢复到原来水平，第5～8天才出现超量恢复（图7-7）。

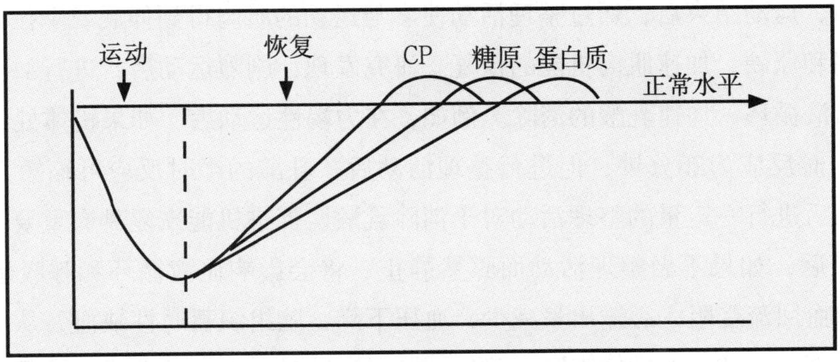

图7-7　超量恢复的异时性原理

此外，超量恢复与膳食和运动模式有密切的关系。研究发现，让受试者以75%$\dot{V}O_2max$运动强度进行单腿自行车运动，另一条腿为安静对照。当运动至精疲力竭时，运动腿股外肌的肌糖原含量接近于零。运动结束后连续3天食用高糖膳食而不参加任何运动。结果显示，运动腿股外肌肌糖原数量超过安静时的水平，是安静腿的两倍，而安静腿肌糖原水平仅略有波动。

关于超量恢复出现的原因，目前尚无明确的结论。国外有研究认为，超量恢复与运动结束后线粒体活动能力增强、能量代谢增加所引起的CP、糖原、蛋白质等物质合成速度加快有关。此外，超量恢复还与神经、激素的调节等因素有密切的关系，其机理还有待于进一步研究。

超量恢复是客观存在的规律。在此期间，机体具有较高的机能水平和承受负荷的能力，是运动员体能储备的最佳时期，有助于运动员取得良好的运动成绩。不同类型的运动具有不同的代谢特征，不同能源物质具有不同的恢复特征（超量恢复的快慢和程度）。因此，超量恢复原理是选择训练休息间歇、确定负荷强度和负荷量以及实施合理营养补充的重要依据，在运动实践中具有重要的理论和实践意义。

二、促进人体机能恢复的措施

竞技运动的发展对运动训练提出了更高的要求，不仅要有科学的训练手段，而且要有合理的恢复措施，才能使人体机能在“疲劳—恢复—再疲劳—再恢复”的良性过程中得到发展，才能实现更高、更强、更快的目标。因此，恢复是现代运动训练中亟待解决的问题之一。世界各国体育工作者做了大量的研究，提出了许多促进人体机能恢复的措施。

（一）运动性手段

1.整理活动

整理活动是指运动后进行的各种较为轻松的身体练习，其目的是消除疲劳，促进体力恢复。实验证明，运动结束后，通过整理活动使参与运动的肌肉得到伸展或牵拉，可降低肌肉的延迟性酸痛和僵硬，加速肌肉机能的恢复。研究发现，剧烈运动后，进行3～5分钟的整理活动能促进血液循环、加速乳酸的消除。例如，在力竭性运动后，如果机体处于完全休息状态，乳酸的半时反应为25分钟；但进行整理活动后，乳酸的半时反应可缩短至11分钟。可见，运动结束后进行一定量的整理活动对于消除乳酸、促进机能恢复具有重要作用。

运动结束后，如果不做整理活动而骤然静止，将会影响血液循环和呼吸运动，使氧气的补充及静脉血回流受阻，心输出量减少，血压下降，脑组织暂时性缺血，从而引起一系列不良反应，甚至出现“重力性休克”。此外，剧烈运动时，由于骨骼肌持续紧张收缩，使大量代谢产物堆积，肌肉硬度增加，导致机能下降，出现疲劳。运动结束后，通过整理活动，可减少肌肉的延迟性酸痛，有助于消除疲劳。因此，整理活动是运动训练过程的重要组成部分，应予以高度重视。

2.积极性休息

积极性休息是指运动过程中为了消除疲劳而采取的各种变换动作或运动强度的练习。

积极性休息更适合于少量肌肉群参与工作所引起的局部疲劳或运动强度较大而引起的快速疲劳。例如，长时间慢跑所导致的下肢疲劳，可通过一些轻微的上肢活动得到消除；引体向上产生的上肢疲劳，可通过慢跑活动得以消除，等等。与被动性休息相比较，积极性休息能使积累的乳酸消除速度提高一倍。例如，让5名受试者以150%$\dot{V}O_2max$强度在功率自行车上进行60秒运动后，接着以35%$\dot{V}O_2max$强度蹬车20分钟进行积极性休息。结果显示，积极性休息者乳酸的消除速度远远快于静止休息者（图7-8）。有报道认为，脑力劳动者若以肌肉运动作为积极性休息，对疲劳的消除速度将会明显加快。可见，在运动训练过程中，采取调整训练内容、变换运动形式的积极性休息，对于消除疲劳、促进恢复具有重要作用。

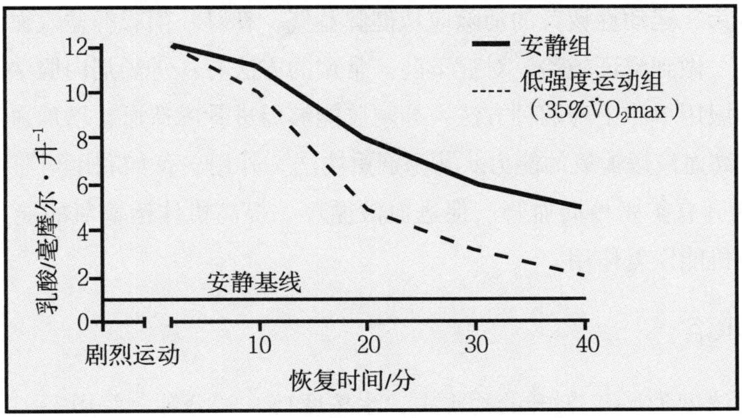

图7-8　一般休息与积极性休息对疲劳恢复的影响示意图

（二）睡眠

睡眠是大脑皮质抑制过程的表现。睡眠时机体与外界环境之间的主动联系大大减少，全身肌肉处于放松状态，因而能量消耗较少。此时，代谢活动以合成代谢为主。所以良好的睡眠是人体机能恢复的重要措施之一。平时训练期间，每天睡眠时间不应少于8～9小时，并应安排1～2小时的午睡；大运动量训练（如冬训期）或比赛期间，睡眠时间应适当延长。

（三）营养学手段

运动时消耗的物质需要依靠饮食中的营养物质来补充。因此，合理安排营养（膳食）是消除疲劳、促进恢复以及提高运动能力的重要手段。

在长时间运动过程中，体内糖原被大量消耗，因此训练后的膳食应适当增加糖的含量。研究发现，长时间运动（连续3天长跑）后，运动员食用高糖膳食，肌糖原可在48小时完全恢复。若食用高脂肪和高蛋白膳食，运动结束后第5天肌糖原尚未完全恢复。在以力量为主的运动中，由于运动的目的是增加肌肉力量，所以运动后应多增加蛋白质的补充（如举重运动员每日膳食中蛋白质的含量应为150克），同时应补充一定量的无机盐和维生素。在以速度为主的运动中，应适当补充糖、蛋白质、维生素B和维生素C等营养物质。而热环境下运动，机体的水分和电解质丢失较多，可采取少量多次的方法补充适量的液体（如淡盐水）。此外，还应考虑运动员的年龄特点以及合理的营养搭配，如青少年运动员在膳食中应尽可能多食用肉类、鱼类、蛋类、奶类和豆类等食物以补充身体发育过程中所需的蛋白质。大多数项目运动员膳食中蛋白质、脂肪、糖三种营养素的重量之比应为1∶1∶7，能量百分比应为9.5∶22∶68.5。运动后应多食用碱性食物，如奶类、动物血液、水果、蔬菜、豆制品等。

（四）中医药手段

应用中医药调理可改善人体的代谢能力，延缓疲劳的出现，加速疲劳的消除，促进机能的恢复。目前认为，运动性疲劳的消除应从健脾益气、补肾壮阳或补益气血方面入手，针对不同的疲劳症候，做到辩证施治，对症下药。常用的方法有：①汤剂内服法（口服），包括服用复方中药和服用单味中药两种方法，如阿胶能够促进骨髓造血，增加血液中红细胞和血红蛋白含量，提高血液运输氧的能力。②汤剂熏洗法（外用），如利用川芎、当归、苍术等制成的中药汤剂具有扩张外周血管、促进血液循环、提高机体运输氧的能力，维持机体内环境稳定，加快机能恢复作用。

（五）盐水浴

运动员泡在浓度为1～3克/升的盐水中，水按摩15～30分钟，每周2～3次。从乳酸浓度的变化以及肌张力的恢复都可发现，这种方法有利于促进机能恢复。

（六）心理手段

过度训练可引起与躯体性疲劳相联系的心理疲劳，使运动员表现出主观感觉乏力、兴趣减退、意志减弱、厌倦、动机水平下降、抑郁等不良心理症状。过度训练易导致积累性疲劳，甚至出现下丘脑—垂体—性腺轴功能紊乱、免疫抑制、慢性感染及运动损伤等问题，直接影响运动员的身体健康、正常训练和比赛。大多数学者认为，神经系统功能降低、神经细胞抑制过程加强是引起不良心理反应的主要因素，与训练负荷安排不当、恢复措施不足等因素有密切关系。因此，采用合理的心理调节是促进疲劳消除、提高训练效果的重要手段。常用的心理恢复手段有：心理暗示法、意念放松法、肌肉放松法、呼吸调整法、音乐放松、心理调整训练法以及赏识、激励和人文关怀等。

除上述几种方法外，促进运动性疲劳消除的方法还有按摩、负氧离子、热水浴、理疗、针灸、热敷、吸氧和气功等。

思考题

1.赛前状态有哪些表现？如何克服不良的赛前状态？

2.准备活动有何生理意义？

3.何为生理“极点”与“第二次呼吸”？生理“极点”如何调整？

4.稳定状态分为哪两种？各有什么特点？

5.运动性疲劳产生的原因有哪些？

6.如何判断运动性疲劳？

7.恢复过程有哪些阶段？超量恢复有哪些特点？

8.运动性疲劳有哪些具体恢复措施？

第八章
特殊环境与运动

本章教学提示

1. 本章学习重点是人体在高原环境中有哪些应激反应，高原暴露或者训练后出现哪些生理适应；高原训练实践；高原、高温高湿和低温对人体运动健康风险及其预防。
2. 本章学习难点是人体高原暴露或者训练后出现哪些生理适应；高温高湿和低温环境对人体运动的健康风险及其预防。

第一节　高原环境与运动

气压随海拔高度升高而降低。较低的大气压力同样会导致较低的氧分压，这会导致肺部的气体交换比较困难，氧气向组织中扩散的速度也会降低，其结果就是细胞缺氧（细胞内氧供不足）。

一、高原的自然条件

海平面的大气压力大约是100千帕，随着高度增加，大气压力下降，如在珠穆朗玛峰的顶端，大气压力只有大约30千帕。虽然气压会产生变化，但是在空气中，各种气体的含量比例在不同高度会保持不变。在任何高度下，空气中各部分的比例总是为：氧气20.93%，二氧化碳0.03%，氮气79.04%，但是这些气体的分压发生了变化。如表8-1所示，随着高度的上升，空气中氧分压的下降比例与大气压力的下降比例是相同的。氧分压的变化会显著影响到达肺内空气的氧含量，进而影响肺泡与血液间以及血液与组织间的氧分压差。

表8-1　不同海拔高度大气压力、空气中氧含量、氧分压和气体温度变化

指标	高度/米					
	0	1000	2000	3000	4000	9000
大气压力/毫米汞柱	760	674	596	526	462	231
空气中O_2含量/%	20.93	20.93	20.93	20.93	20.93	20.93
氧分压/毫米汞柱	159	141	125	110	97	48
气体温度/℃	15	9	2	−5	−11	−43

高原环境有低氧、低气压、低温、干燥和高紫外线等特点。

高原的低氧环境是影响人体机能的最大因素，但是其他环境因素也会对人体产生影响。例如，海拔高度每升高150米，空气温度就降低1℃。珠峰上的气温大约是－40℃，而相同纬度的海平面的温度则是15℃。在低温、低湿度和强风的联合作用下，处于高原环境的人体可能会发生冻伤等与低温相关的疾病。另外，空气比较干燥，通过皮肤和呼吸系统也会流失大量水分，容易导致脱水。高原的紫外线辐射也比较强。

二、高原应激

短时间处在高原环境中，机体各器官、系统会出现一系列应激反应。下面将讨论急性高原暴露时机体的生理反应，主要涉及呼吸系统、心血管系统和代谢系统等的应激。

（一）呼吸系统对高原的反应

对于运动中的肌肉来说，充足的氧供应是其发挥运动水平的重要保障。而氧气供应是否充足，取决于机体吸入的氧气、氧气在肺部的交换、扩散至肌肉的速度以及肌肉摄取氧气的能力，任何一个环节氧气的不足都会限制运动成绩。

人体在高原暴露数秒钟，无论是在休息还是运动中，肺通气量都会增加。因为较低的氧分压会对主动脉弓和颈动脉窦的化学感受器产生刺激，而反射性地引起呼吸加深加快，使肺通气增加。而在高原环境下，肺换气机能没有下降。高原环境下的低血氧状况是肺泡的低氧分压导致的。在平原条件下，肺泡内的氧分压为104毫米汞柱，血氧饱和度为96%~97%。在4300米高度下，肺泡内的氧分压为46毫米汞柱，这时血氧饱和度降低到只有80%左右。所以高原条件下，氧气在血液中的运输能力会下降，最后组织换气也会受到影响。海平面处的动脉氧分压为100毫米汞柱，而机体组织内的氧分压在安静时为40毫米汞柱，氧分压差为60毫米汞柱。但是，当人处在海拔4300米的高原时，动脉氧分压降低至42毫米汞柱，而组织中的氧分压降至为27毫米汞柱，氧分压差下降到15毫米汞柱。氧气浓度的梯度差是促使氧气从血红蛋白进入组织的动力。在高原环境下，氧分压差降低导致机体从血液中摄取氧气的能力显著下降。

（二）心血管系统对高原的反应

由于高原环境限制了呼吸系统的机能，在这种情况下，心血管系统为了代偿氧分压下降的影响，其生理机能也会产生显著的变化。

1. 循环血量

在初到高原的几个小时内，人体会出现血浆量的下降现象，并且会持续下降数周后才能恢复稳定。血浆量的下降是呼吸系统损失了大量的水，以及排尿增多引起的，这两种作用可以使血浆量下降25%。由于血液中水分的减少，血红细胞（含有血红蛋白）的浓度升高，在心输出量一定的情况下，较高的血红细胞浓度可以运输更多的氧气。由于血浆量下降的同时，血红细胞数量基本没有变化，所以会导致在高原环境下，虽然血红蛋白浓度升高，但是总循环血量却有下降。在充足的水摄入后，这种下降的血浆量就会恢复正常。

持续的高原暴露会促使肾脏分泌促红细胞生成素（EPO），这是一种促使红细胞生成的激素。EPO分泌的增多可以促使血红细胞总数升高，并最终使总血量升高。而这种机体的适应现象，可以部分缓解高原低氧环境对机体的负面影响。然而，这种适应现象的发生过程较慢，需要数周甚至数月才能使血量达到新的水平。

2. 心输出量

当人体处于高原环境时，交感神经系统受到刺激，进而释放肾上腺素和去甲肾上腺素，它们可以显著地改变心血管机能。去甲肾上腺素可以在初上高原的几天内维持在较高水平。在初到高原的数小时内，由于体液的丢失，人体在非最高强度运动时，每搏输出量降低。但是心率会急速上升，这样代偿了每博输出量的降低，而且使心输出量有微小的升高。然而，从长远来看，这种为了使运动时组织可以得到充分的氧供，而使心脏长期处于高负荷状态下的适应，并不很经济。所以，在到高原数天后，肌肉开始提高从动脉血中摄取的氧气量（提高了动-静脉氧差），这时，无须增加较多的心输出量就可以满足氧气供应。在高原训练中，心率和每搏输出量在初到高原后6~10天增长到峰值，并在之后开始逐步下降。

在高原环境下，最高运动强度时的最大每搏输出量和最大心率比平原都有所下降，直接导致最大心输出量也下降。因此，在较高海拔地区，$\dot{V}O_2max$会出现显著下降，人体的最大有氧运动能力也会降低。

（三）高原的代谢反应

在高原环境下，由于甲状腺素和儿茶酚胺分泌的增加，人体的基础代谢率会提高。人体必须摄入更多的食物来平衡基础代谢率提高给机体带来的影响，否则体重就会降低。

三、高原训练与运动能力

（一）$\dot{V}O_2max$与运动耐力

$\dot{V}O_2max$随海拔高度的增加而降低。在大气氧分压下降至131毫米汞柱以下之前，$\dot{V}O_2max$仅出现轻度降低，这大体相当于1500～1600米的海拔高度。在海拔5000米的高原，$\dot{V}O_2max$的下降主要是由动脉氧分压的降低引起；海拔更高时，最大心输出量的降低是进一步限制$\dot{V}O_2max$的因素。1500米以上的高度，海拔每增高1000米，$\dot{V}O_2max$下降8%～11%，海拔更高时，下降速率曲线会变得更为陡峭。例如，在珠穆朗玛峰高度时，$\dot{V}O_2max$降低大约70%，可低至15毫升/（千克体重·分）。$\dot{V}O_2max$的下降直接导致耐力性运动能力下降。

（二）无氧短跑、跳跃与投掷项目

虽然耐力性项目的运动表现会因高原环境而急剧下降，然而中等海拔高原环境对持续时间少于1分钟的无氧短跑类项目（如100～400米的短跑），其运动表现普遍没有影响，有时运动成绩甚至有所提高。这类项目对机体氧运输与有氧代谢能力的依赖较低，主要由磷酸原系统和酵解能系统提供大量能量。此外，高原上稀薄的空气环境对运动员运动时产生的空气阻力较小。男子100米、200米、400米、800米、跳远与三级跳项目，女子100米、200米、400米、800米、4×100米接力与跳远项目的世界与奥运会纪录在墨西哥城（海拔2200米）被刷新，就与此有关。

四、高原训练的生理适应

人体暴露于高原环境下数天、数周、数月后，机体会逐渐适应氧分压较低的空气环境。下面将介绍了一些持续高原暴露后的生理适应，通常这些适应性变化需要较长的时间形成（几周至几个月）。一般来说，即使中等海拔高原的完全适应也需大约三周的时间。高原海拔每增高600米，平均要多一周的适应时间，而适应带来的所有有利效应，将会在回到海平面高度后的一个月内消失。

（一）呼吸系统适应

高原环境最重要的适应之一是安静与运动时的肺通气量均增加。运动员处在海拔4000米高度的三四天内，安静时通气量的增加保持在高于海平面高度安静时的40%左右。亚极限强度运动时，通气量会在一个较长的时间段保持在高于海平面高度时的50%左右。运动中通气量的增加在高原上始终保持着较高的水平，在较高强度运动时表现的尤为明显。

（二）血液系统适应

1.EPO与红细胞变化

运动员在高原上的前两周，循环血液中红细胞数量增加，高原缺氧环境会刺激肾脏释放EPO。在运动员到达高原后的3个小时内，血液中EPO的浓度即开始增加；在随后的2~3天内会继续增加。EPO的释放可能也受海拔高度的影响。EPO升高使红细胞数量增加可能存在“阈”高度，这个适宜的“阈”高度为海拔1600～2500米。高度较低时，EPO增加不明显。同时，研究发现高原训练运动员似乎比单纯久居高原的人更能促进红细胞的生成。虽然血液中EPO浓度会在一个月内回到基线水平，但红细胞增加在三个月或更长时间内仍很明显。另外，红细胞比容（红细胞压积）也会增高。秘鲁安迪斯山脉中部（海拔4540米）的居民，其平均红细胞比容为60%～65%，这明显高于海平面高度居民的平均红细胞比容（45%～48%）。随着红细胞容量的增加，血液中血红蛋白含量也会增加。

2.血液流变学指标

对久居高原人群的研究发现，随海拔高度的不断增加，血液具有“浓”（红细胞压积增高）、“黏”（全血黏度增高）和“聚”（红细胞电泳时间延长）的典型特点。红细胞压积最适值是50%左右。当红细胞压积大于等于60%时，血液黏滞性则呈指数增加。红细胞压积加大是对高原环境的适应，但若过分增大反而对机体不利。适宜的高原训练控制红细胞压积在最适值范围内，使红细胞携氧能力达到较佳状态，且对血液黏度也无不利影响。因此，高原训练期间机体血液流变性可能会得到改善，从而提高机体对低氧环境的耐受力。

3.红细胞变形能力

红细胞变形能力在很大程度上影响着组织的供氧能力。研究发现，高原训练一周后红细胞内的2，3-二磷酸甘油酸（2，3-DPG）开始提高，而血中2，3-二磷酸甘油酸能通过改善红细胞膜的机能状态使红细胞变形性增强，有利于氧的释放。

4.乳酸变化

高原训练初期，由于高原缺氧使组织中线粒体氧化酶的活性下降，肌肉利用氧的能力降低。因此，运动中有氧代谢不能满足机体的能量需要，较多地动用了无氧代谢，产生了大量乳酸。同时，由于高强度运动使乳酸消除的速率减慢，因而乳酸浓度会升高。在高原适应中，运动后乳酸和肌乳酸存在下降的趋势，这是机体对缺氧环境的适应，也是机体代谢能力提高的反映。

（三）心血管系统

在高原做定量负荷运动时，最初反应是心率和心输出量比平原增加，而每搏输出量没有变化。极限强度运动时，最大每搏输出量和心输出量多下降。但数天或数周后，随着血液携带氧气的能力提高，做同样的定量负荷运动时，心率和心输出量均有所下降，逐渐接近平原水平。研究发现，高原训练可提高心脏泵血功能，即左心室收缩力增强，每搏输出量、射血分数增大，心输出量增加。

（四）骨骼肌

高原训练对骨骼肌有较深刻的影响，主要表现在以下几个方面。

1.骨骼肌的毛细血管和酶活性

对在2300米高度训练的运动员进行测定，发现骨骼肌毛细血管密度增高，糖酵解酶活性降低，氧化酶活性升高。

2.肌红蛋白浓度

肌红蛋白是肌细胞内含铁的蛋白质，对氧的亲和力比血红蛋白高，其主要功能是储存氧气。高原适应和训练的综合因素能引起人体骨骼肌中肌红蛋白的浓度增加，这种增加在相当程度上与高原训练时的强度以及缺氧程度有关，即训练强度较高、缺氧严重时肌红蛋白增加明显。

3.体重和体成分

长期经受高原应激，瘦体重和脂肪明显下降，下降的幅度与海拔高度密切相关。研究表明，在4300米高原停留8天后，体重下降3%；在5300～8000米高原停留3个月后，体重下降15%。在高原上体重的丢失，首先是脱水，其次是脂肪的丢失和骨骼肌质量的下降。另外还发现在骨骼肌质量下降的同时存在肌纤维变小的现象，这是对高原环境的有利适应，它可缩短氧气从毛细血管扩散到线粒体的距离。

此外，高原应激使食欲降低、能量摄入下降，小肠吸收率下降，基础代谢率明显升高，因而体重下降。

（五）代谢能力

高原训练可提高机体的有氧代谢能力。高原训练可改善心脏功能；提高红细胞和血红蛋白水平；使骨骼肌毛细血管密度增加；使肌纤维线粒体中氧化酶活性升高，这些因素可提高机体运输氧和利用氧的能力，提高机体有氧代谢的能力。$\dot{V}O_2max$是反映运动员有氧耐力的重要生理指标。研究发现，在高原训练初期$\dot{V}O_2max$下降，中后期回升，返回平原后多能超过高原训练前水平。

关于高原训练对无氧代谢影响的报道，结果不一。高原训练是否确能提高无氧代谢能力，尚需做进一步研究。

五、高原训练的要素

（一）海拔高度

高原训练的高度从理论上讲在1000～3000米都有效。一般认为，世居平原的运动员高原训练的最佳高度应为2000～2500米。低于2000米，低氧缺氧刺激较少，不利于充分挖掘机体的潜力；高于2500米，则机体难以承受较大的训练负荷，并且不利于训练后的恢复。在2000～2500米高度训练，红细胞压积、血红蛋白及$\dot{V}O_2max$均有显著增高。我国运动员高原训练的高度多在1890米的昆明海埂基地及2360米的西宁多巴基地。埃塞俄比亚的世居高原运动员将赛前高原训练高度提高到2700～3000米。总之，适宜的高原训练高度应具备两个条件，即此高度能对运动员机体产生深刻的缺氧刺激，同时运动员又能承受比较大的训练量和比较高的训练强度。

（二）适宜训练强度

训练强度是决定高原训练成败的关键。强度过低，刺激小，难以收到成效；强度过高，刺激深，对适应和恢复不利。一般应遵循下面几个原则：① 根据运动员训练水平的高低来定，水平高的运动员强度可高些，反之强度则适当降低；② 根据比赛的强度而定，应安排部分接近比赛强度的训练；③ 将高原训练的强度和下高原后的训练强度衔接起来，下高原前的阶段训练强度应提高；④ 需根据机体对高原环境的适应阶段来安排训练强度。

（三）持续时间

大量的高原训练实践经验证明，高原训练适宜的持续时间为3～8周。因为从平原到高原会有一个适应过程，高原训练时间过短，不利于机体产生适应性变化；高原训练时间过长，则不利于机体回到平原后的适应性调整，所以安排高原训练的时间不宜很长。在确定高原训练时间时，需要考虑运动项目的差异。耐力性项目应持续时间长些，而速度及速度耐力性项目持续时间应稍短些。

（四）出现最佳训练效果的时间

下高原后，运动员何时出现最佳训练效果，对此没有统一的看法。这与个体的适应能力及高原训练的负荷有密切关系。目前普遍认为，长跑和马拉松项目的最佳比赛时间为下高原后4～5天，中长跑项目为10～14天，短距离项目为20～26天。我国游泳项目则多采取回到平原5～6周时参加比赛，以保证下高原后能有较多的时间加强速度和力量训练。高原训练的效果在下高原后可保持3～5周的时间，有的资料认为可保持45～50天。

六、高原训练实践

（一）高原训练的弊端

长期高原暴露或训练适应确实可以提高机体在平原时的$\dot{V}O_2max$水平，但是这种暴露或训练通常会导致运动员脱水、血流量减少，肌肉质量下降，严重时还会导致运动员急性高原脑水肿、肺水肿甚至出现急性高山病，这些负面效应会损害运动员的健康及降低高强度训练的耐力水平。因此，很难解释及讨论出高原训练对运动水平最佳化的作用价值。

（二）高原参赛准备

如果运动员平时在平原训练但比赛要在高原进行，如何进行有效的参赛准备呢？尽管实验研究还不全面，结果尚无定论，但运动员明显有两种可行性选择：一种选择是到达高原后尽快参加比赛，一定要在到达后的24小时内完成比赛。这并非得益于高原习服的效应，而是因高原暴露时间较短，高山病的典型症状还未完全表现出来。最初24小时过后，因急性高原暴露出现的脱水、头痛及睡眠障碍等不良反应，会造成运动员的身体机能水平降低。另一种选择是在比赛前安排至少2周的高原训练。但仅有2周的时间是不能完全完成高原适应的，完全适应需要3~6周的时间。

（三）高原训练方法与手段

高原训练方法主要有高住高练法、高住低练法、低住高练法、低住低练法、间歇性低氧训练法和模拟高原训练法等。

1.高住高练法

高住高练法指在高原居住，在高原训练。不同海拔高度的高住高练所产生的训练效果有所差异，因此，在高住高练法具体应用时往往采用改变海拔高度的方法，以谋求最佳效果。例如，运动员先在海拔1500~1900米高度训练一段时间后，再到海拔2000~2500米高度训练，然后再回到海拔1500~1900米高度训练，最后返回平原。高住高练法能充分利用高原低氧环境，取得低氧训练的效果。但是，因为低氧环境，训练强度达不到平原训练强度。因此，虽然在高原上居住，运动员能获得一定的生理益处，但却失去了高强度训练带来的训练适应。

2.高住低练法

高住低练法就是让运动员在较高的海拔高度（2500米）居住，而在较低的海拔高度（1300米）训练，这样既可以充分调动机体适应高原缺氧环境，挖掘其本身的机能潜力，又可达到相当大的训练量和较高的训练强度。此种训练法已得到国际上的认可，并已应用于高原训练实践中。

3.低住高练法

与高住低练法相反，低住高练法是让运动员居住在较低的海拔高度（1300米或平原），在海拔较高的高度（2500米）进行训练。这样既能保证运动员进行低氧训练，又能促进运动员的机能恢复。

4.低住低练法

低住低练法则是让运动员居住和训练都在1000米左右的较低海拔高度，也称为亚高原训练法。它作为准备亚高原比赛所进行的适应性训练比较有效。此外，它也可作为高住高练法之前的过渡性训练。

5.间歇性低氧训练法

间歇性低氧训练法是近20多年来在俄罗斯、英国和美国等国家逐渐发展起来的一种新的仿高原训练法。它是采用呼吸气体发生器使运动员吸入低于正常氧分压的气体，造成体内适度缺氧，从而导致一系列有利于提高有氧代谢能力的抗缺氧生理适应，以达到高原训练的效果。

6.模拟高原训练法

芬兰学者拉斯考提出高住低练方案的“高原屋”，即让运动员生活在模拟海拔2500米高原状态的“高原屋”中，然后在1300米海拔高度训练。目前这一模拟高原训练方法已在芬兰、挪威、瑞典和中国等国家实践。日本生产使用的是可移动的帐篷，帐篷内是模拟高原环境。美国发明生产了一种可调氧分压式睡仓，它可供1名运动员在仓内休息。这些模拟高原训练法，既不需要高原训练基地，又免去往返迁移，同时可使运动员机能潜力得到较大的发展，以期达到高住低练的效果。

七、急性高原暴露的健康风险

在中等海拔高原环境中，除了需要应对寒冷、强风、紫外线辐射等自然环境外，有些人还可能会发生急性高山病，出现头痛、恶心、呕吐、呼吸困难及失眠等症状。初上高原的6～48小时开始出现上述症状，第2～3天时最为严重。虽然没有生命危险，急性高山病还是会导致患者在几天或更长时间内身体极度不适。有时，症状还会恶化，患者可能会出现更多的致命性急性高山病，如肺水肿或高原脑水肿。

（一）急性高山病

急性高山病的发病率与高原的海拔高度、上高原的速度以及个体的敏感性等有关。海拔不断升高时出现的最普遍症状就是头痛。海拔高度在2500米以下时，头痛很少发生；但是海拔高度达3600米时，大部分人会出现头痛症状。患者自述在高原时的头痛或是持续性的或是搏动性的疼痛，清晨、运动后及饮酒可使症状加剧。关于头痛的机制还不清楚，但缺氧引起脑血管扩张，进而牵拉该部位的痛觉感受器可能是头痛的原因。与中枢神经系统缺氧有关的症状还包括视敏度及夜间视力下降。在特高海拔，语言表达、逻辑思维及情绪都会受到影响。目前还没有证据表明大脑缺氧会导致永久性的智力损伤。

急性高山病的另一个副作用是机体虽然极度疲劳但仍然无法入眠。研究表明，在高原无法达到满意的睡眠效果是因睡眠阶段被干扰所致，而且一些人会出现呼吸中断，即潮式呼吸，妨碍他们进入或是保持睡眠状态。

运动员如何避免急性高山病？没有证据表明良好的身体健康状况能避免急性高山病。即使高原暴露前曾受过高强度耐力训练的运动员似乎对低氧效应也仅有较少的防护作用，并且一些数据表明年轻的和体能好的个体更易出现急性高山病症状。

人们常采用渐进式爬升高原的方式来预防急性高山病，在几个低海拔高原停留一些天，每天不超过300米的渐进式爬升方式能使高山病的发生风险降至最低。药物乙酰唑胺与甾类（如地塞米松）一起使用可以防治急性高山病。当然，严重的急性高山病的有效治疗方法是退回到较低海拔的地区，但是紧急情况下高流量氧供与高压氧急救袋的使用也是非常有效的。

（二）高原肺水肿

与急性高山病不同，高原肺水肿是肺内液体的积聚，会对生命构成危险。引起高原肺水肿的原因还不清楚，但可能与缺氧引起的肺血管收缩有关，肺内形成血凝块；剩余组织变得过度充盈，液体与蛋白从毛细血管内渗出。高原肺水肿可通过增加氧气供给的方法进行治疗或是将患者移至低海拔地区。

（三）高原脑水肿

高原脑水肿是颅腔内液体积聚，出现精神错乱，嗜睡，共济失调（行走困难），意识逐步丧失与死亡。曾报道的病例多发生在4300米以上的高原。引起高原脑水肿的原因还不清楚。可通过增加氧气供给、高压氧急救袋、迅速下降至低海拔地区等方法进行治疗，如果高度下降不及时，会造成永久性损害。

八、高原环境在大众健身中的应用

高原环境除了在竞技体育的运动训练中提高运动员的身体机能外，在大众健身中也逐步得到科研人员的注意。例如，高原低氧暴露或者训练可以降低体重，科研人员和减肥人群利用这种高原环境效果进行减肥科研和实践，他们常采用低氧房训练或者低氧卧室居住来达到减肥效果。低氧训练致体重下降除了脂肪丢失外，还有很大一部分是身体水分的丢失和肌肉蛋白质的减少。水分的丢失会很快因为身体的代偿而得到弥补，但是肌肉蛋白质的减少对普通人群来说是一种不利因素，因此该减肥方法还需要进一步探讨。另外，低氧减肥机制主要观点认为：低氧致机体基础代谢率提高，能量消耗增加；食欲下降导致能量摄入减少。但是低氧训练减肥的分子生物学机制还需要进一步探讨。

现在的高原旅游、登山探险也为提前的高原适应提供了契机。很多旅游爱好者想去西藏等高原地区旅游，为了预防急性高山病，出发前可在低氧房进行1周左右的低氧适应，这种低氧环境的适应可以为高原旅游或登山探险等提供身体基础。

第二节　高温高湿环境与运动

高强度运动时机体的应激反应通常会因外界环境而变得更加复杂。极度寒冷或酷热环境为体温调节增加了很大负担。尽管在正常情况下体温调节机制非常有效，但一旦处在极冷或极热环境中，这些体温调节机制的作用就非常有限了。但是持续处在极端环境下数天或者数周，机体会产生适应。

一、体温调节

人是恒温动物，即使环境温度改变，通过生理性调节依然能保持体温的相对恒定。尽管每天，甚至每一小时体温都在变化，但其波动范围通常不超过1℃。长时间高强度运动、感冒或极冷和酷热才会导致体温偏离36.1～37.8℃的正常范围。体温反映了产热和散热的平衡，当这种平衡被打破时，体温就会改变。人体体温调节中枢位于下丘脑，可以精确控制人体温度变化。

空气中的水汽压（悬浮在空气中的水蒸气分子压力）在人体蒸发散热过程中起重要作用。相对湿度是指空气中水汽压与饱和水汽压（100%湿度）的百分比，湿度增加会导致空气中有很多水分子，皮肤和空气之间的水汽压梯度因此降低，这会降低皮肤蒸发水汽的能力，也就是高湿环境会限制汗液蒸发和热量散失，而低湿度环境是汗液蒸发和热量散失的理想状态。

二、热应激

热应激是指任何能使体温升高并危害人体内环境稳定的环境因素作用到人体后，人体出现的一系列身体应激反应。

（一）心血管反应

运动会加强机体对心血管系统的生理需求，在热环境中运动时，体温调节的需要更加重了心血管系统的负担。此时，循环系统不仅为运动肌肉持续输送血液，还要为皮肤输送血液，以使肌肉产生的热量及时散失。热环境中运动时，为满足这两种输送血液的需求，心血管系统会出现两个变化：第一，通过提高心率和心肌收缩力来进一步增加心输出量；第二，血液重新分配，肠、肝脏、肾脏等器官血流量减少，而皮肤血流量增加。

体温控制中枢会指令心血管系统为皮肤输送更多血液，浅层血管舒张使更多血液流向体表。交感神经系统也作用于心脏，使心率加快、左心室搏动力度加大，心输出量增加。但是，在长时间恒定强度运动时，因为血液集中在机体外周，机体水分的大量流失致血浆量出现下降，静脉回心血量显著下降而致每搏输出量下降，因此不断增加的心率有利于补偿每搏输出量的降低，心输出量维持在一个较高水平不再发生变化，这时动脉血压出现下降趋势。

（二）发汗增加

在某些情况下，环境温度会接近或超过皮肤及机体深部温度。随着环境温度的增高，辐射、对流和传导的作用越来越小，因而蒸发散热成为最重要的散热方式，蒸发散热的作用加大意味着排汗量增多。下丘脑体温调节中枢能控制汗腺活动，血液温度升高可激活下丘脑，通过交感神经将冲动传导至遍布机体表面的数量众多的小汗腺而致发汗增多。

（三）尿量变化

运动和机体失水能刺激神经垂体释放抗利尿激素。抗利尿激素有促进肾脏对水进行重吸收的作用，继而帮助机体保留水分。所以，在热应激及大量排汗，致使尿量减少时，机体会尽力弥补丢失的矿物质和水分。同样，热环境中运动会显著降低肾脏血流量，这对急性运动时机体保留水分也有促进作用。

（四）内分泌变化

在热环境中，垂体释放抗利尿素以增加肾小管对水的重吸收，因而尿液浓缩，尿量减少。另外，肾上腺皮质释放醛固酮增多，也可以促进肾小管和汗腺对Na^+再吸收，降低汗液中的Na^+浓度，从而有利于保持水和电解质平衡。

（五）代谢变化

在热环境进行次极限强度运动时，机体更多依赖无氧代谢，导致了乳酸过早堆积和糖原的储备量减少。乳酸堆积的可能原因：①热环境运动时，由于肝脏血流量减少，使乳酸转化率下降；②用于体表散热的血流量增加，减少了肌肉的血液循环，造成了在热环境中运动时乳酸相对增多，疲劳过早出现。

（六）耐力下降

在热环境中，高体温是影响耐力的主要限制因素。不管是有训练经历者或无训练经历者，在高温环境中运动时都会使耐力下降，但有氧能力水平高的人在高热环境中运动的耐力较无训练者好。

人体生活或工作的最适宜温度相当于室温18～24℃。而在剧烈运动中，环境温度会给比赛成绩带来很大的影响。一般认为，短跑、跳跃及投掷等要求短时间内发挥爆发力的项目，其适宜温度为27～28℃。马拉松等耐力运动的适宜温度则低些，马拉松最好成绩是在气温为15℃以下时出现的。在高温下进行耐力运动时，体温调节机制是限制竞技能力的重要因素。

三、热适应

在热环境中反复进行长时间、低强度运动能相对快速地提高机体散热能力，进而减轻生理负荷。这一过程称为热适应，是机体的血浆容量、心血管系统功能、排汗及皮肤血流量在热环境中的生理适应过程，其结果使运动时体温降低、心率减慢。在热环境中居住数月至数年，可以使机体逐渐适应热环境，称为热服习。

（一）排汗阈值下降、排汗率增加、排汗能力增强

热适应时最大排汗率由1.5升/时增加至2.5～3升/时，从而使散热增加。研究指出，无运动训练经历和对热环境不适应者的排汗阈值高，在身体内部温度达到37.7℃时，排汗反应开始。既有训练经历又对热环境适应者，其排汗阈值显著下降，体内温度达到37.2℃即有排汗反应。有运动训练经历但对热环境尚不适应者的排汗阈值居中，在体内温度达到37.5℃时排汗反应开始。运动训练可提高排汗反应的敏感性和排汗能力。

（二）肾脏和汗腺对Na^+重吸收增加

热适应时肾脏和汗腺对Na^+重吸收增加，汗液中Na^+浓度下降。Na^+在体内保留，使血浆和细胞外液的容量增加，内环境相对稳定。

（三）心功能改善，每搏输出量增加

热适应后心功能得到改善，心率减慢，每搏输出量增加，而心输出量及动脉血压基本保持不变。同时，血流量重新分配，使皮肤血流量减少，肌肉血流量增多，提高了肌肉的工作能力。

四、热病及其预防

（一）脱水

在炎热环境中剧烈运动几小时，大量排汗后血容量显著减少而导致脱水。脱水可引起排

汗率、血浆量、心输出量、最大摄氧量、工作能力、肌肉力量和肝糖原含量等下降。失水量达到占体重的2%左右时，属于轻度脱水，以细胞外液丢失为主，此时血容量减少，心脏负担加重，可影响运动能力，引起口渴感、尿少等症状。失水量达到体重的4%左右时，为中度脱水，细胞内外液丢失量大致相等，会出现脱水综合征，表现为严重的口渴感、心率加快、体温升高、疲劳及血压下降等症状，这在足球、网球和长跑运动中极为常见。当失水量达到体重的6%～10%时，即为重度脱水，细胞内液丢失的比例增加，表现为呼吸频率增加、血容量减少、恶心、食欲丧失、厌食、容易激怒、肌肉抽搐、精神活动减弱，甚至产生幻觉、谵妄和昏迷，对健康有严重的威胁。

（二）热病

1. 热痉挛

热痉挛常出现在剧烈运动中或运动后，特征是大面积的肌肉群出现严重的疼痛性痉挛。热痉挛主要发生在运动中承受最大负荷的肌群，这种“绞索”状况与运动中经常出现的小肌肉群痉挛是不同的。热痉挛主要由脱水及Na^+丢失引起，因此大量排汗并丢失很多钠盐的运动员容易发生热痉挛。具体表现为肌肉痉挛、排汗多和疲劳，但体温尚正常。在运动中和运动后饮用足够的水及从食物中摄入足够的盐，可以有效地预防热痉挛。

2. 热衰竭

对热环境尚未适应即开始进行剧烈运动可能出现热衰竭，主要是由循环系统的调节机能障碍和大量排汗导致细胞外液，尤其是血浆量减少造成的。血液滞留在扩张的体表血管中，使循环血量及心输出量显著下降，表现为虚弱、脉搏加快、直立时血压低、头痛和头晕等，排汗可能稍减少，体温会有升高（通常低于39.5℃）。热衰竭患者的治疗方法：在阴凉环境休息，足部抬高以利于血液回流心脏。如果患者意识清醒，建议补充盐水。若患者意识丧失，可静脉注射生理盐水。

3. 中暑

中暑是最严重和复杂的热应激疾病，是由体温过高致下丘脑体温调节机能障碍而造成的。通常排汗停止，皮肤干燥而发烫，体温升高至41.5℃以上，虚脱、意识丧失，甚至导致死亡。出现中暑先兆时，应立即送往医院治疗，并设法降低体温，包括喝冷水、去除外衣、冰敷及冷水浴等。

（三）热病的预防

预防热环境训练时热病的发生，合理补液和预防过度脱水最为重要。在运动前后通过监测体重，大致了解失水量后进行补液，每减少1千克体重表示脱水450毫升或在运动前20分钟喝400～600毫升的冷水；在运动中少量多次地补液，每隔15～30分钟补液100～300毫升，每小时的总补液量以不大于800毫升为宜；在运动后的补液也应遵循少量多次的原则，并适当补盐。在热环境中运动时补液的指导方案如下：

（1）小于1小时的运动，在运动前的0～15分钟补充含6%～10%糖饮料，运动中补充的液体约相当于1/2排汗量的水分（水温在5～15.5℃）。

（2）1～3小时运动，建议运动前饮水300～500毫升，运动中补充800～1600毫升含6%～8%糖和12～20毫克当量钠盐的饮料。

（3）大于3小时运动，运动前饮水300～500毫升，运动中每小时补充含6%～8%糖和20～30毫克当量钠盐的饮料500～1000毫升。

（4）恢复期中，应摄取含糖5%～10%和钠盐30～40毫克当量的饮料以获得复合水。为使糖原得到快速的恢复，在运动后的最初2小时内，每小时的摄糖量应不少于50克。

第三节　冷环境与运动

下丘脑内的体温调定点大约在37℃，每天体温的波动范围在1℃左右。皮肤或血液温度降低会反馈至温度调节中枢，激活体内的保温机制，增加热生成。为避免过度散热，机体依次应用外周血管收缩、非寒战产热作用及寒战等方式。通常，机体的产热与保温机制是不够的，还需要行为调节，如蜷缩身体（减少散热面积）及穿上更多的衣服来隔绝机体与外界环境之间的联系。但要注意，在冷环境中运动时，不应穿更多衣物。穿戴过多可引起机体发热出汗，当汗液浸湿衣物时，蒸发作用会迅速带走热量，导致热量以极快速度流失。

一、影响冷环境机体散热的因素

与热应激的情况一致，当机体暴露在寒冷环境导致散热过多时，体温调节机能的作用是有限的。传导、对流、辐射及蒸发等在热环境中运动时的有效散热方式，在极冷环境能更快地散失机体产生的热量。

（一）体型和体成分

将机体与外界环境隔离是防止体温过低的最有效方式，表面肌肉质量和皮下脂肪是最好的隔热器。脂肪的热传导能力相对较低，因此脂肪会阻碍热量从深层组织向皮肤传导。在冷环境中，脂肪含量高的个体有更强的保温能力。

体表面积与体重的比值同样会影响散热率。身材高、体重大的个体，其体表面积与体重比值相对较小，因而此类人群对体温过低并不敏感；而儿童体表面积与体重比值要大于成人，导致儿童的散热量大。所以，在寒冷环境中儿童保持正常体温比较困难。与男性相比，女性的脂肪量更高，但是两性之间的耐寒能力差别很小。

（二）风寒指数

与热环境相同，单纯空气温度的高低并不能完全提供给个体真实的冷应激程度。风会增加对流散热，进而提高散热率。风寒指数是基于风速产生的寒冷效果指数，是风速与气温综合形成的温度，是降低环境温度的能力指数。风寒指数增高会加大机体组织冻伤的危险。

（三）冷水中的热散失

有关机体在冷水中的相关研究要多于在冷环境中的研究。辐射和汗液蒸发是机体在冷环境中的主要散热途径，而对流是机体浸入水中的最重要散热方式。水的热传导能力是空气的26倍，这意味着冷水的对流散热能力要比冷空气快26倍。将所有的热传导机制（辐射、传导、对流和蒸发）综合后，机体在水中的散热速率要比在同样温度的空气中快4倍。

机体在32℃的水中静止不动时，体温通常能保持恒定，但是如果水温进一步下降，会出现体温过低的现象。机体浸没在冷水中可导致散热过多，延长浸泡时间能使体温过度降低，甚至死亡。机体浸入15℃的水中，直肠温度每小时降低2.1℃。如果水温低至4℃，直肠温度将以每小时3.2℃的速度下降。如果冷水在身边流动，对流会使机体更快地散热。

如果机体在安静状态时代谢率降低，即使是中等凉度的水也会导致体温过低。但是在水中运动能提高代谢率，部分抵消散失的热量。例如，个体快速游泳会增加散热（因为对流），但是游泳者的代谢产热量要高于散热量。因此，竞赛或训练的水温在23.9～27.8℃范围内比较适宜。

二、冷环境中运动的生理反应

前面已经论述，机体如何适应冷环境以保持体温。现在需要考虑的是在冷环境中运动会给机体温度调节机能增加哪些负担，机体会有怎样的反应。

（一）肌肉的功能

低温会导致肌力下降。肌肉温度降低可改变神经系统募集肌纤维的正常模式，温度降低时，肌肉收缩的速度和功率明显下降。

在冷环境中，如果穿着的衣物和运动产热能有效保持运动员体温，就不会损害有氧运动能力。然而，随着疲劳出现及肌肉运动变慢，机体产热量逐渐减小。长距离跑步、游泳和滑冰就可能导致运动员出现此类状况。在运动初始阶段，运动员的运动频率能产生足够热量来保持体温；但是运动后期，机体能量储备减少及运动强度的下降导致代谢产热量降低。随之出现的体温过低会使运动员更加疲劳，产热量更少。此时，运动员面临着潜在危机。

冷环境对肌肉功能的另一影响，就是手指等四肢的小块肌肉温度低时，可严重影响肌肉功能，手丧失灵活性，限制了写字及手工操作能力。

（二）代谢作用

长时间运动能使儿茶酚胺（肾上腺素和去甲肾上腺素）分泌增加，从而促进自由脂肪酸的氧化利用。但是自由脂肪酸的升高幅度却远低于在温暖环境中运动时的状况，因为冷暴露不仅使皮肤血管收缩，也会使皮下脂肪组织的血管收缩。皮下脂肪是脂类物质的主要储存部位，因此血管收缩降低了动员自由脂肪酸的血流量。

三、冷环境中运动的机体适应

反复冷暴露对身体机能的改变并不像热适应那样显著或是能达到预期效果。最近的研究归纳了长期或反复冷暴露的三种温度调节适应模式：第一种模式是习惯化，反复冷暴露使机体的生理反应越来越不显著。第二种模式是机体代谢反应明显，包括寒战和非寒战产热增多。第三种模式是过分的隔热反应，表现为皮肤血管收缩程度提高。

四、在冷环境中运动的健康风险

（一）心脏和呼吸系统

在冷环境中过度暴露会对机体造成潜在的损伤，包括外周组织及心脏和呼吸系统。体温过低导致死亡的原因是心脏骤停，温度低主要影响心脏起搏器——窦房结，导致心率逐渐降低，最终骤停。

人们曾有疑问，在冷空气中进行快速深呼吸是否会冻伤呼吸道。事实上，即使吸入的空气温度不足－25℃，冷空气经过口腔和气管时也会快速升温。个体在安静状态，用鼻吸入－25℃的空气时，气体在鼻腔内流动5厘米的距离就会升温至15℃，这样就不会损伤咽喉、呼吸道或肺。运动过程中经常用口呼吸，当气温低于-12℃时，冷空气会刺激口腔、咽、呼吸道，甚至支气管。过度冷暴露同样会通过降低呼吸频率及呼吸气量来影响呼吸系统功能。

（二）体温过低的治疗

低体温程度轻时，患者安置在温暖环境，换上干衣物与盖上暖被即可。中等以上程度的低体温患者需要简要处理，防止出现心律失常。严重体温过低的患者需要医疗设备和药物治疗。

（三）冻伤

在极冷环境中，皮肤血流量减少致氧气和营养物质缺乏，出现组织坏死，即为冻伤。如果治疗不及时，冻伤可严重到坏疽和切除坏死组织的程度。

思考题

1. 人体在高原环境下有哪些应激反应?
2. 高原环境对运动能力是如何影响的?
3. 长期高原居住或者训练，会出现哪些生理适应?
4. 高原训练有哪些弊端?
5. 高原训练有哪些新的方法和手段?
6. 高原暴露会有哪些健康风险?
7. 在热环境下，人体出现哪些应激反应?
8. 冷环境中运动有哪些健康风险?

第九章
运动技能的学习

本章教学提示

1. 本章学习重点是运动技能的学习进程中泛化、分化、巩固与动作自动化各有什么特点，教练员应该如何进行教学。
2. 本章学习难点是运动技能的生理本质，影响运动技能形成与发展的因素。

第一节　运动技能的概念和分类

一、运动技能的基本概念

运动技能是指人体在运动中有效完成专门动作的能力。这种能力包括大脑皮质主导下的不同肌群间的协调性。换言之，运动技能即指在准确的时间和空间内大脑精确支配肌肉收缩的能力。这需要用精确的力量和速度依一定的次序和时间去完成所需要的动作。

二、运动技能的分类

运动技能可分为闭式和开式两类（表9-1）。

闭式运动技能的特点是：①完成动作时，基本上不因外界环境的改变而改变自己的动作；②在动作结构上多属周期性重复动作；③完成动作时，反馈信息只来自本体感受器。多数单人运动项目属于闭式运动技能，如田径、游泳、自行车等项目。

开式运动技能的特点是：①完成动作时，往往随外界环境的改变而改变自己的动作；

②在动作结构上表现出多样性或非周期性特征；③完成动作时，由多种分析器参与工作，并综合总的反馈信息。其中往往以视觉分析器起主导作用。对抗性项目属于开式运动技能，如球类、击剑、摔跤等项目，一般来说开式运动技能比闭式运动技能的动作复杂。

表9-1　闭式运动技能与开式运动技能的比较

分类	闭式运动技能	开式运动技能
时序特征	严格的时序性	随外界环境改变而改变
动作结构	周期性	非周期性（多样性）
反馈信息源	本体感受器	多种分析器

三、运动技能的生理本质

运动技能是在大脑皮质指挥下由骨骼肌参与的随意运动。与本能不同，是在后天生活学习中逐渐形成和发展起来的。人体具有许多与运动有关的简单非条件反射活动，如牵张反射、状态反射、防御反射等。在这些非条件反射的基础上，通过视觉、听觉、触觉和本体感觉与条件刺激物多次结合，人就形成了简单的运动条件反射。在大脑中，与条件反射相关的中枢之间建立起了暂时的神经联系。

人形成运动技能就是形成复杂的、连锁的、本体感受性的运动条件反射。

运动技能与一般运动条件反射的区别是：

（1）复杂性：有多个中枢神经参与形成运动条件反射活动（运动中枢、视觉中枢、听觉中枢、皮肤感觉中枢和内脏活动中枢）。

（2）连锁性：反射活动是一连串的、一个接一个，前一个动作的结束，便是后一动作的开始，具有严格的时序特征。

（3）本体感受性：在反射过程中，肌肉的传入冲动（本体感受性冲动）起重要作用，没有这种传入冲动，条件刺激得不到强化，这个复杂过程的条件反射就不能形成，运动技能就不能掌握。因此，形成运动技能就是建立复杂的、连锁的、本体感受性的运动条件反射。

第二节　运动技能的学习进程

运动技能的形成是由简单到复杂的过程，并有其建立、形成、巩固和发展的阶段性变化规律。只是每一阶段的长短随动作的复杂程度而不同。一般说来，可划分为相互联系的三个阶段或称三个过程。

一、泛化阶段

学生学习任何一个动作的初期，通过教师的讲解和示范以及自己的运动实践，只能获得一种感性认识，对运动技能的内在规律并不完全理解。人体受到的内外界刺激，通过感受器（特别是本体感觉）传到大脑皮质，引起大脑皮质细胞强烈兴奋，但皮质内分化抑制尚未确立，所以大脑皮质中的兴奋与抑制都呈现扩散状态，使条件反射暂时联系不稳定，出现泛化现象。这个过程在肌肉工作的表现上往往是动作僵硬、不协调，不该收缩的肌肉收缩，出现多余的动作，而且做动作很费力。这些现象是大脑皮质细胞兴奋扩散的结果。在此过程中，教师应该抓住动作的主要环节和学生掌握动作中存在的主要问题进行教学，不应过多强调动作细节，而应以正确的示范和简练的讲解帮助学生掌握大体动作规格，而且多以阳性刺激为主。

二、分化阶段

在不断的练习过程中，学生对该运动技能的内在规律有了初步的理解，一些不协调和多余的动作也逐渐消除。此时，大脑皮质运动中枢兴奋和抑制过程逐渐集中。由于抑制过程加强，特别是分化抑制得到发展，大脑皮质的活动由泛化阶段进入了分化阶段。因此，学生练习过程中的大部分错误动作得到纠正，能比较顺利、连贯地完成完整动作技术。这时学生初步建立了动力定型，但定型尚不巩固，遇到新异刺激（如有外人参观或比赛等），多余和错误动作可能重新出现。在此过程中，教师应特别注意错误动作的纠正，让学生体会动作的细节，促进分化抑制进一步发展，使动作日趋准确。

三、巩固阶段与动作自动化阶段

（一）巩固阶段

通过进一步的反复练习，学生运动条件反射系统已经巩固，建立了巩固的动力定型，大脑皮质的兴奋和抑制在时间和空间上更加集中和精确。此时，不仅动作准确、优美，而且某些环节的动作还可出现自动化，即不必有意识去控制就能完成动作。在环境条件变化时，动作技术也不易受破坏。同时，由于内脏器官的活动与动作配合协调，完成练习时也感到省力和轻松自如。

形成运动技能的三个过程是相互联系的，各过程之间并没有明显的界限。训练水平高的运动员在学习掌握新动作时，泛化过程很短，对动作的精细分化能力强，掌握运动技能快。初学者在学习新动作时，泛化过程较长，分化能力较差，掌握动作较慢。动作越复杂，泛化过程就越明显，分化的难度也就越大，形成运动技能所需要的时间就越长。

动力定型发展到了巩固过程，也并非可以一劳永逸。一方面，可在继续练习巩固的情况下精益求精，不断提高动作质量，使动力定型更加完善和巩固；另一方面，如果不再进行练习，巩固了的动力定型还会消退，动作技术越复杂，难度越大，消退得也越快。在此过程中，教师应对学生提出进一步要求，并指导学生进行技术理论学习，更有利于动力定型的巩固和动作质量的提高，促使动作达到自动化程度。

（二）动作自动化阶段

随着运动技能的巩固和发展，暂时联系达到非常巩固的程度以后，动作即可出现自动化现象。**所谓自动化，就是练习某一套技术动作时，可以在无意识的条件下完成。**其特征是，对整个动作或者是对动作的某些环节，暂时变为无意识的。例如，走路是人类自动化的动作，在走路时可以谈话、看报，而不必有意识地想应如何迈步、如何维持身体平衡等。又如熟练的篮球运动员在比赛时，运球等动作往往也达到自动化程度。

对自动化动作的生理机理的解释，是以巴甫洛夫所揭示的高级神经活动的基本规律为基础的。人类一切随意运动都必须在大脑皮质参与下方能实现。但是在大脑皮质参与下所实现的机体反应活动并不一定都是有意识的。换言之，在无意识完成自动化动作时，仍然要在大脑皮质参与下才能实现。在大脑皮质参与下所实现的有机体的反应，有的是有意识的，有的是无意识的。

巴甫洛夫在分析有意识和无意识的生理机理时认为，只有在当时条件下具有最适宜兴奋的皮质部位所完成的活动才是有意识的。通过这种部位最容易建立新的暂时联系，也最容易形成新的分化相。当运动技能达到第三过程后，动作各环节的条件反射已逐步达到巩固程度。凡是已巩固的动作可以由大脑皮质被抑制的区域或兴奋较低的区域来完成。

此外，在运动技能已经巩固的时候，第一和第二信号系统之间的联系，已经成为运动动力定型的统一机能体系。第一信号系统的兴奋可以选择性地扩散到第二信号系统，所以运动员可以精确地意识到自己所完成的动作，并可以用语言将完成动作的情况表达出来。

自动化动作也并不是永远无意识进行的，当外界刺激异常时，大脑皮质的兴奋就会提高，对自动化动作也会产生意识。例如，在悬崖上行走时，步行就成为有意识的了。此外，当运动员想要体会自己动作的某环节或肢体的某部分动作时，对这些动作则产生意识。例如，有训练的游泳运动员在加速前进游时，若注意腿的用力，这时支配腿部肌肉的运动中枢则处于适宜的兴奋状态，腿的动作就能意识到，而此时两臂的动作则成为无意识的。当快达到池边时，运动员开始注意手的动作，适宜的兴奋性就转移到支配手臂的相应皮质运动中枢，而腿的动作则变为无意识的了。

要想提高运动成绩，必须使动作达到自动化程度，但不应认为动作达到自动化后，质量就得到保证。虽然动力定型已经非常巩固，但由于进行自动化动作时，第一信号系统的活动经常不能传递到第二信号系统中去。因此，如果动作发生少许变动，也可能一时未觉察，一旦觉察，可能变形的动作已因多次重复而巩固下来。所以，动作达到自动化以后，仍应不断检查动作质量，以达到精益求精。

如上所述，在体育运动实践中，运动技能形成阶段并不是截然划分的，而是逐渐过渡的，各过程的出现和持续时间的长短，受许多因素的影响，既与教学方法、训练水平有关，又与学生学习的积极性和目的性有密切关系。

第三节　影响运动技能学习发展的因素

一、动机与大脑皮质机能状态对运动技能发展的影响

（一）动机

人们的一切行动都是受一定目的支配的。这种支配人们行为的目的，称为动机。动机是行为的发端。动机状态由内环境或外环境的刺激所引起。内环境的刺激包括生理的需要（学生持续学习时间长了以后，感到头昏脑胀，决定休息一下或到室外去活动活动）和心理的需要（如有的学生想当优秀运动员而积极参加体育锻炼，有的学生希望自己的身体更加健美而积极参加体育锻炼）。外环境的刺激，如天气热，出汗多，因而想喝水或找个阴凉的地方。又如，学校规定体育不及格，不能评为“三好”学生，而激发了学生的锻炼热情等。当然，内、外环境的刺激也是可以转化的。例如，有的学生开始并不愿参加体育活动（未激起动机状态），经过教师的启发诱导（外环境的刺激），提高了对参加体育锻炼的意义的认识（转化），从而引起了自觉参加体育锻炼的需要（内环境的刺激）。

（二）动机与运动技能形成的关系

动机与运动技能的形成和运动成绩的提高及表现的关系是很复杂的，它们之间并不呈线性关系。有人认为动机越强烈，运动技能的形成就越快或运动成绩就越好。但实际上并非如此，它们之间呈现出倒U形的曲线关系（图9-1）。条件相同的情况下，学生如果处于最佳动机水平，所取得的效果和成绩最好，如果动机水平过高或过低，都不可能获得理想的结果。

（三）大脑皮质的机能状态与运动技能形成

大脑皮质的机能状态在运动技能形成过程中起着重要的作用。大脑皮质兴奋性过高或过低都会影响正常运动技能水平的发挥，应激水平与运动技能水平之间也呈倒U形关系，类似于动机与运动技能的关系。适度的应激水平可使运动技能的发挥达到最高水平。

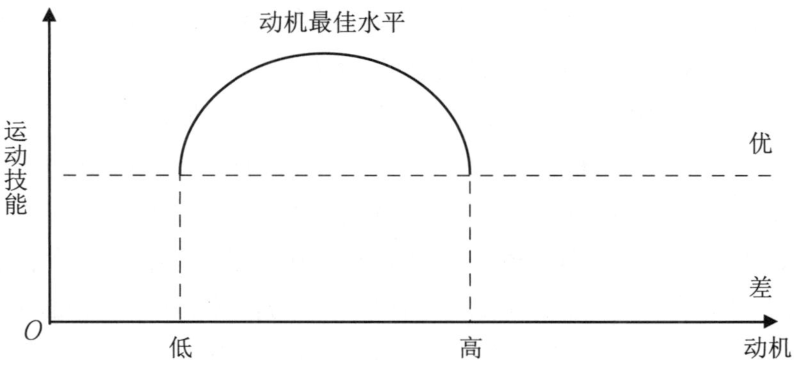

图9-1　动机与运动技能形成的关系图

疲劳可导致应激水平降低，赛前紧张可导致应激水平升高。通过调整赛前状态和准备活动可以使应激水平达到最佳状态。

二、身体素质对运动技能发展的影响

竞技运动水平的提高要求运动员有良好的身体素质和运动技术水平。身体素质的发展，在于人体机能能力的不断扩大和增强；运动技能水平的提高，在于运动技术的不断改进和创新。身体素质与运动技能是相辅相成的，身体素质是运动技能的基础，身体素质的提高为进一步改善运动技能打下良好的基础；随着运动技能水平的提高，身体素质也会得到发展。

三、感觉机能对运动技能发展的影响

（一）感觉机能在运动技能形成中的作用

运动技能的形成过程，就是在多种感觉机能的参与下，同大脑皮质动觉细胞建立暂时性神经联系的过程。特别是本体感觉，对形成运动技能具有特殊意义。人体各种感觉都可使肌肉产生正确的肌肉感觉，没有正确的肌肉感觉就不可能形成运动技能。所以在运动实践中只有勤学苦练、反复实践，才能建立精确的分化；只有区别正确动作和错误动作的肌肉感觉，才能巩固正确动作，消除错误动作。

视觉在学习某些运动项目的技能中起着主导作用，如球类运动、射击等运动项目。就是在一些人认为视觉不起主要作用的项目中，实际上视觉也在起着主导作用。例如，先让受试者睁眼做单腿站立，可以看到受试者能保持的时间较长。然后，让受试者闭眼再做同样的动作，发现受试者只能维持很短的时间。这就说明视觉影响肌肉调节平衡的能力。同样，视觉在肌肉的协调活动、准确性、韵律感等方面也起着不可忽视的作用。视觉的主导作用，不是在竞赛时才想到，而是在平时训练时就应当把它看作动力定型的一部分。例如，在单杠上做大回环旋转后，落地刹那，要想站稳，就一定要双眼看到某一固定的位置，借助视觉保持平衡。如果平时不注意这方面的练习，比赛时就很难有稳定的落地动作。

在体育教学和运动训练中，还应充分发挥听觉与本体感觉间的相互作用，建立正确动作的频率和节奏感。例如，中长跑运动员在练习中，常常随着一定的节拍调节跑步的频率，建立跑步的正确节奏；教练员经常在跳远运动员助跑起跳练习时击掌打出合适的节奏，以指导运动员的动作；体操运动员常用音乐伴奏，以增强节奏感和韵律感，加速动作的掌握。

在体育教学和训练中充分发挥位觉与本体感觉间的相互作用，也会加速运动技能的形成。随着运动技术的提高，运动员在空中完成翻腾或旋转动作时，对位觉空间三维（上下、左右、前后）的适应能力要求很高。只有本体感觉对时间和空间的感知具有精确的分化，才能在空中完成复杂的动作。例如，体操、跳水运动员为尽快掌握空中动作，往往先降低高度或用保护带进行反复练习，使运动员体会和建立空间三维感觉，增强位觉机能的敏感性。

在体育教学和训练中也要充分发挥皮肤感觉与本体感觉间的相互作用，以建立正确的动力定型。例如，初学爬泳者下肢打水的幅度不是过大，就是过小，为了尽快掌握正确的动作幅度，可用一个限制圈控制下肢打水的幅度，通过皮肤和肌肉的触觉消除下肢动作幅度过大或过小的问题，强化正确的本体感觉。又如运动员推铅球时，在铅球出手的瞬间容易出现左肩后撤的错误动作。这时教师可在学生推球出手的瞬间，用手顶住学生的左肩，以帮助学生体会正确的肌肉感觉，形成正确动作。

在教学过程中，如果学生不能独立完成，教师可以用助力帮助学生完成动作，使学生获得完成动作时的肌肉感觉。有时采用减小难度的方法，如高杠上的体操动作完不成，可先在低杠上做，学生能在低杠上完成动作，获得正确的肌肉感觉后，再到高杠上就容易掌握了。因此，在练习中设法使学生获得正确的肌肉感觉，对建立运动条件反射起着有力的强化作用。

在形成运动技能的进程中，除视觉、听觉、位觉、皮肤感觉起重要作用外，内脏感觉机能也与动作技能的形成有着密切的联系。在完成任何动作时各感觉机能都同时起作用，只不过运动项目的特点不同，对某一种感觉机能的要求更高一些。所以在运动实践中，要尽量多实践，充分发挥各感觉机能作用，以便有效地加速运动技能的形成。

（二）反馈的概念与分类

控制论创始人维纳认为：反馈是输出信息的一部分，又返回到输入信息中去，通过伺服机构调整，使再次输出的信息更为精确。通俗地讲，反馈就是效应器在反应过程中产生信息又传回控制部位，并影响控制部位的功能（图9-2）。

图9-2　反馈信息

在运动技能形成的反馈通道中，小脑起着耦合器的作用，肌肉收缩时本体感受器将肌肉收缩的情况及时传向小脑。与此同时，大脑皮质的指令信息也到达小脑，在小脑耦合，两种信息通过比较，了解实际完成的动作偏离目标的程度，然后由小脑红核发出信息，经丘脑外侧核返回到大脑皮质发出指令的代表点，从而及时发出纠正动作的指令信息（图9–3）。因此，在体育教学训练中，首先必须使学生建立正确的动作概念，这样才有可能准确地自我纠正错误动作。

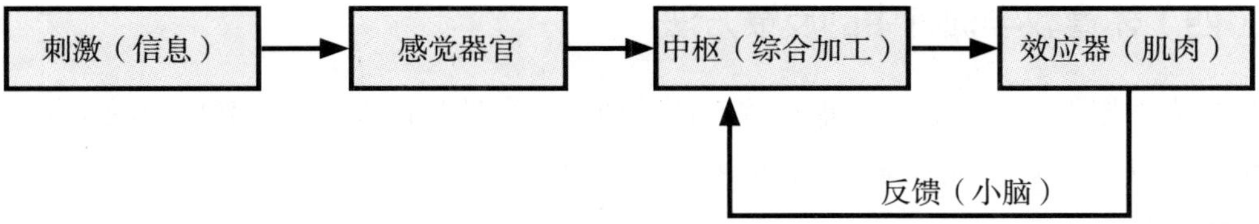

图9–3　运动技能形成的信息反馈通道

（三）反馈在运动技能发展中的作用

1. 提供信息

反馈的主要作用是提供信息而不是强化。例如，教师提供的信息反馈可以帮助学生最大限度地减少动作错误、更快地纠正错误，以形成正确、完整的动作技能。

2. 强化学习

反馈在学习运动技能时还有强化作用。这种强化作用可以是阳性的，也可以是阴性的。阳性强化是通过一些鼓励性的语言或措施，最后达到增强或提高效果的作用。反之，阴性强化是通过一些批评性的语言或措施，达到减弱或压抑的作用。

教师可以采用语言或其他方式对学生的动作进行强化，如当学生正确地完成了网球的击球动作时，教师喊出“太棒了！”“好球”或冲学生微笑、竖大拇指等；如果击球动作错误应指出错误所在。进行反馈时，“间歇强化”要比每次动作练习后都提供反馈的效果好。动作练习后延迟几秒钟的强化反馈要比练习后即刻进行反馈效果好。

3. 激发动机

反馈还可以起激发动机的作用，在运动实践中通过反馈可以激发运动员的情绪或增强运动员的必胜信心。例如，学生因学习上的进步或运动员因取得理想成绩受到教师或教练员的鼓励时，这些反馈信息能够很好地强化他们学习或取得更好成绩的动机。如果没有这种反馈，学生的学习动机、练习效果就会下降，甚至不再努力。

4. 过量使用会产生依赖

反馈的不当使用也会产生不利影响，如教练员过多指导有时会使运动员产生依赖，其后在没有反馈的练习时或在没有教练指导的比赛中就无法表现出应有的水平。如在研究举重运动员完善挺举动作时发现，在镜子前练习了100次的举重运动员在没有镜子的情况下完成挺举动作时，膝关节角度的错误率高达50%。说明过度依赖于视觉反馈反而会影响到对肌肉本体感觉的体会和记忆。

因此，在一些项目的练习上，有时也会适当限制部分视觉反馈的使用。美国参加奥运会的一些帆船竞速运动员在训练中曾采用蒙住双眼的方法，以减少对视觉的依赖，专注于体会船体冲破水面的声音、对桅杆的操纵以及船舵力量的感觉等。高水平的舞蹈教师也总是严格限制练习者练习时反复看镜子。

（四）体育教学训练中的反馈方法

教师应根据不同情况，科学地运用反馈原理来提高教学训练水平。教师应教会学生在比赛前想象完成比赛动作的过程、注意事项及胜利后的喜悦，从而产生反馈信息，强化和激发成功完成比赛的动机。

在学习动作的分化阶段，由于神经过程处于泛化阶段，内抑制尚未完全建立，因而控制动作的能力差，动作不协调、不精确，有多余动作。在这一阶段的教学中，教师应充分利用视觉的反馈作用，加强示范与模拟练习，不断强化视觉与本体感觉之间的联系，但应注意不要过多地抓动作细节。

在学习动作的巩固阶段，肌肉运动的表象更清楚，动觉动作的控制及语言反馈信息作用加强，视觉和意识对动作的控制相对逐渐减弱。因此，在此阶段的教学训练中，应多运用语言反馈信息，以及非固有的、积累的反馈信息，强化动作与思维的联系。

在纠正动作时，对初学者应当经常给予阳性的反馈信息（肯定其对的或正确的一面）。这实际上是在扶持正确动作的同时，通过负诱导的机制来纠正错误动作。

对于高水平运动员，因为他们对动作的理解深刻，原来的动作定型巩固，故可以直接指出其错误动作，特别是精细动作更是如此。反馈对初学者的作用是直接指导他们完成正确动作。反馈对优秀运动员的作用是直接帮助他们改进错误动作。

在每次教学训练课结束之后，要求学生去做回忆，写训练日记，通过反馈和强化，可以加深对教学训练主要内容的理解，有助于提高教学训练效果。利用录像反馈方法，让学生及时分析、对比自己的动作，效果会更好。

四、运动技能的迁移

运动技能的迁移是指已获得的经验对于后来学习效果的影响。以前获得的经验，对以后的学习起促进作用的称为正迁移，也称为良性迁移。例如，有短跑动作学习经验的运动员所获得的速度能力，可以“正迁移”成为跳远助跑的加速能力。以前获得的经验对以后的学习起妨碍作用的称为负迁移，也称为劣性迁移。在学习过程中，负迁移虽然出现时间较为短暂，但也时有发生。例如，篮球运动员在学习推铅球时，常难以适应身体大环节带动小环节发力的沿直线推出铅球的出手动作，而以前获得的经验对以后技能的学习没有任何影响的称为零迁移。例如，学习游泳对学习跳高不会发生迁移。

如果两种输入刺激的信息相同，反应也相同，就会出现最大的正迁移。如果两种输入刺激的信息相同，而反应不同或对抗，就会出现最大负迁移。如果两种输入刺激的信息不同，反应也不同或对调，迁移效果即为零。例如，网球和羽毛球，从形式看两者相似，都运用球拍打球，输入信息相同，但具体的击球动作要求不同，即输出反应不同。羽毛球要用手腕屈伸动作发力击球，而网球则手腕相对固定，用挥臂完成击球动作。习惯羽毛球动作后，初学网球容易产生负迁移，翻腕动作使击球无法控制。但从另外一个角度看，两种运动项目在反应与判断来球的落点、空间距离、脚步移动等方面却有共同之处，又可以形成正迁移而相互促进。

思考题

1. 运动技能形成有哪些阶段？各有什么特点？教师应该如何进行教学？
2. 哪些因素会影响运动技能的形成与发展？

第三篇

运动健身生理学

第十章 运动健身与运动处方

本章教学提示

1. 本章学习重点是运动处方的基本要素以及运动处方的制订与实施。
2. 本章学习难点是运动处方的制订与实施过程。

第一节　运动处方的基本要素

运动处方是指针对个人的身体状况而制定的一种科学的、定量化的、周期性的锻炼方案。具体地讲是根据锻炼者身体检查的资料，按其健康状况、体力情况及运动的目的，用处方的形式，制订适当的运动种类、运动强度、运动时间及运动频度，进行有计划的周期性锻炼的指导性方案。

运动处方根据锻炼者运动的目的、性质不同，分为健身运动处方、康复运动处方、减肥运动处方、竞技运动处方、健美运动处方等不同的种类。

尽管运动处方有不同的种类，但都必须具备构成运动处方的基本要素，即一个完整、科学的运动处方必须有明确的运动目的，根据运动目的和身体机能状态选择适当的运动类型（种类）、运动强度、运动时间以及在一天中何时运动，即运动的时间带、运动的频度和注意事项等。

一、运动目的

根据个体不同的身体状况和个人意愿而确定的运动目标即运动目的。运动目的是建立在需要的基础上的。根据需要的不同类型，运动处方中的运动目的主要有以下方面：

（1）促进生长发育。

（2）增强体质，防止疾病，促进健康。

（3）保持健康，延缓衰老。

（4）运动康复，治疗疾病。

（5）缓解压力，提高工作效率。

（6）丰富文化生活，调节心理状态，提高生活质量。

（7）增强专项体能，提高竞技水平。

（8）锻炼身体不同部位肌肉，塑造形体美。

二、运动类型

运动类型（运动种类）是运动中采用哪种形式的运动或选择哪种运动项目。运动类型是确定运动处方性质的重要因素，必须根据运动目的来选择运动的种类。运动的类型可按项目分类，如田径、体操、球类等；可按身体运动机能能力分类，如力量性、速度性、耐力性、柔韧性等；可按动作特点分类，如有氧代谢为主、无氧代谢为主、乳酸能代谢为主等。所以，分类方法不同，运动类型的确定就不同。

为了达到全面身体锻炼的效果，运动处方应包括以下三种主要运动类型：①有氧耐力性运动；②抗阻力性运动；③伸展柔韧性运动。

根据运动目的和身体具体情况，选择三种类型的比例应有不同侧重。有氧耐力性运动主要是改善和提高人体的有氧工作能力。这类运动有步行（散步、快走、定量步行及竞走）、慢跑（或健身跑）、走跑交替、自行车、跑步机上跑步、有氧舞蹈、健美操和不剧烈的球类运动等。抗阻力性运动是以增强力量、健美形体为主的运动，如利用哑铃、杠铃、弹簧和橡皮筋等负重法或阻抗法进行的力量练习。伸展柔韧性运动是以调整呼吸节律为主的运动，如慢节奏健美操和医疗体操、各种养生气功等。

运动类型选择的原则主要有：

（1）以有氧供能为主的有氧耐力性运动，兼顾个人运动习惯和爱好。

（2）参与运动的主要大肌群的动力性运动与静力性运动结合，全身运动与局部运动结合，以全身动力性运动为主，局部静力性运动为辅。

（3）对于不常运动的人，动作结构上选择以周期性运动为主，动作简单，强度易于控制。

三、运动强度

人体运动中，运动强度（负荷强度）是指单位时间移动的距离或速度，或肌肉单位时间所做的功。运动强度是运动处方中决定运动量最主要的因素。运动强度分为绝对强度和相对强度两类。过去的运动处方多使用绝对强度，现在相对强度的使用越来越广泛。

用主观体力感觉等级（RPE）可以对人体的机能状态和所承受的运动负荷强度进行主观描述，近年来得到广泛应用。对于健身者来说，运动时的主观体力感觉等级为12～15，说明负荷强度是合理的，而中老年人则达到11～13级为宜。

确定合理负荷强度的最好方法是将靶心率和主观体力感觉等级两种方法结合起来，即先按适宜的靶心率范围进行运动，然后在运动中结合主观体力感觉等级来掌握负荷强度。这样，在运动中不用停下来测心率便可知道自己的负荷强度是否合理。

健身运动处方中负荷强度的设定，以控制在人体有氧代谢工作的范围内为原则，即按肌肉工作相对强度分类中的高强度、中等强度以下的负荷强度；或者按运动供能特点分类中有氧代谢供能为主的运动，青壮年可以进行个体乳酸阈强度以下的有氧运动，中老年则只适宜中等以下强度的有氧运动；若以心率为指标则达到有氧工作心率范围，一般人相当于本人最大心率的60%～85%，中老年人在本人最大心率的60%～75%较为适宜，即每分钟120～160次左右。

四、运动时间

运动时间指每次运动持续的时间，是运动量的重要组成因素。在持续的周期性运动中，运动时间乘以负荷强度就是运动量。因此，运动时间依负荷强度而发生变化。在制订运动处方时，有时采取较低的负荷强度和较长的运动时间，有时则采用短时间高强度的重复运动。负荷强度确定后，持续该强度的运动时间就成了影响锻炼效果的重要因素。运动时间过短，对机体不能产生作用，达不到应有的效果；运动时间过长，又可能超过机体的负担能力，造成疲劳积累而损害身体。因此，应根据运动目的及负荷强度来设定能引起机体产生最佳效果的运动时间，即必要的运动时间。

锻炼心血管功能的健身运动处方，必要的运动时间应在15分钟以上才有作用。原因有三：其一，在进行运动时，人体各器官系统的工作效率是在运动开始后一段时间内逐步提高的，人体开始运动20～60秒后心率即可达到必要的水平，而心输出量、吸氧量和氧脉搏在开始运动后2～3分钟才急剧增加，其后逐渐增加到较高水平需4～7分钟。其二，人体通过一段时间的运动，从相对安静状态到进入适宜强度的运动状态，并非达到了运动目的，只是完成了克服生理惰性，激发和动员心脏储备力的工作。研究表明，健康人心率达到150次/分以上时，所持续运动的最少时间必须在5分钟以上才开始产生效果。其三，在完成正式的运动以后，应逐渐降低负荷强度继续运动5分钟以上，使人体由较紧张的肌肉活动状态逐步过渡到相对放松的状态，以利于身体的恢复，即进行整理活动。据研究，每次运动持续20～60分钟对于提高心血管系统机能和有氧工作能力较适宜。

五、运动的时间带

运动的时间带是指一天中进行运动的时机（在何时进行运动）。应根据人的生物节律周期及日节律来合理安排运动的时间带。例如，高血压患者运动的时间带，白天比清晨要好，其理由是人体血液流变学各项指标从20点至凌晨6点呈不同程度的上升趋势。其中血黏度、红细胞压积和红细胞聚集指标呈线性上升，尤其零点至6点升高明显。这与临床资料显示的脑出血发生在凌晨数小时内明显增多极为相关。特别是冬天，由于低气温，血压也容易升高，所以对中老年人及康复患者，选择运动的时间带非常重要。

根据人体血液流变学的生理节奏变化和运动对其影响，心血管病患者或中老年人运动的时间带应避免在清晨8点以前。当然清晨在空气清新的环境中做一些轻松的活动，如散步、练气功、打太极拳、做柔韧体操等，对于增进健康也是非常有益的。

空腹时进行运动会产生不良影响，特别是胰岛素依赖型糖尿病患者，有可能导致低血糖的危险，所以对于清晨空腹时运动（清晨跑步等）必须加以注意。由于影响消化和吸收，所以饭后不宜立即进行运动。

六、运动频度

运动频度通常指每周运动的次数。健身运动的效果，是在每次运动对人体产生的良性作用的逐渐积累中显现出来的，是一个从量变到质变的过程，所以要求坚持运动或根据不同的运动目的进行一定周期的运动。既不能凭一时的兴趣，三天打鱼，两天晒网，也不能急于求成，运动频度过高。如果一次运动后，运动对机体产生的良性作用完全消退后再进行第二次运动，则前一次运动的效果不能被蓄积；如果一次运动后，运动对机体产生的良性作用还未出现（也就是前一次运动的疲劳尚未消除）就紧接着进行第二次运动，则会造成疲劳被蓄积。以上两种运动间隔形式都不能取得满意的效果。后一种形式如长期下去还会使机体过度疲劳。可见，运动频度在制订运动处方中是非常重要的。正确地设定运动频度，要根据运动目的和个体身体情况的不同而区别对待。

如果以健身或康复为目的，一般人的运动频度应以每周三次以上为适宜，同时应结合每次运动的强度、持续的时间、个人的身体恢复情况以及对运动的适应能力等因素综合考虑。如果每次锻炼的运动量不大（但要达到有锻炼效果的最低限度），也可增加运动频度，只要没有疲劳的积累，对身心健康是有益的。每天运动一次甚至两次，使体育锻炼成为一种生活方式，作为每天生活中的习惯性活动。

七、注意事项

以治疗、康复为目的的运动处方中，应指出禁忌参加的运动项目、健身运动中自我观察指征和停止运动的指征，重视做好准备活动和整理活动等。同时要让参加健身运动的人掌握和了解一些必要的体育卫生知识，如运动后不要立即坐下或躺下，以免引起“重力性休克”或其他不适感觉，不能立即吃生冷食物，不能马上游泳或马上进行冷水浴等。

第二节 运动处方的制订

制订运动处方时，首先，应按照一定的程序进行较系统的身体检查，对健康状况进行评估，在此基础上选择运动测试方法对身体机能进行评定。对于健身和康复运动处方尤其要对心血管机能进行评定，以发现潜在的心血管疾病，确定是否可进行体育运动。其次，进行体力测试，以评定身体素质和体力等级，确定其进行运动的负荷范围。通过以上程序，获得制订运动处方所必需的较全面的资料和信息，为运动处方的科学性提供依据。最后，在此基础上制订运动处方，并在实施过程中定期进行反馈和调整。

一、身体检查与机能评价

（一）预检和健康评价

通过询问、观察和本人填写调查表等方法，全面了解受试者的病史、运动爱好、饮食情况、生活方式、运动目的和居住环境等情况，并进行一般体检、人体测量及身体成分测定，其目的是对受试者的健康状况作出初步评价，即健康评价。健康评价不能仅限于躯体的健康，还应包括精神、心理状态、道德行为及社会适应能力等多方面，需要进行多指标的综合评判。所以，此处的健康调查与评价限于条件，只能是初步的定性评价。

（二）心血管运动测试

根据健康调查的初步评价进行运动测试，目的在于评定受试者的心血管机能，发现潜在的心血管疾病，条件允许时可测定最大摄氧量和最大心率等指标，为制定运动处方提供定量依据。心血管运动测试可根据受试者的体力情况、年龄和运动经历等选择适当的测试方法。目前较普遍的方法是“多级负荷实验”。对于运动能力较高的运动员及青年运动爱好者等，可采用多级负荷实验中的极量实验。对于一般无运动经历的健康者，可采用亚极量实验和症状限制实验。此外，对于身体某些指标异常（如总胆固醇异常、血脂值偏高等）但血压和其他方面尚属正常且无合并症，不属于完全健康又无明显疾病者，即所谓亚健康受试者，运动实验也可采用亚极量实验和症状限制实验，但要求有较完善的监护设施。

对于已确诊有心血管疾病者，通过彻底的医学检查，排除运动实验的禁忌症，方可进行运动实验。采用低负荷实验或症状限制实验，要求有密切的监护及必要的应急设施。为了保证安全，对心血管病患者不宜进行最大摄氧量和最大心率的测定，可根据定量负荷时的心率或吸氧量间接推算最大摄氧量，可用220减去年龄之差推算最大心率。

（三）体质测试

1.体力测试

体力是指身体运动的基本功能，或者说为进行运动或劳动身体所具备的基本素质，它是通过人体在运动或劳动中表现出的力量、速度、耐力和灵敏等机能能力来体现的。可以通过测定握力、背力、立位体前屈、闭眼单足立、反复横跨、俯卧撑、5分钟跑、12分钟跑和纵跳等指标来反映。

2.库珀有氧耐力测定法

库珀（Cooper）提出的 “12分钟跑测验”既是一种有氧耐力的锻炼方法，也是一种测定有氧运动能力的方法，得到普遍采用。（表10–1）

在进行上述测试时，健康情况欠佳的人，以及很久没有从事体育活动的人一定要谨慎，强度不能过大。因为没有运动经历的人，测验时往往不能对自己的体力进行正确评估，也不会有效地控制强度，会造成一定的危害。对于没有运动经历的人，至少要用6周时间进行系统的训练，先练走步，后练跑步，身体经过一段时间准备和适应，才能经受各种耐力水平测验的考验。

表10–1　男子12分钟跑测验评定标准　　单位：千米

耐力水平	30岁以下	30～39岁	40～49岁	50岁以上
很差	少于1.6	少于1.5	少于1.3	少于1.2
差	1.6～1.9	1.5～1.84	1.3～1.6	1.2～1.5
及格	2.0～2.4	1.85～2.24	1.7～2.1	1.6～1.9
好	2.5～2.7	2.25～2.64	2.2～2.4	2.0～2.4
很好	2.8以上	2.65以上	2.5以上	2.5以上

二、制订运动处方

通过以上几个步骤的工作，可以对受试者的健康状况、体力水平和运动能力等有较全面的了解，根据这些检查结果便可制订运动处方。制订运动处方时要按照处方的内容逐项决定运动目的、运动类型、负荷强度、运动时间及时间带、运动频度和注意事项等。其中负荷强度应设定安全界限和有效界限，运动时间应设定必要的运动时间（表10–2、表10–3）。

表10-2　运动处方调查表

姓名：　　　　　　性别：　　　　　　年龄：　　　　　　职业：
联系地址：　　　　　　　　　　　　　　　　处方号：
临床检查 现有病诊断：　　　　　　　　　　就诊日期：　　年　月　日 1. 心电图检查：________；静息时心率：________次/分；血压：________ 2. X射线检查：肺脏________；CT或B超：________ 3. 化验检查：尿常规________；胆固醇：________；脂蛋白：________；甘油三脂：________毫克/升 4. 运动实验：________；最大负荷时心率：________次/分 5. 12分钟跑测验：跑距________米，跑速100米/________秒；2400米跑体质测试________分钟，体力等级：________ 6. 体质强壮指数：强壮、优良、中等、体弱；体型：一般、消瘦、肥胖；体重指数：________ 7. 运动爱好：________________________

表10-3　运动处方卡

姓名：　　　性别：　　　年龄：　　　预计每日得分：　　　每周得分：
最大有氧能力：
1. 运动目的：________________________ 2. 运动类型及时间分配：________________________ 3. 负荷强度：心率控制在________次/分；相当于最大摄氧量的___%；靶心率：________次/分；主观体力感觉等级________分 4. 锻炼次数及每次持续时间：每周（天）________，每次________分钟；力量锻炼方法：________次/周 5. 准备活动项目：________（5~10分钟）；心率________ 6. 整理活动项目：________（5~10分钟）；心率恢复时间________分 7. 注意事项：________________________

第三节　运动处方的实施

按照运动处方规定的运动内容，如强度、时间和频度等进行体育锻炼即运动处方的实施。这种体育锻炼不同于学生的体育课，它更强调以个人的身体机能状况为依据，实行有针对性的、周期性的身体锻炼。这种健身运动处方也不同于运动员的竞技运动处方，它以促进身体健康为目标，更注重身心健康，而不强调运动竞技水平的提高。执行运动处方时要有医生的指导。

一、实施过程的阶段性

任何一次有目的的体育锻炼都应该由三个阶段组成，即准备阶段、训练阶段和整理阶段。

（一）准备阶段

通过做准备活动使身体机能由相对安静状态过渡到适宜强度的运动状态。该阶段的任务是：通过准备活动提高神经中枢和肌肉的兴奋性；动员和加强心脏活动与呼吸机能，增加肌肉的血流量和供氧量；使体温适当升高，提高酶系统的活性，加快生化反应过程，使肌肉黏滞性下降，弹性增强，防止受伤；加强体内物质代谢过程，为机体进行正式锻炼做好准备。

准备阶段的时间一般在10分钟以上，根据年龄、季节和运动水平等情况可适当增减。儿童青少年神经系统灵活性高，准备活动时间可少些；寒冷季节准备活动时间可多些。运动水平低且体弱者，准备活动的运动强度不能过高，运动量不能过大，时间不可过长。

准备活动的量与强度应低于正式活动，通常可先做一些伸展性的柔软体操，依次活动身体各部位关节，再做一些轻松的节律性运动，逐渐增大运动幅度和速度，使心血管、呼吸系统被逐渐动员。适宜准备活动的标志是身体发热，微微出汗，呼吸频率明显增加。

准备活动后应有一个短时间的休息间歇，然后开始正式运动。间歇的时间不宜长，约3分钟为宜。

（二）训练阶段

训练阶段是指通过实施运动处方中确定的运动项目，使身体维持在相对较高机能状态下持续运动锻炼的过程。健身运动处方中，该阶段的主要任务是达到和保持适宜的负荷强度，使机体在真稳定状态下持续运动，取得促使心血管、呼吸系统和有氧代谢系统等持续高效率工作的效果，从而提高机能适应性。

适宜的负荷强度，即运动处方中设定的负荷强度，要在实际运用中需通过一定时间的自我反复调试和校正，才能达到较准确的程度。持续运动所需要的时间，即运动处方中设定的时间，一般应在10分钟以上。若是采用间歇训练法，整个持续运动的时间可长些。

（三）整理阶段

整理阶段是指通过身体的整理活动，使身体机能由激烈的运动状态逐渐恢复到相对安静状态的过程。整理活动是在正式运动后，逐渐降低负荷强度，做一些较轻松的身体运动。其目的是使经过激烈运动的肌肉逐渐松弛，经过紧张机能活动的心血管和呼吸系统逐渐缓解，加快消除疲劳，促进体力恢复。

整理活动的内容和准备活动的内容相似，但安排的顺序要颠倒，动作应较缓和，尽量使肌肉放松。最后还可以做一些拉长肌肉的运动，有利于疲劳的消除。整理活动的时间一般应在5分钟以上。

二、实施过程中的自我监控

在运动处方的实施过程中，除了按照运动处方中设定的运动类型、负荷强度、时间、间歇和重复次数等进行运动锻炼外，还应根据运动过程中和运动后身体的反应情况掌握运动量的自我监测和调节。

（一）心率自我监测

首先要学会计算自己的目标心率（靶心率），并能熟练地测定自己的脉搏。常在手腕桡动脉处或耳前方颞浅动脉处用手指触扪动脉搏动次数，也可把手放在左胸部，直接数心跳次数。但不可在颈总动脉处测定，因为触摸颈动脉的压力有时会引起心率明显减慢，并有可能出现心脏活动异常。通常将运动停止后即刻测得的10秒钟脉搏数乘以6近似地作为运动时的每分钟心率。

（二）主观强度感觉

主观强度感觉判定法是已被广泛应用的一种简易而有效的评价运动量的方法，通常以主观体力感觉等级表示，也是介于心理和生理之间的一种指标。可以说主观体力感觉等级的表现形式是心理的，但反映的却是生理机能的变化。

心率结合主观体力感觉等级值测试是最常用而简易的方法。将客观生理机能的变化与主观心理对运动的体验结合起来，可以避免单纯追求某一靶心率的盲目性。例如，某人的靶心率为150次/分时，主观体力感觉等级值为13，而当患有轻度感染或工作劳累后，再以150次/分心率强度运动时会感到非常困难和费力，主观体力感觉等级值会增加，与以前的主观感觉相比较，这可能是一种前期病理症状，在这样的情况下勉强保持靶心率运动将是十分危险的。而通过主观体力感觉等级值的运用就正好避免了这种潜在危险的发生。由于体能承受运动负荷的能力具有可变性，所以在运动中通过主观感觉和客观生理指标相结合进行监控较适宜。

（三）自我感觉与基础指标检查

观察每次运动后疲劳的消除情况，运动量适宜的标志是：睡眠良好，次日晨起疲劳感完全消除，感觉轻松愉快，体力充沛，有运动兴趣和欲望。

运动后次日基础状态测定基础心率，每分钟波动3～4次；呼吸频率波动每分钟2～3次；血压变化范围上下在10毫米汞柱；体重减少在0.5千克以内，说明运动量适宜。如果数日内有脉搏、血压明显的持续上升，或者肺活量、体重等明显的持续下降，则说明运动量偏大，有疲劳积累的征兆，应及时减少运动量。

思考题

1.简述运动处方的基本要素。
2.试述制订运动处方的基本程序。
3.简述运动处方实施的阶段性特点。

第十一章
运动与身体成分控制

本章教学提示

1. 本章学习重点是身体成分的测试方法及运动减肥机制。
2. 本章学习难点是肥胖的病因学，身体成分的测试方法等。

第一节　肥胖概述

2002年《中国居民营养与健康状况调查》显示，超重和肥胖患病率呈明显上升趋势。我国成人超重率为22.8%，肥胖率为7.1%，估计人数分别为2亿和6 000多万；大城市成人超重率与肥胖患病率分别高达30.0%和12.3%，儿童肥胖率已达8.1%。肥胖的原因很多，直接原因是摄取热量过多，长期超过机体所需要的热量，多余的热量以脂肪的形式储存在体内，主要储存于下腹部与臀部，造成体脂百分比超标。

一、超重与肥胖

超重是指超过正常或标准的体重，正常或标准体重是根据个人的身高和体型而定的。肥胖指的是身体脂肪含量过多的一种状态，身体脂肪含量在总体重中的百分比，即体脂百分比超过标准的上限，一般认为男性体脂百分比超过25%，女性超过35%为肥胖。超重和肥胖两个概念并不完全一致，超重不一定代表身体脂肪含量超标，也有可能是体重增加所致。对身体健康有影响、能导致慢性疾病的是身体脂肪含量增多，而并不是体重的增加。

二、肥胖的病因学

人类肥胖的病因迄今尚未阐明，有若干因素需要考虑：如遗传因素，神经系统因素，饮食、生活习惯及社会环境因素代谢紊乱，特别是能量供需失衡，以及内分泌调节功能失常等，现择要介绍几点。

（一）遗传因素

肥胖常与遗传有关。据统计，双亲体重正常，其子女肥胖发生率为10%；双亲中一人肥胖，子女肥胖发生率为50%；双亲均肥胖，子女肥胖发生率高达70% 。同卵孪生儿在同一环境成长，其体重近似；即使在不同环境中成长，其体重差别也小于异卵孪生子之间的差别。肥胖患者不但肥胖具有遗传性，而且脂肪分布的部位及骨骼形态也有遗传性。肥胖的遗传倾向还表现在脂肪细胞数目和（或）细胞体积增大等方面。

据最新研究表明，肥胖是一种多基因遗传病，与肥胖相关的基因或染色体区域已达200多个，遗传对肥胖的“贡献率”占到40%~60%，一半左右的肥胖是由遗传基因决定的。这些基因和蛋白质在人体神经内分泌系统形成一个网络，单独控制某一基因和蛋白质的表达无法达到减肥效果，需要对整个网络系统进行控制和调节才可能真正解决肥胖问题。

（二）饮食、生活习惯及社会环境因素

肥胖者往往有饮食增多史，食量较大，喜食甜食或每餐中间加食引起能量过剩；有睡前进食及晚餐多食的习惯。体力活动过少或因病卧床休息，热量消耗少而引起肥胖。

社会环境改变和肥胖发生也有一定关系：随着生活水平的提高，人们热量摄取增多、体力消耗过少导致肥胖；另外，肥胖与家庭教育有关，研究发现独生子女或一家中最小子女容易肥胖，其主要原因是家长错误地认为将婴儿喂养得越胖越好，小孩从哺乳期就营养过度；过分溺爱，养成不良习惯，如零食尤其是糖果甜食太多；不必要的营养药物刺激食欲，增大食量等。现公认儿童营养过度是造成儿童及成年后肥胖的主要原因。

科学家认为规律的饮食习惯或更有益于人体健康，在什么时候吃比吃什么更重要。有些专家认为预防肥胖和糖尿病可以让孩子从喝白水做起。在肥胖的社会环境因素方面还有许多不同学说，如炎症学说认为慢性炎症可以导致肥胖、糖尿病、冠心病等代谢综合征，因为他们发现肥胖人群体内炎症因子增多；化学污染学说认为化学污染是导致肥胖症的原因之一，因为化学污染致内分泌紊乱而导致肥胖；病毒学说认为“病毒感染”是引起肥胖的原因之一，今后可以发展病毒疫苗来预防肥胖；精神因素学说认为当精神过度紧张而肾上腺素能神经受刺激伴交感神经兴奋时，食欲受抑制；当迷走神经兴奋而胰岛素分泌增多时，食欲亢进。

（三）遗传与环境的相互作用

肥胖流行的原因是基因还是环境因素？一种理论认为主要的驱动因素是环境，而另一种理论认为遗传是主要影响因素，但不同的生活习惯可以放大或减弱基因对人体健康的影响。近日，美国研究人员发现，久坐可以“放大”肥胖基因的“功效”，而每天步行一小段时间可抵消肥胖基因对健康的作用。在一项7740名女性和4564名男性参与、历时两年的调查型试验中，坚持每天步行后，至少一半有肥胖遗传因素的人体重指数（BMI）不同程度地下降。美国心脏病协会的研究成果认为坚持步行可抵消肥胖基因对健康的影响，这是学界首次研究生活习惯与肥胖遗传素质的关联度。哈佛大学公共卫生学院的研究者发现大量饮用含糖饮料可增加高体重指数的遗传易感性，增加肥胖风险。

肥胖的原因是很复杂的，其实每个人都有自己特有的肥胖原因，认识到这一点对于治疗肥胖是很重要的。认为肥胖只是由贪吃引起的，这种想法是不全面的，会对饮食减肥者造成误导。事实上，有研究表明，部分肥胖者饮食摄入比同年龄、性别的正常体重者要少，但其体力活动更少一些。

三、肥胖的发病机理

不管肥胖的原因是什么，其机理都基本一致，即饮食能量摄入多于机体消耗量，达到热量正平衡，过剩的能量以脂肪形式储存于机体，脂肪组织增多，形成肥胖。

人体的能量摄入主要有碳水化合物、脂肪和蛋白质三大能源物质。人体能量消耗也主要由三部分组成：静息代谢率是维持身体基本生理功能需要的最低能量消耗值，占全天能量消耗的60%~75%；食物特殊热动力作用是表示与机体消化、吸收、运输、新陈代谢、摄入食物存储有关的基础代谢率的增加，食物特殊热动力作用大约占全天总能量消耗的10%；运动能量消耗是指为完成各种任务或活动而比静息代谢率增加的能量消耗，约占总能量消耗的15%~30%。体内这三种能量消耗会依据实际情况不断发生变化，以适应能量摄取的大量增减（图11-1）。

能量平衡从总体来说是比较恒定的，可以在一段时间维持机体体重，但是能量失衡（正平衡或负平衡）往往发生在能量变化的初期阶段，能量失衡又会导致机体体重的变化，而一旦机体形成了新的能量平衡后，机体体重会维持在新的平衡阶段，直到新的能量平衡被打破。

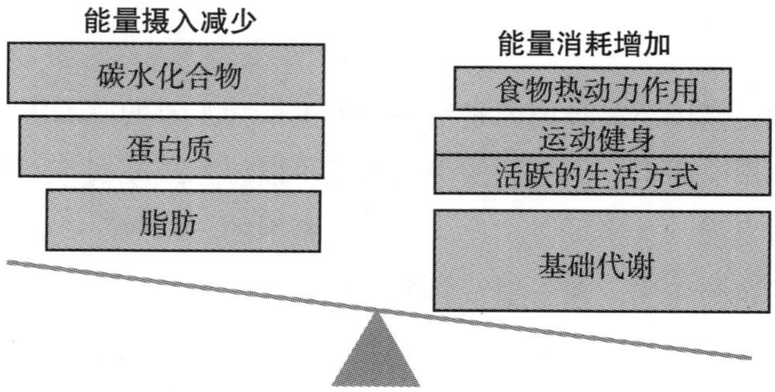

图11-1　能量平衡示意图

四、与超重和肥胖有关的健康问题

从总体上讲，超重和肥胖与死亡率的增加呈显著相关关系，与其有关的高死亡率疾病主要有心脏病、高血压、2型糖尿病（不依赖胰岛素的糖尿病）、某些癌症、胆囊疾病、骨关节炎等。

（一）正常身体机能的改变

身体机能及其变化的程度因人而异，与肥胖程度有关。肥胖患者有呼吸问题是很常见的，包括普遍存在于肥胖人群中的睡眠呼吸暂停综合征，会导致血液中二氧化碳浓度增加，造成嗜睡、行动迟缓和动脉血氧分压降低。这些情况可引发不正常的凝血（血栓的形成），导致充血性心力衰竭。由于呼吸问题与体重的增加有关，增加体重又会降低体育活动水平，体重增加越多，运动能力也会越差，形成一种恶性循环。

（二）患某些疾病的风险性增加

肥胖增加了患某些疾病的风险性，高血压和动脉粥样硬化以及新陈代谢和内分泌紊乱与肥胖直接相关，肥胖尤其易导致2型糖尿病的发病率。从图11-2中可以看出，男性倾向于在上半身存储脂肪，尤其是腹部；女性则在下半身更易存储脂肪，尤其是臀部和大腿。男性的肥胖类型被称为上半身肥胖或苹果型肥胖；女性的肥胖类型被称为下半身肥胖或梨型肥胖（图11-2）。

上半身肥胖是患以下疾病的风险因素：冠状动脉疾病、高血压、脑卒中、高血脂和糖尿病等。全身肥胖相比上半身肥胖来说，患上述这些疾病的风险更高。腰臀比是衡量个体增加患病风险的标准，男性腰臀比大于0.90、女性腰臀比大于0.85者患上述疾病的风险增加。

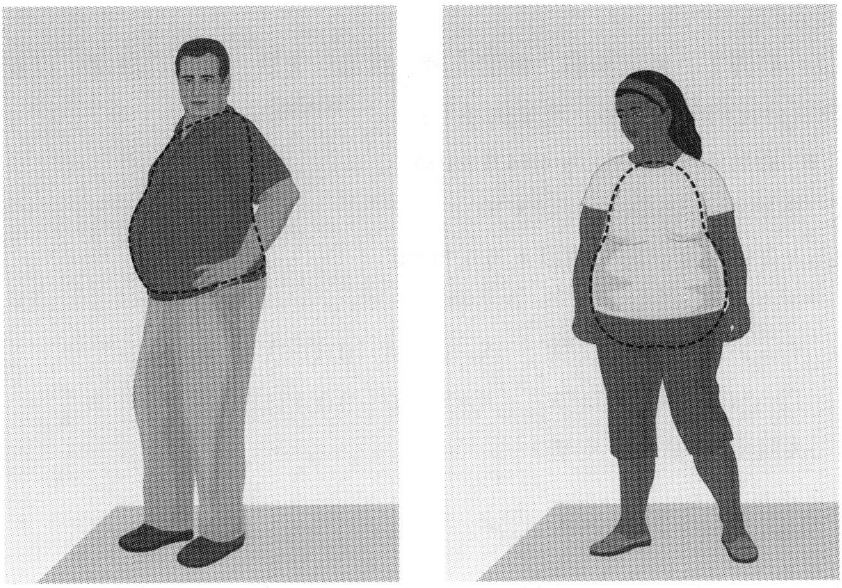

（a）上半身肥胖　　（b）下半身肥胖

图11-2　男女肥胖类型

（三）负面心理效应

情感或心理问题可能是某些人肥胖的原因，而反过来肥胖患者往往会出现自卑倾向等情感或者心理问题。有研究表明，肥胖的儿童、青少年更容易受到欺负、嘲笑，因而自卑感更强，不合群，等等，反过来又导致活动减少、肥胖程度加剧。

第二节　身体成分的测试方法

一、形态学测定

（一）直接测量皮褶厚度

肩胛下区皮褶厚度男性为9.1～14.3毫米，平均13.1毫米；女性为9～12毫米，平均11.5毫米，如超过14毫米可诊断肥胖；三角肌区男性为7.9～17.8毫米，平均12.3毫米；女性为13～25毫米，平均为18.1毫米，如男性超过23毫米，女性超过30毫米为肥胖。

（二）由皮褶厚度计算体脂百分比

全身均匀性肥胖者皮下脂肪的厚度与肥胖程度相关，测皮下脂肪的厚度在一定程度上反映了身体脂肪的含量。以皮褶厚度数值推测身体密度的公式很多，选择推测公式应考虑到受试者的年龄、性别、身体形态特点。这种测试方法简单实用，可了解体内脂肪分布，是监测运动员身体成分的常用方法。

测定部位：肩胛下，肱三头肌，髂前上棘，腹部，大腿，胸部，腋部。以皮褶厚度推测瘦体重和体脂百分比的公式较多，现举例如下：

Brozek公式 脂肪%=[4.570/Db－4.142]×100

Siri公式 脂肪%=[4.95/Db－4.50]×100

其中，Db为身体密度，可采用以下方法推测：

	男性	女性
15~18岁	Db=1.0977－0.00146X	Db=1.0931－0.0016X
19岁以上	Db=1.0913－0.00116X	Db=1.0397－0.00133X

（X=肱三头肌皮褶+肩胛下皮褶）

（三）测量腰围、臀围判断肥胖

腰围是诊断中心型肥胖的重要指标，并与多种慢性代谢性疾病密切相关。男性腰围≥85厘米、女性腰围≥80厘米为肥胖。腰臀比：男性≥0.90、女性≥0.85为肥胖。英国有研究人员指出，用腰围身高比预测肥胖风险比单纯用腰围预测更为精准。

（四）标准体重法

标准体重（千克）= 身高（厘米）－100，本公式适用于身高155厘米以下者；

标准体重（千克）=［身高（厘米）－100］×0.9，本公式适用于身高155厘米以上者。超过标准体重10%为超重或过重，超过标准体重20%为肥胖。

（五）体重指数

体重指数（BMI）=体重/身高^2（千克/米^2）。2001年6月，我国将超重的BMI临界值定为24，肥胖点定为28。世界卫生组织及英、美国家的BMI临界值为男性＞27、女性＞25即诊断为肥胖。世界卫生组织对成年人的BMI分级标准见表11-1。

表11-1 世界卫生组织对成年人的BMI分级标准

分类	BMI	发病危险
体重过低	＜18.5	高
正常范围	18.5~24.9	平均水平
超重	＞25	
肥胖前期	25~29.9	增高
1度肥胖	30~34.9	中等
2度肥胖	35~39.9	严重
3度肥胖	＞40	极为严重

BMI的应用有其优缺点。优点：BMI是进行国际通用大样本测试身体成分的有效方法，简便实用，一般用来评估肥胖在不同人口中的发生率。缺点：BMI不能评定体脂分布变化，如皮下脂肪或者腹部脂肪，另外由BMI所评定的超重和肥胖，未区分肌肉和脂肪组织，因此其不能用来代表身体脂肪含量。有研究人员指出，BMI会漏诊近4成肥胖患者，特别是老年人因为身体肌肉质量的下降，BMI值会偏低而漏诊。

二、生物阻抗分析法

生物阻抗分析法是由美国国家健康研究所的营养中心组织相关人员共同开发的，指根据测量电流通过身体的脂肪和非脂肪组织时的差别来计算身体成分。非脂肪组织比脂肪组织具有更高的电荷容量，更易于导电，富含电解质的液体对于电流的生物阻抗程度较低；而脂质和骨矿物质对于电流的阻抗程度较高。电阻测量时，通常在腕部和踝部分别放置两个体表电极并使用无痛电流（常用电流为50kHz）。生物阻抗分析法改变电极间的电流，诱导发生电流的衰减。多数身体成分研究方法都存在着运行费用昂贵和操作难度大的特点，而生物阻抗分析法具有运行成本低和易于操作的特点，可以用于临床和大规模测试。但是该方法也有较大的局限性：如该测试理论基于身体是一个均匀的导体，而且各肢体横截面积相等，这些都不符合实际情况，因而测试有一定误差。

三、身体密度和体积测定法

（一）水下称重法

水下称重法是身体成分测量的黄金标准。此方法主要通过对受试者身体密度和比重进行测量，从而推算出受试者身体的脂肪重量和去脂体重。此方法是基于对尸体瘦体重和脂肪组织的比率进行测量，通过分析而得出的。此测量方法非常精确，但需要特殊的仪器设备，不易普及，结果受肺残气和胃内气体量影响。

（二）排空气体积描记法

排空气体积描记法是水下称重法的替代方法，受试者不需要沉浸于水中，而是进入一个封闭的舱内。此测试系统包括两个室：一个是受试者测定室，一个是参考体积室，中间以横膈膜隔开。受试者进入测定室后，关闭门并使其保持密封状态，里面压力逐渐上升，中间的横隔膜随着两边体积的变化而发生振动，由于指定温度下压力与体积存在固定比例关系，进而可以推算出受试者的体积。

四、双能-X射线吸收光测定法（DEXA）

此方法是利用双能-X射线的衰减与元素的类型和比例有一定关系，原子数目少的元素（如碳、氢）减少光子能量程度小，而原子数目多的元素（如钙、磷）则可以对光子能量表现出明显的减弱作用，并且光子能量衰减的程度可以用特征性衰减系数（μ/ρ）来表示，每一种元素具有一个特定的特征性衰减系数。当X射线或光子源置于某一物体的一侧，而另一侧射线或光子强度与物体的厚度、密度、化学组成有关系。这种衰减效果是非线性的，对于一个匀质物体而言，这种衰减效果可以用指数方程来表示。双能－X射线吸收光测定法，其准确度更高，而且可以测定躯干各个部位的骨矿含量、骨密度和脂肪百分比，放射性低，无须受试者高度配合，测定快捷，而且适用的受试者范围广，但由于其测定费用高，在应用上有一定局限。

五、影像学方法

影像学测量方法主要是三维成像技术方法，如X射线断层摄影术（CT）、核磁共振成像（MRI）等，逐渐成为组织系统水平身体成分测量的主要方法。

第三节　运动减肥机制

一、减肥方法概述

从理论上讲，控制体重似乎是一件很简单的事。为了控制体重，以食物形式摄入的能量必须与身体所消耗的总能量相等。一般来说，身体能在一定范围内维持热量摄入和消耗之间的平衡，但一旦这个平衡被打破，体重就会减少或增加。体重的减少和增加似乎在很大程度上取决于两个因素——饮食的摄入和体育锻炼。现在认为这种看法过于简单，每个人对体重调节的反应都是不同的，为减肥的个体设计减肥计划时，必须注意每个人这种反应的差异性，减肥者也必须了解这种差异，这样才能更好地实施减肥计划。过去，我们常认为那些对减肥反应较慢的人是不积极配合，但现在知道这种说法是不准确的。

一般来说，每周减重不应超过0.45~0.9千克，在没有直接医疗监督时不应尝试更大程度的减重，减重应该作为一个长期计划来实施。研究和实践证明，迅速减重通常只是暂时现象，失去的体重经常会迅速反弹，这是由于迅速减重经常是体内水分大量流失的结果，而人体的自我保护机制会保持体内液体的平衡。所以，丢失水分最终会重新补充回来。因此，如果想减重9千克脂肪，建议安排2.5~5个月达到目标。

在过去10年，许多专家的饮食方法非常流行，每一种饮食方法都宣称是最有效和令人放心的减肥方法。这些饮食通常是指低热量的饮食，只允许每天摄取350~500千卡热量的食物。大多数饮食规定摄入定量的蛋白质和糖，以减少瘦体重的流失。研究表明，这些饮食方法是有效的，但没有一种饮食方法可以证明比其他任何饮食方法更有效。

减肥饮食最重要的是在摄入低热量的同时，满足身体营养需求且营养均衡。一般来说，合理的饮食习惯可以部分解决体重问题。因此，不应该采取长期禁食来达到快速减肥的效果，人们应该学会长期改变饮食习惯，尤其是减少脂肪和单糖的摄入。

激素和药品通过降低患者食欲和增加其静息代谢率的方式来协助患者减重。外科手术同样可用于治疗过度肥胖，但仅作为其他治疗方式无效，且肥胖危及患者生命的最后的方法。肠改道手术是通过手术的方法减少小肠的长度，从而减少食物的吸收，虽然这种方法曾经一度流行，但因为其潜在的危害，现在很少使用。目前，胃肠短路和胃束带手术是最常见的方法，但手术前后仍具有一定的风险性，仅限肥胖高危患者使用。

有人建议将改变行为方式作为帮助人们解决体重问题的有效方法之一。改变基本的饮食行为模式能够成功减肥，而且这种减肥方式的效果似乎更持久。这种方法吸引了大多数人，因为不仅很合理，并且通常很容易与日常生活相融合。例如，一个人可能无法自我控制饮食量，但却容易做到在固定的地方用餐，这样通常能减少摄食机会；或者，第一次就确定食物的分量，避免添加第二份食物，这样简单的改变都有助于调整饮食习惯，最终达到减重的目的。

二、体力活动在控制体重方面所起到的作用

不运动是导致肥胖的一个主要原因。因此，提高体力活动的水平对于减肥和控制体重来说，都是重要的手段。

（一）运动对于身体成分的改变

运动能改变人体的身体成分。

一个人每周慢跑3天，每次以10千米/时的速度（如更快一点即5分钟/千米）慢跑30分钟，每分钟可消耗14.5千卡热量，每天跑30分钟会消耗435千卡热量。这样，每周共消耗1305千卡热量，相当于每周通过锻炼就能减少约0.15千克的脂肪（脂肪、结缔组织和水）。这样的过程与结果让人们觉得运动是痛苦的、缓慢的减肥方式，除了运动之外应该有更好的、更简便的减肥方式。然而，如果平衡能量摄入，这样的方式52周后会减重7.8千克。

但仅计算运动期间的能量消耗无法全面地理解人体能量消耗过程。运动结束后，身体的代谢率仍保持在较高的水平，这种现象曾被称作氧债，也就是运动后过量氧耗（EPOC）。代谢率恢复到安静状态的时间是由运动强度决定的，如散步后仅需要数分钟，激烈的足球比赛则需要数小时。如果长时间或力竭性运动后就需要12~14小时或更长时间才能恢复到安静代谢

率，如在闷热、潮湿环境下进行马拉松。

在整个恢复阶段，EPOC需要消耗大量的热量。例如，运动时摄氧量平均增加0.05升/分，这大约相当于每分钟多消耗0.25千卡或每小时消耗15千卡，如果这种高代谢率持续5个时，将额外消耗75千卡的热量。通常计算某一特殊活动的总能量消耗时往往忽略不计。在这个例子中，如果每周运动5天会消耗375千卡，相当于减重接近0.045千克，10周内会减重0.45千克。

许多研究表明，将有氧运动和抗阻训练相结合，会给体重和身体成分带来以下明显的变化，如总体重下降，身体脂肪和相对体脂量减少，瘦体重质量不变或增加。综合数百份有氧运动对身体成分影响的研究表明，进行一年的有氧运动，每周3次，每次30~45分钟，运动强度达到55%~75%$\dot{V}O_2max$，身体总体重会减少3.2千克，脂肪减少5.2千克，增加2千克瘦体重，而且相对体脂量减少近6%。证据表明，运动是任何减肥计划中的一个重要部分，但要使体重与体脂有最显著的降低效果，就必须将锻炼与减少热量的摄入相结合。

20世纪90年代以来，大量研究证明，腹部内脏脂肪是患心血管疾病和肥胖的最主要的危险因素，体力活动可以降低内脏脂肪的堆积率，能真正减少内脏脂肪的存储。这是活跃的生活方式所带来的非常重要的健康好处之一。

（二）身体成分改变的机制

1. 运动和食欲

一些人认为运动刺激食欲，以至于会无意识地增加食物的摄取，以与运动中所消耗的能量相平衡。事实上，至少在剧烈运动后的几个小时，运动似乎是一种温和的食物抑制剂，而且许多研究表明，在开始一个运动项目时，每天摄入的总热量并未有所改变。尽管很多人解释说这是运动不影响食欲的证据，但更准确的结论可能是食欲受到抑制，因为额外摄取的热量没有与运动中额外消耗的热量成比例增长。

只有在剧烈运动后才可能引起食欲下降，运动导致儿茶酚胺（肾上腺素和去甲肾上腺素）增加，可能会抑制食欲。高强度的运动或在湿热条件下进行的几乎任何运动都会导致体温增加，同样可能会抑制食欲。根据经验，气温高或生病体温升高时，饮食量会减少。这也可以解释，温度高时若进行大量的跑步练习会导致几乎没有食欲，然而进行大量的游泳运动会导致食欲增加。因为在游泳池中，水温低于体温，而导致游泳后体温出现下降。

在运动的初期阶段，也就是身体应激阶段，机体摄食量一般不会随着能量消耗增加而增加，这时可以导致能量负平衡；而在一段时间的锻炼后，摄食量会逐渐增加，以满足运动中能量的消耗，这是身体对长期运动能量消耗增加的适应现象。这个理论可以解释肥胖人群在运动减肥初期往往效果较好，而在中后期效果比较差。这也可以解释运动员在长期的训练中虽然运动强度较高，但是其体重在一段时间之内一般可以保持比较稳定的现象。

2. 运动和静息代谢率

20世纪80年代末到90年代初，研究者们感兴趣的一个主要研究课题就是：运动是如何影响能量消耗的组成的。其中，很受关注的是运动锻炼是如何影响静息代谢率的，静息代谢率占每天总热量消耗的60%~75%。例如，一个25岁的人，每天的总热量摄入量是2700千卡，他的静息代谢率仅占总热量摄入的60%（0.60×2700=1620千卡），静息代谢率仅增加1%，每天就会额外消耗16千卡，每年就会额外消耗5800多千卡，仅静息代谢率的小幅增长就会导致每年减肥0.8千克。

运动增加静息代谢率的机制尚未完全清楚。一些具有代表性的研究表明，经过训练的跑步者比同一年龄、同一体型未接受训练的跑步者的静息代谢率更高，但事实并非总是如此。其中有些研究表明，经过训练后的静息代谢率可能会增加。然而，对40个17~62岁的男性和女性进行为期20周的有氧训练（每周锻炼3次，每次35~55分钟，55%~75%的$\dot{V}O_2max$）。结果证明，尽管$\dot{V}O_2max$增加近18%，但静息代谢率却没有增加，因为静息代谢率与身体的瘦体重密切相关（非脂肪的组织新陈代谢活跃）。所以逐步开始使用抗阻练习来增加瘦体重，以尝试增加静息代谢率。

3. 运动与食物热量效应

有几项研究已经证明，个人的运动锻炼对于增加一餐的食物热量效应有一定作用。无论是饭前还是饭后，简单运动都会增加一餐的食物热量效应，但尚未得知运动是如何影响食物热量效应的。但这些研究也经常有相互矛盾的结论出现，有些研究表明运动会减少一餐的热量效应，还有一些研究表明运动根本不会影响一餐的热量效应。

4. 运动和身体脂肪的动员

运动时，脂肪酸被动员而提供能量。几项研究表明，在运动时某些激素增加，可以加快脂肪酸的动员。运动时激素急剧增加，在运动后至数小时的恢复期，激素水平仍然保持较高的状态。其他研究表明，运动时动物脂肪组织对交感神经系统或儿茶酚胺增加程度的敏感性提高，从而加速身体脂肪的动员。

（三）局部减肥

包括运动员在内的许多人认为，运动局部特定的身体部位，会减少该区域的脂肪量，几项早期研究结果倾向于支持局部减肥的观点。但是之后的研究发现，即使是进行局部运动，身体还是动用全身几乎所有脂肪供能，而不仅是局部活动部位的脂肪供能，局部减肥是不可能的。

另一研究测试了27天的仰卧起坐练习对于身体局部产生的影响。研究者们发现腹部、肩胛前面以及臀部脂肪细胞直径没有发生改变。现在研究者们发现，集中锻炼一个区域或全身锻炼都会使全身脂肪动员，因此推翻了局部减肥的观点。

（四）被动运动减肥

人们很少能不劳而获，虽然一个不费力的运动项目是很理想的，但是这样的项目往往不能使身体健康状况、身体成分或身体形态发生显著的变化。还有很多人不喜欢自己运动，希望借助其他器材来帮助运动，以求达到减肥效果，如甩脂机、AD收腹机等。这种被动运动是消耗不了能量的，只有主动运动、体内做功促进新陈代谢后，脂肪才会分解消耗能量。利用振颤产生“减脂效果”的产品，由于其磁频的振荡程度不同，容易对身体造成伤害。不仅不能减肥，使用时间过长还会导致不良后果，易造成关节性的损伤甚至影响内脏功能，如剧烈的全身振动可能会影响肠胃的正常功能，抑制胃酸分泌。如果是采取坐姿，还可导致脊柱肌肉劳损。在振动下，椎管也有可能出现水肿，还可能诱发间椎盘脱出症等。

（五）运动强度与能量消耗

运动能量消耗主要来源于糖、脂肪和蛋白质，一般运动能量消耗以糖为主，运动强度越高，机体消耗糖所占比例也越大。进行高强度的有氧运动时，糖提供身体90%或更多的能量，而只有当运动强度较低时，脂肪供能比例才增加。在20世纪80年代末，各专业机构都建议进行低强度的有氧运动来加快减脂。他们认为低强度的有氧运动会使身体将更多的脂肪作为能量来源，加快脂肪消耗。但事实上，在进行低强度的有氧运动时，虽然身体将更多地以脂肪作为能量，但利用身体脂肪所消耗的总热量不一定改变。低强度的有氧运动不一定导致更大程度的脂肪中热量的消耗。更重要的是，在特定时间段内，与高强度的有氧运动相比，低强度的有氧运动所消耗的热量会更少一些。因此，在身体能承受范围内，高强度有氧运动减肥效果可能较低强度有氧运动效果更好。

从表11-2可以看出，第一次她以50%的$\dot{V}O_2max$进行30分钟的锻炼，第二次她以75%的$\dot{V}O_2max$进行30分钟的锻炼。在进行低强度和高强度有氧锻炼时，所消耗脂肪的总热量并没有变化。在两次锻炼中，30分钟脂肪都提供了110千卡的热量。更重要的是，在同一时间段内，相对于低强度有氧运动锻炼来说，高强度运动锻炼总热量多消耗了50%。

已有大量研究证实，在不同运动强度锻炼中有一个理想的运动强度区域，使脂肪氧化率达到最高值。在这个强度区域，脂肪氧化率处在最高区域的10%以内，此时的运动强度处在$\dot{V}O_2max$的55%~72%的范围内，其中当运动强度达到$\dot{V}O_2max$的64%时，脂肪氧化率最高（图11-3）。

表11-2　一次持续30分钟不同强度有氧锻炼糖类和脂肪的消耗

运动强度 %$\dot{V}O_2max$	平均摄氧量/升·分$^{-1}$	平均呼吸交换率	糖消耗%	脂肪消耗%	30分钟糖消耗量/千卡	30分钟脂肪消耗量/千卡	30分钟总消耗量/千卡
低，50%	1.50	0.85	50	50	110	110	220
高，75%	2.25	0.90	67	33	222	110	332

注：研究对象是一位健康但不经常锻炼的23岁女性（$\dot{V}O_2max$=3.0升/分）。

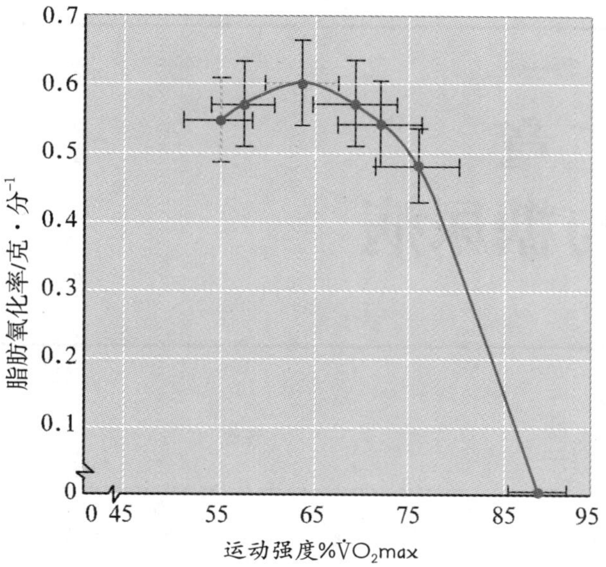

图11-3　运动强度与脂肪氧化率

思考题

1. 肥胖的病因学有哪些?
2. 身体成分的测试方法有哪些? 各有什么优缺点?

第十二章
运动与糖尿病

本章教学提示

1. 本章学习重点是体力活动对糖尿病的影响和糖尿病患者的运动原则。
2. 本章学习难点是糖尿病患者的运动风险。

第一节　糖尿病概述

糖尿病是由于胰腺产生的胰岛素不足或胰岛素无法促进葡萄糖进入细胞中利用而导致的血糖过高的疾病，其主要症状包括：尿频、口渴、无法解释的体重下降、饥饿、视力突然变化、手脚刺痛或麻木、容易疲劳、烦躁易怒、伤口愈合变慢、比平常感染的次数多等。

一、糖尿病分类

1型糖尿病是因为胰腺中β细胞失活，导致胰腺不能产生足够的胰岛素引起的。因此，这种糖尿病也被称作胰岛素依赖型糖尿病。1型糖尿病仅占所有糖尿病病例的5%~10%。

2型糖尿病是由于胰岛素不能有效地将葡萄糖运输到细胞中，是胰岛素抵抗的结果，也称作非胰岛素依赖型糖尿病。2型糖尿病占所有糖尿病病例的90%~95%。

3型糖尿病称为妊娠糖尿病，有4%的孕妇及胎儿患有这种糖尿病。

二、糖尿病诊断

中华医学会糖尿病学分会建议在我国人群中采用世界卫生组织糖尿病诊断标准，即糖尿病症状＋任意时间血浆葡萄糖水平≥11.1毫摩尔/升或空腹血浆葡萄糖（FPG）水平≥7.0毫摩尔/升，或葡萄糖耐量试验（OGTT）中，2小时血浆葡萄糖水平≥11.1毫摩尔/升。其中空腹指

8～14小时内无任何热量摄入；任意时间指一天内任何时间，与上次进餐时间及食物摄入量无关；OGTT 是指以75克无水葡萄糖为负荷量，溶于水内口服，国内也用100克富强面粉制成的馒头，其中约含糖75克，在10分钟内吃完。

第二节　糖尿病的运动性预防与控制

一、糖尿病常用治疗方法

1型糖尿病主要是胰岛素注射治疗，辅以控制饮食和适宜的运动。对于2型糖尿病，传统观点认为是降低体重、控制饮食和加强锻炼。在20世纪90年代中后期，人们研制出许多新的药物，如磺脲类药物和双胍类药物等，能够有效地治疗2型糖尿病。

在饮食上，糖尿患者应食用低糖膳食控制血糖，但低糖膳食必然导致饮食中脂肪含量的增加，导致肥胖。因此，对于2型糖尿病患者来说，仅减重就能降低血糖。对于患有糖尿病的超重和肥胖者来说，这是治疗计划中最重要的方面。

二、糖尿病患者的饮食控制

不健康的饮食习惯，如常吃油炸食物、较甜的蔬菜水果，轻微或严重的饮食紊乱加不良的生活习惯，如吸烟等，被认为是引起糖尿病的重要危险因素。

饮食疗法是糖尿病治疗过程中的基石，轻度糖尿病患者通过饮食疗法就可以控制病情，中度患者也只有在饮食疗法的基础上，配合降糖药物，才能更好地控制病情。对于糖尿病的饮食疗法，国内外文献大多从三种基本营养素摄入来进行分析，这为不同患者制定不同的饮食方案提供了较为方便的依据。

糖类：占每餐摄入总热量的 50%～60%。糖类是机体能量的主要来源，供给适量的碳水化合物可以减少体内蛋白质、脂肪的分解，有利于健康。主食提倡食用粗制大米、面和适量杂粮。蛋白质：一般占每餐加入总热量的 15%～20%，成人每日每千克理想体重0.8～1.2克，儿童、孕妇、消瘦者可增至1.5～2克。糖尿患者蛋白质的供给要充足，当肾功能正常时，膳食蛋白质应与正常人相近，建议多选用大豆及其制品。脂肪量：占每餐摄入总热量的30%，每克脂肪产生约9千卡热量。食用含有不饱和脂肪酸的植物油，有降低血脂的作用。限制富含饱和脂肪酸的动物性脂肪，目的是防止或者延缓心脑血管并发症的发生和发展。另外，要控制胆固醇的摄入，如动物内脏和蛋黄等。

此外，为了减轻胰岛负担，改善细胞对胰岛素的敏感性，应该合理控制每日总热量的摄入。每日摄入的总热量应控制在恰好能满足其每日活动所需热量的范围内。

三、运动对糖尿病的影响

科研证据表明，积极参加体育运动可降低患2型糖尿病的风险，但是几乎没有证据表明积极参加体育运动会降低患1型糖尿病的风险。然而，大多数医生和科研人员都认为，体力活动在上述两种糖尿病的治疗计划中都起着极其重要的作用。

（一）1型糖尿病

还没有明确科研证据证明有规律的运动锻炼对于1型糖尿患者在改善血糖控制方面会有什么作用。尽管对大多数1型糖尿病患者来说，运动通常不能改善血糖控制的状况，但运动仍有许多潜在的好处。因为这些患者患冠状动脉疾病的风险是健康人的2~3倍，运动不但有助于降低这种风险，还有助于降低患脑血管疾病和周围动脉疾病的风险。1型糖尿患者如果病情不严重，而且血糖量控制的很恰当就不必限制体力活动，许多患1型糖尿病的运动员就成功地进行了训练和比赛。

（二）2型糖尿病

运动对于2型糖尿病患者血糖控制起到重要作用，特别是在疾病的早期阶段，2型糖尿病的主要问题在于靶细胞对于胰岛素反应（胰岛素抵抗）的不足。由于受体细胞对于胰岛素产生抵抗力，激素不能发挥其穿透细胞膜运输葡萄糖的功能，导致了胰岛素敏感性的降低，而肌肉收缩具有类似胰岛素的效应。细胞膜对于葡萄糖的通透性随肌肉收缩而增加，很可能是由于葡萄糖转运体GLUT-4与细胞膜结合数量的增加而实现。抗阻训练和有氧训练有减少胰岛素抵抗、增加胰岛素敏感性的效果。

四、糖尿病患者的运动

（一）全身动力性有氧运动

有氧运动能够增加脂肪代谢，并优化身体对葡萄糖的利用。鉴于运动强度和持续时间的不同，体内脂肪和糖的消耗比例不同。中低强度的运动，脂肪的供能比例较高，强度较高的运动，糖的供能比例较高，从而有效地消耗葡萄糖。

1.运动强度

运动强度的控制要遵循循序渐进的原则，对没有运动习惯或运动非常少的人，尤其要遵循这一原则，从低强度开始运动计划，可以适当延长运动时间。强度大小因人而异，范围在40%~90%$\dot{V}O_2max$、40%~90%最大心率。对于健康程度较差、几乎完全没有运动史的患者，起始运动强度要足够低，随着体能的恢复，逐渐提高运动强度，当心率增加超过安静心率20~30次/分，就能收到显著的健康促进效果。不提倡过于剧烈的运动，因为这可能使患者体内的血糖和升糖激素水平升高。

2.运动时间

通常情况下，运动时间的长短主要取决于自我感受，在身体能接受的前提下循序渐进，逐渐增加运动时间。

对肥胖的2型糖尿病患者，运动持续时间应较长，每次应在50分钟左右，可同时达到减重效果。以控制血糖为目的时，每次运动时间在30分钟左右可起到良好的控糖效果，包括运动前准备活动及运动后的放松时间。

对身体较弱、无运动史或受时间等因素限制不能持续运动30分钟以上运动者，可以进行间歇运动或分时段锻炼，如一次20分钟，分为上下午两次，或者每次至少10分钟，每周至少累计150分钟，这对体能的提高和对血糖的调控同样起作用。

3.运动频率

每周3~4次以上30分钟中等强度的运动能够有效控制血糖，运动后胰岛素敏感度改善可维持12~24小时。此外，持续这样的运动能提高基础代谢水平，有效地控制体重。增加一周内运动的次数，对身体更有利。

4.运动的持续

随着身体健康状况的好转和机能能力的提高，可以逐渐提高运动强度和运动的持续时间。例如，起始运动强度在60%最大心率，运动时间12~15分钟，4~6周后运动时间可上升至20分钟。

5.运动方式

糖尿病患者进行有氧运动的方式有很多，如走路、慢跑、游泳、骑车、打高尔夫球、打太极拳等多种运动方式。

（二）力量训练

辅助的大肌肉群力量训练是有必要的，主要采用抗阻运动，侧重于力量耐力练习，练习安排通常是：8~12次/组，3组/次，2次/周。力量练习增加肌肉体积的同时能增加血糖的消耗和胰岛素受体的敏感性。

有氧运动与抗阻运动相结合会对糖尿病起到良好的运动防治效果。主要机构对有氧运动和抗阻运动的建议见表12-1。

表12-1 主要机构对有氧运动和抗阻运动的建议

组织名称	有氧运动			抗阻运动		
	频度	强度	时间	频度	种类	组数，次数
美国运动医学学会（1998）	3~5次/周	50%~80%$\dot{V}O_2max$	30~60分钟/次	2次/周	8~10个部位	1组，10~15次/组
美国心脏协会（1995）	≥3次/周	50%~60%$\dot{V}O_2max$	≥30分钟/次	2~3次/周	8~10个部位	1组，10~15次/组
美国心血管康复学会（1999）	3~5次/周	50%~60%$\dot{V}O_2max$	30~45分钟/次	2~3次/周	所有大肌群	1组，10~15次/组
美国运动医学学会（2000）	≥3天/周，不连续运动	中等或大强度	（累计）≥150分钟/周	3次/周	8个部位	最初1组，10~15次/组；渐增至3组，8~12次/组
加拿大糖尿病协会（2003）	≥3天/周，不连续运动	40%~70%$\dot{V}O_2max$	最初10~15分钟，渐增至30分钟，或分为3×10分钟	2次/周	8~10个部位	>1组，10~15次/组
美国心脏协会（2004）	3~5次/周	55%~79%$\dot{V}O_2max$；40%~74%HRmax	20~60分钟/次	大强度抗阻运动针对年轻的糖尿病患者 中低强度抗阻运动适应所有糖尿病患者		

（三）运动风险

体育运动是糖尿病早期患者的有效治疗手段，但病情较重且伴有并发症的患者一定要在专业指导下科学地进行体育运动，以将风险降到最低。对于糖尿病患者，体育运动的常见风险有以下几个方面。

1.运动后高血糖

2型糖尿患者此类风险更大。由于胰岛素分泌不足或细胞对胰岛素敏感度下降，即使血糖超过13.9毫摩尔/升，机体对其的利用率却降低，但仍然会动员肝脏分解肝糖原入血。运动应激可使胰岛素分泌减少，胰高血糖素和儿茶酚胺类等激素水平升高，肝糖输出增加，但葡萄糖的利用却减少，会导致血糖过度增高，病情加重。1型糖尿病患者应先将病情控制稳定后再进行体育运动，一般应将血糖降至11.1毫摩尔/升以下进行体育运动才会比较安全。

2.运动后低血糖

运动后1型糖尿患者出现低血糖症的风险比2型糖尿患者要大得多，因为1型糖尿病患者调控血糖的机制可能受损，很难通过对血糖水平有拮抗或协同作用的不同类激素水平的相互影响而使血糖水平正常，其体内血糖水平更依赖于外源性胰岛素的补充，所以恰当的补充量是非常重要的，假如补充的胰岛素超过机体所需水平，加之运动增多了糖需求，从而增加了1型糖尿患者出现低血糖的风险。血糖水平太低会引发低血糖症，出现无力、眩晕、发抖、发冷、视觉模糊等症状，甚至可能意识丧失或死亡。应注意血糖的监测和自我感觉，必要时在运动后补充适量的碳水化合物以防止低血糖的发生。有研究表明，把胰岛素注射在肢体的末端（臂或腿部）比注射到腹部更易发生运动性低血糖症。

3.运动后迟发性低血糖

迟发性低血糖是一般发生在运动之后6~15小时（有的甚至长达30小时）的一种现象。有研究认为，一次剧烈运动后胰岛素敏感性的增加在运动后 16小时才开始。由于运动中肝糖原和肌糖原分解增多，运动后出现合成增加以补充消耗，这一补充过程会在运动后持续较长时间，使血糖降低。某些使用胰岛素的患者，甚至会在1~2天之后才出现低血糖反应。为避免迟发性低血糖症的发生，应在运动后有规律地进食和监测血糖。此外，增加运动强度时尤其要注意监测血糖水平。

4.运动导致并发症加重

剧烈运动会使并发症加重，如运动导致血流的重新分配使肾血流量减少而加重糖尿病性肾病。此外，糖尿病患者并发的心血管疾患是一个应当给予高度重视的问题，2型糖尿患者重大心血管疾病的风险因素比健康人要高将近4倍，伴有心血管病的中老年糖尿病患者应严谨地在医师指导下进行运动，且应先进行相关的运动负荷测试，以评定机体机能能力，选择适当的运动形式、运动强度和运动时间，以确保安全有效，切忌自作主张、盲目运动。

建议以下患者开始一项锻炼之前应先进行运动负荷测试：①年龄在35岁以上；②患1型糖尿病已超过15年；③患2型糖尿病已超过10年；④糖尿病患者伴随心血管疾病或有心血管疾病隐患。

思考题

1. 糖尿病分为哪些种类？各自的原因是什么？
2. 简述体力活动对糖尿患者的影响是什么。
3. 糖尿病患者如何进行运动？运动风险有哪些？

第十三章
运动与心血管疾病

本章教学提示

1. 本章学习重点是运动对心血管疾病的影响和心血管疾病患者的运动原则。
2. 本章学习难点是运动在心血管疾病防治中的作用及机制。

第一节　心血管疾病概述

心血管疾病（CVD）是当今威胁人类健康和生命的头号杀手。目前，我国心血管病的发病率和死亡率居各种疾病之首，并且近年来发病呈现明显的年轻化趋势。据调查，我国心血管疾病患病率男性为1.78%、女性为1.10%，且患病率随年龄升高而增加。

一、心血管疾病的主要形式

心血管疾病也称循环系统疾病，是心脏和血管系统病变的统称，其形式多种多样，主要包括高血压、冠心病、脑中风、心律失常、（充血性）心力衰竭、周围血管病、心脏瓣膜病、心肌疾病以及先天性心脏病等。在此，主要介绍一下可预防的且每年患者数最多的疾病。

（一）高血压

高血压是以血压升高为主要临床表现的一种疾病，是多种心血管疾病的重要病因和危险因素，影响心脏的结构与功能，最终导致功能性衰竭，迄今仍是心血管疾病死亡的主要原因。对于18岁以上的成年人，常用的高血压诊断标准为：在未使用抗高血压药物的情况下，收缩压≥140毫米汞柱和/或舒张压≥90毫米汞柱；既往有高血压病史，目前正在使用抗高血压药物，其血压虽未达到上述水平者，亦被诊断为高血压。世界卫生组织、国际高血压学会制定了收缩压和舒张压的分级标准。在此基础上，2005年《中国高血压防治指南》修订版中把血压分为正常、正常高值及高血压（表13-1）。

表13-1　血压水平的分类标准

类别	收缩压/毫米汞柱	舒张压/毫米汞柱
正常血压	<120	<80
正常高值	120~139	80~89
高血压	≥140	≥90
1级高血压（轻度）	140~159	90~99
2级高血压（中度）	160~179	100~109
3级高血压（重度）	≥180	≥110
单纯收缩期高血压	≥140	<90

由于高血压患者心脏需要比正常血压更大的压力才能将血液从心室中运输出去，所以工作负荷增加，同时高血压增加了主动脉和小动脉压力负荷，引起心脏出现病理性肥大，主动脉和小动脉受损，并发生血管硬化和弹性降低。最后导致动脉硬化、冠心病、心力衰竭等一系列并发症。

（二）冠状动脉粥样硬化性心脏病

冠状动脉粥样硬化性心脏病是指冠状动脉粥样硬化使血管腔狭窄或阻塞，或（和）因冠状动脉功能性改变（痉挛）导致心肌缺血缺氧或坏死而引起的心脏病，统称为冠状动脉性心脏病，简称冠心病，也称缺血性心脏病。冠状动脉粥样硬化性心脏病是动脉粥样硬化导致器官病变的最常见类型，也是严重危害人类健康的常见疾病。本病出现症状可能致残、致死，其后果多发生于40岁以后，且男性发病较女性早。

由于病理解剖和病理生理变化的不同，本病分为以下临床类型：稳定型心绞痛、心肌梗死、无症状性心肌缺血、缺血性心肌病及猝死。

动脉粥样硬化的早期病变是脂质条纹病变，常在青年人中发生。脂质条纹病变的危险性在于它有可能会发展为斑块。动脉粥样硬化症在很大程度上是由于遗传与不良的生活方式所引起的，包括吸烟、饮食不当，缺乏体育活动及精神压力过大。

冠心病患者大多可存活许多年，但也有发生急性心肌梗死或猝死的危险。心肌梗死致死的危险性较大，急性期病死率约为15%，如采用溶栓疗法则病死率小于10%。死亡多在发病后1周内发生。隐匿性冠心病的致死危险性较小，一般不会发展为严重类型。心力衰竭和心律失常型冠心病致死的危险性较大，患者多因心功能衰竭而死亡。

（三）脑卒中

脑卒中也叫脑中风，是一种突然起病的脑血液循环障碍性疾病，又叫脑血管意外，是指脑血管疾病的患者，因各种诱发因素引起脑内动脉狭窄、闭塞或破裂，而造成的急性脑血液循环障碍，临床上表现为一过性或永久性脑功能障碍的症状和体征。脑卒中分为缺血性脑卒中和出血性脑卒中。大多数脑卒中是由于通向大脑的动脉突然堵塞及缺血性脑卒中所致，也有一些脑卒中是由于血管突然破裂导致脑组织内出血即出血性脑卒中而引起。脑卒中常可导致重要的脑组织死亡，其影响在很大程度上取决于中风的部位和程度。

（四）心律失常

心脏冲动的频率、节律、起源部位、传导速度与激动次序的异常，称为心律失常，又称心律紊乱，是一种相当常见的临床表现和心电图改变。正常情况下，由窦房结发放冲动通过结间束及心房肌使心房除极的同时，再经过房室间的正常通道——房室结缓慢地传入房室束、两侧束支、蒲氏纤维，最后到达心室肌，使心室除极，心脏收缩。如果心脏内的激动起源或者激动传导速度不正常，或者各部分的激动顺序发生紊乱，引起整个或部分心脏的活动变得过快、过慢或不规则，引起心脏跳动的速率或节律发生改变，即可称为心律失常，包括冲动的起源异常和传导异常。

正常心律是血液循环正常进行的基础，而心律失常影响血液循环。不过，正常的心脏有很好的代偿和调节能力，能使心脏血液的排出量维持在正常范围内，维持正常血液循环状态，使血压保持在正常或接近正常范围。但如果心脏有病变，心房收缩功能失常，或心房和心室收缩过程改变，便失去了代偿和调节能力，可使心排血量下降30%左右，使血压下降及血液循环障碍，从而引起患者心悸、胸闷、无力等症状。

（五）充血性心力衰竭

充血性心力衰竭也称慢性心功能不全，是指由多种因素引起的心脏损害，导致心排血量减少和心室充盈压升高，以组织血液灌注不足及肺循环和体循环瘀血为主要特征的综合征。此时心脏收缩力量减弱，心排出量减少，导致动脉系统供血不足，静脉系统瘀血，具体表现为水肿、呼吸困难、心率加快、肝脾肿大、颈静脉怒张、食欲减退等症状和体征。常是各种心血管疾病的最终结局。

心力衰竭的基本病因包括心脏收缩期负荷过重、心脏舒张期负荷过重、心肌收缩功能受损、心肌舒张功能受损、心排血量增加，在冠心病、瓣膜病、心肌病和高血压病中最常见。

二、心血管疾病的危险因素

多年来，科学家们一直试图确定高血压、冠心病和脑卒中的根本病因何在。尽管这几种心血管疾病的病因和发病机制尚未完全阐明，但大量的流行病学调查和研究表明，某些危险因素的存在使得这几种心血管疾病的发病率大大提高。理解疾病的危险因素可以使我们更有效地采取措施，包括开展体育活动来预防心血管疾病。研究资料表明，心血管病的发生发展是多种相关危险因素相互作用、相互促进的结果，高血压、血脂异常、糖尿病和吸烟、肥胖是目前公认的主要的心血管危险因素（表13-2），不仅因为这些因素独立地影响心血管疾病的发生发展，而且这些因素之间也存在广泛联系和相互影响。

表13-2　心血管疾病的主要危险因素

主要（传统）危险因素	潜在危险因素	社会经济/心理行为因素
年龄	超重/肥胖	教育程度（偏低）
家族史	血清 TG 升高	经济收入
男性	胰岛素抵抗和糖代谢异常（IFG、IGT）	职业及其变动
高血压	血清 Lp（a）升高	不健康饮食
吸烟*	血管内皮功能受损	缺乏体力活动
血清TC升高	凝血因子升高	过量饮酒
血清LDL-C升高	慢性炎症（hs-CRP）升高	精神紧张（压力大）
血清 HDL-C 降低	氧化应激	
糖尿病	血浆 HCY 升高	
肾功能受损	睡眠呼吸障碍	

注：TC=总胆固醇，LDL-C=低密度脂蛋白胆固醇，HDL-C=高密度脂蛋白胆固醇，TG=甘油三酯，IFG=空腹血糖受损，IGT=糖耐量受损，Lp（a）=脂蛋白 a，hs-CRP=高敏 C 反应蛋白，HCY=同型半胱氨酸，*吸烟是一种行为，但因研究较早，习惯上将它归为传统危险因素。

以上众多导致心血管疾病的危险因素可以分为两类：一类是人类无法控制的危险因素，另一类是可以通过改变生活方式等来进行控制的危险因素。前者主要包括遗传、性别、年龄以及先天性异常等，后者主要包括高血压、高血脂、高血糖、过量饮酒、吸烟、不健康饮食、精神紧张与压力、超重/肥胖以及缺乏运动等。

第二节　心血管疾病的运动性防治

目前，心血管疾病的综合治疗方法主要包括药物治疗、手术治疗以及健康宣教等三个层面的内容。综合治疗是指根据患者的具体患病情况和病情的发展趋势，如机体情况、病理类型、病变范围以及病理分期等，运用合理、高效、安全可行的一系列现代化治疗手段。在临床上应用综合治疗法对心血管疾病开展治疗，能够有效地提高这类疾病的治愈率和预后恢复率，同时，在延长患者的生命以及提高患者的生活质量等方面也有着正面的影响和促进作用。

在此，我们主要探讨运动对心血管疾病的防治作用。流行病学、临床和实验室研究均证明体育运动能够降低心血管疾病的死亡率，增强体质、提高生活质量。并且，体育运动还可以显著降低心血管病危险因素，如肥胖、高脂血症及糖尿病等的发生率。因此，体育运动是一种预防和治疗心血管疾病的有效且低成本的生理手段。

一、运动对心血管疾病的影响

缺乏运动是许多疾病的诱因之一，运动是一种重要的促进健康的方式。现代化在给人们生活带来便利的同时，也给人们带来了新的危机，人们的体力活动普遍大大减少。体力活动不足有两种不利影响：一是使心脏的肌肉变弱。二是降低了食物供给人体能量的消耗。除非减少食物摄入量以适应于体力活动的减少，否则多余的能量存留体内就会转变成脂肪，增加体重。

几项大的流行病学研究均证实，通过规律的体育运动能够降低心血管疾病总死亡率。这些研究报道，不管最初的运动水平如何，运动后总死亡率都减少了约50%；而且这些患者本身为高危患者，训练前活动量少且运动耐量低，通过运动训练计划后均获得了显著改善，死亡率显著降低。随后的大规模研究表明，规律的体育运动可以改善患者的预后，对于存在高血压、超重、高胆固醇血症和糖尿病等危险因素的患者，能改善其生存率。

自从2007 年美国运动医学学会提出“运动是良医（ Exercise is Medicine，EIM ）”的理念以来，运动在健康促进方面的作用重新得到审视。在大众健身中，如何避免不恰当的运动诱发的心血管疾病风险事件、如何通过适当的运动改善心血管疾病患者的健康水平等都成了“运动与心血管疾病风险”领域关注的热点问题。

（一）运动在心血管疾病防治中的作用及机制

经常性的体育锻炼可引起心血管系统的形态、功能和能量调节产生较持久的适应。运动对心血管疾病防治的机制可归纳为三个方面，即中心效应、周围效应以及其他效应。

1. 中心效应

（1）维持或增加心肌氧的供应

运动能够促进心脏侧支循环形成（冠状动脉旁路移植），增加冠状动脉（冠脉）供血量，从而改善心肌的血液灌注和分布。

（2）减少心肌工作的耗氧量

适宜的运动能够增强机体安静和运动时的心率调节能力，当刺激足够时，运动能够有力地作用于心脏迷走神经，调节心率—压力反射，还可以减少循环血液中儿茶酚胺的水平，从而使心脏的耗氧量下降。

（3）提高心肌的功能

适宜的运动可以促进心肌毛细血管增生，使小动脉增多、增粗，增强心肌的内在收缩性，提高心肌功能。

（4）促进心肌电稳定性

适宜的运动能够减轻运动时心肌的局部缺血，减少安静和运动时血浆儿茶酚胺的水平，从而提高室颤阈值。

2. 周围效应包括

（1）骨骼肌功能增强

适宜的运动能够增加骨骼肌毛细血管的数量和密度，增强骨骼肌供血能力；增加骨骼肌内线粒体数目和体积，提高有氧代谢酶活性以及增加骨骼肌能源物质。

（2）血管储备力增强

运动可增强心脏功能的适应性，改善冠状动脉弹性和供血能力，运动通过血红素加氧酶、一氧化碳等增强血管平滑肌细胞的抗氧化能力，抑制血管平滑肌细胞增殖，扩张血管，减少血小板聚集，使血管收缩因子和舒张因子达到新的平衡。

3. 其他效应

运动可改善糖的代谢，增加胰岛素敏感性，提高高密度脂蛋白胆固醇与低密度脂蛋白胆固醇的比值，减少血小板的凝集性，增加纤溶酶活性，从而使抗动脉粥样硬化的能力增强，致动脉粥样硬化的能力减弱等。另外，运动可消除情绪紧张，增加患者生活的信心和兴趣。

（二）运动与心血管意外

对于心血管疾病患者，运动可能是一个刺激因素诱发心血管意外。问题的关键在于规律的运动对心血管的好处是否胜过由于运动所带来的概率较低的危险。

对运动时发生心血管意外的原因研究的还不够，有的还很不清楚。根据现有的认识，分析其可能的直接原因如下：冠状动脉供血不足、相对性局部缺血、冠状动脉急性栓塞或堵塞、心肌代谢性障碍以及心脏传导系统的急性紊乱。以上几方面的原因彼此不是孤立的，有时是互相影响的。运动中的心血管意外是可以预防的，关键是运动前进行健康检查，识别运动中可能猝死的高危人群。

三、心血管疾病患者的运动

（一）运动前的疾病筛查以及风险评估

在体育锻炼中存在着急性运动损伤的风险，且较高强度的运动也会使猝死和心肌梗死的风险增加。美国心脏协会公布了心血管疾病筛查指南，包括个人病史、家庭病史以及身体检查等方面，强烈建议通过一些常规的体检及心电图检查对年轻运动员进行筛查，以排除潜在的心血管疾病。

筛查的目的在于：有医学禁忌症者在其症状减弱或得到控制前进行鉴别和排除；鉴别有一种或者多种临床疾病或状况者，嘱咐其参加有医疗监督的运动计划；探查由于年龄、症状或危险因素等增加疾病风险的原因，并让此类人群在开始运动前或在增加运动的频率、强度、持续时间前进行医学评估和运动测试；对可能影响运动测试或计划的其他特殊需要进行鉴别。风险评估是基于筛查结果所得出的分类，便于运动专家制订合理的运动处方。

（二）选择合理的运动形式与内容

预防心血管疾病的运动方式以有氧运动为主。步行及慢跑是有效的运动方式之一，也可根据年龄、健康情况、体力、个人爱好选择其他适合的中低强度运动，包括太极拳、医疗体操、骑车、爬山、游泳和乒乓球等。大量研究证明，进行有规律的、适量的运动对综合预防心血管等慢性疾病具有深远的意义。

值得一提的是，人们普遍认可有氧运动对心血管疾病的防治作用，而力量练习则被认为因容易产生加压反应，从而加重心肌缺血的危险性，所以被限制在心脏康复运动形式之外。但是，有部分研究显示，力量练习可以提高冠心病患者的运动能力。可见，力量练习对于心血管疾病的防治也有着积极的作用。但在实践中仍不应忽视力量练习对心肌的加压作用，将其应用于心血管患者的康复还有待进一步研究。

（三）保持适宜的运动强度

有心血管疾病风险的人群在开始运动计划时，运动量应较小、强度应较低，随着身体适应能力的提高可逐渐增加量和强度。

有氧运动一般采用60%最大心率的运动强度。例如，开始运动时采取慢走的方式，之后逐渐提高速度。运动者往往通过心率变化得知运动强度的变化，且施加的负荷应该在最大心率允许的范围之内。20岁健康人的平均最大心率是200次/分，随着年龄的增长，最大心率将逐渐下降，45岁约为175次/分，60岁约为155次/分。简便计算最大心率的公式是：220－年龄。最大心率存在显著的个体差异，训练有素的运动员安静心率较普通人低，在完成相同水平剧烈运动时与普通人比较，心率变化较小。运动时心率达到最大心率的70%~85%即能够达到锻炼效果，此心率范围称作“靶区域”。为了达到显著的锻炼效果，每周应至少进行3次心率维持在“靶区域”水平的运动，持续时间为20~30分钟，间隔不宜超过两天。

（四）安排合理的运动时间和频率

运动时间和强度决定了热量的消耗以及运动的目的是健身、减肥还是防治疾病。

少数研究揭示，每天进行5~10分钟的运动就可使心血管机能得到改善，但大多数研究则表明，每天20~30分钟的运动是引起心血管机能改善的适应量。仅考虑运动持续时间而不结合适宜的运动强度的锻炼计划是不科学的。研究表明，只要达到运动强度和持续时间的最小阈值，高强度短时间运动和低强度长时间运动在改善心血管机能的效果方面是相似的。如每天进行3次持续时间为10分钟的运动与每天运动进行1次持续时间为30分钟的运动，其改善心血管机能的效果是相似的。

运动频率是运动处方的一个重要组成成分，但相对而言，在运动处方中，运动强度和运动持续时间更为重要。大量的研究表明，适宜的运动频率为每周3~5次。就获得健康收益而言，每周3~5次运动已足以达到运动锻炼的目的，当然，每周6~7次的运动将会获益更多。但需要注意的是，开始运动锻炼时，运动频率应限制在每周3~4次，当机体的运动耐受能力逐渐提高后，再增加到每周5次或6~7次。

（五）制定合理的能量消耗目标

运动强度、运动时间和运动频率共同决定了运动中能量的净消耗。通常认为，通过加强体育锻炼来改善健康和提高运动适应能力与运动中完成的做功量有关。但是必需的热量阈值则因提高心肺功能、减体脂量或降低慢性病的发生危险性等不同目的而有所不同。因此，个人的运动处方中应包含能量消耗的目标。

（六）运动方案的个体化原则

根据患者年龄、性别、体力、病情等不同情况逐步增加运动时间和提高运动强度。运动时间从15分钟增加至45分钟，一般患者30分钟即可。运动强度和运动时间共同决定运动量。运动强度低则时间可长些，运动强度高则时间可短些，开始运动量不宜太大。老年患者可采用间歇运动，即运动 2~3分钟休息2~3分钟。通常掌握3、5、7的运动是安全的，“3”指每天步行约3千米，时间30分钟以上；“5”指每周要运动5次以上，只有规律性运动才能有促进健康的效果；“7”指用170－年龄的数值作为运动时的靶心率，这样的运动属于中等量。

（七）加强运动中医务监督工作

在运动过程中如果遇下列情况需暂停运动：①出现心前区不适、气短或心悸；② 活动后收缩压较安静水平上升 ≥20毫米汞柱；③心电图 ST 段上升≥0.2毫伏或较安静时降低≥0.1毫伏；④活动后出现眩晕、头昏等脑缺血症状；⑤出现严重心律失常；⑥运动后出现明显疲劳或达到患者亚极量运动水平。

思考题

1.运动对心血管疾病的有利和不利影响有哪些？

2.心血管疾病患者的运动原则有哪些？

第十四章
运动生理学中的年龄和性别因素

本章教学提示

1. 本章学习重点是儿童青少年主要身体素质发展特点；女性运动能力的特点和老年人健身运动原则。
2. 本章学习难点是儿童青少年主要身体素质发展特点；老年人的生理特点等。

第一节　儿童青少年与体育运动

儿童青少年的机体处于异常活跃的生长发育期，这段时期身体的运动器官、内脏、神经和内分泌系统都会发生巨大的改变，机体的生理机能和运动能力逐步完善并出现巅峰状态。

一、儿童青少年生长发育的一般规律

儿童青少年的生长发育过程受多方面因素的影响，存在着明显的个体差异，但其基本规律是共同的。

（一）生长发育是一个由量变到质变的复杂过程

人体的生长发育是从婴儿、幼儿、少年、青年到成年发育成熟的完整过程，并在老年逐步衰老。在生长发育过程中，不仅是身高体重的增加，而且器官也逐步分化，功能逐步成熟。

运动器官的发育是从量变的积累走向质变的功能飞跃的过程。例如，幼儿的骨骼在发育过程中逐渐加长加粗，同时矿物质的构成比例也逐渐增多，骨的硬度和承重能力进一步增

加，直至成年阶段，长骨的骨骺处完全骨化，完成质变过程。在儿童青少年的运动训练中，我们要考虑到这种质的区别。如果不考虑儿童青少年骨骼的发育特点，提前使儿童青少年的骨骼承受过大的训练负荷，很有可能引起骨骺过早地完成骨化，缩短骨骼的生长进程，影响儿童青少年的身高。

（二）生长发育的连续性和阶段性

生长发育的过程是连续的，而不是跳跃的。例如，在腕骨的生长过程中，骨的生长始终在进行，直至八块骨完全骨化完成，发育停止，这是一个连续性的过程。但是，八块骨的骨化时间又不是同步的，头骨、钩骨、三角骨骨化中心出现较早，大、小多角骨和豆骨则较晚。表明这种量变到质变的变化过程是呈阶段性的。

在生长发育的过程中，看不出朝夕的变化，但是却表现出阶段性的特点，如在运动器官和神经系统的生长发育过程中，身高、体重不断增长，动作技能不断完善，从整体上看是一个连续的过程。但是在不同的年龄段，生长发育却显示出了不同的特征。

（三）生长发育的不平衡性

儿童青少年的生长发育从整体上看是呈阶段性连续发展的，但其发育过程中的各个方面往往会呈现不平衡性，如不同时期的发育速度、身体不同部位的发育情况、身体各个器官系统的发育水平都呈现不平衡性。以身高和体重为例，从胎儿到成熟，机体的生长发育会出现两次突增阶段：第一次突增阶段是胎儿时期，为第一个生长发育高峰；此后生长的速度逐渐变慢，一直到10~12岁，出现第二次生长发育突增阶段，即第二个生长发育高峰。

（四）身体各器官系统发育的不平衡性

机体的各个器官系统的发育也呈现不平衡性。神经系统的发育最早，而生殖系统的发育最晚。在脑的生长发育过程中，婴儿的脑重为380克，只有成人的25%，到6岁时，脑的重量已经达到成年人的90%。随着脑的发育，神经系统的功能也迅速发展，如语言的发展和肌肉活动的调节等。

二、儿童青少年主要身体素质发展特点

（一）力量素质

力量素质包括速度力量、绝对力量、相对力量、力量耐力。儿童青少年力量素质发展的敏感期是：男子12~16岁，女子11~15岁。在青春发育前期，肌肉主要是纵向发展，肌肉长度增加，肌肉变粗效果不明显；在青春发育后期，肌肉开始横向发展，肌纤维逐渐增粗，肌力

逐渐增加。

儿童青少年是速度力量自然增长最快的时期，男子在7~16岁，女子在7~13岁；男子16岁、女子13岁后速度力量趋于稳定。

绝对力量的自然增长，男子和女子都是15~17岁增长速度最快。

相对力量自然增长最快时期，男子和女子都在10~14岁，16~17岁趋向稳定。

力量耐力的自然增长，男子7~17岁、女子7~13岁是持续上升的，但女子在15岁以后则开始停滞，甚至下降。

（二）速度素质

速度素质包括反应速度、动作速度和位移速度。研究认为，速度素质发展的敏感期是7~12岁，这是提高短跑成绩的黄金时期。

反应速度作为速度素质的一种，其发展时期也较早，儿童青少年8~12岁反应速度大幅度提高。遗传是决定反应速度的主要因素，后天训练只能把这种遗传因素巩固下来。但是，注意力的集中和对信号反应的动作熟练程度也会影响反应速度，所以，后天的训练是必要的，特别是对注意力的培养及动作熟练程度的训练。

动作速度和位移速度主要依靠后天训练来提高。速度的发展与动作频率有着密切的联系。儿童从7岁起步频有较快的自然增长，13岁后下降，所以7~13岁是训练动作频率的敏感期，在此阶段可对儿童青少年进行提高步频的训练。

（三）耐力素质

耐力素质包括有氧耐力和无氧耐力。目前认为，有氧耐力发展的敏感期为男子10~17岁，女子9~14岁及16~17岁。无氧耐力发展的敏感期，男子10~20岁、女子9~18岁。由于儿童青少年的糖酵解能力和无氧代谢能量储备不及成人，限制了儿童青少年速度耐力练习的适应能力。一般认为，儿童青少年在青春发育期以后进行无氧耐力训练更合理。

综上所述，一般认为儿童青少年从8岁起可以进行有氧耐力的练习，多利用慢跑的方式进行心肺功能的适应性训练；11~12岁主要以有氧耐力训练为主，改进氧气输送系统和肌肉代谢的功能；15~16岁可逐渐加强无氧训练；16~17岁可进行大强度的有氧及无氧耐力训练。

三、儿童青少年体育教学的注意事项

（一）骨骼和关节

儿童青少年软骨成分较多，骨骼中水分和有机物质多，无机盐少。骨密质较差，骨富于弹性而坚固不足，不易完全骨折而易发生弯曲和变形。随着年龄增长，骨的无机盐增多、水分减少、坚固性增强而韧性降低，直到20~25岁骨化完成后，骨停止生长，身高也不再增长，但骨的内部构造仍在变化，下肢骨在16~17岁以后骨化迅速，而脊柱椎体到20~22岁才完成骨化。人们常用骨龄作为选材的指标，并以腕骨的骨龄来预测身高，作为运动员选材根据之一。

儿童青少年关节面软骨相对较厚，关节囊及韧带的伸展性大，关节周围的肌肉细长，关节活动范围大于成人，牢固性相对较差，在外力作用下较易脱位。

根据儿童青少年骨骼与关节的特点，在体育教学或训练中，应注意养成正确的身体姿势，进行全面的身体锻炼；力量训练时注意负荷重量；应预防关节损伤的发生。

（二）肌肉

儿童青少年的肌肉中水分多，蛋白质、脂肪和无机盐类少，收缩功能较弱，耐力差，易疲劳。随着年龄增长，肌肉中的有机物增多、水分减少，肌肉重量不断增加，肌力也相应增强。儿童青少年肌肉的生长发育不均衡，生长发育的顺序为躯干肌先于四肢肌，屈肌先于伸肌，上肢肌先于下肢肌，大肌肉先于小肌肉。肌力的逐年增长也是不均匀的，在生长加速期，肌肉主要向纵向发展，长度增加较快，但仍落后于骨骼增长，所以肌肉收缩力量和耐力都较差。生长加速期结束后，身高的增长放缓，肌肉横向发展较快，这时肌纤维明显增粗，肌力显著增加。女子在15~17岁、男子在18~19岁肌力增长最为明显。全身整体肌肉力量男子在25岁、女子在20岁左右达到峰值，可保持到30~35岁才开始减退。

根据儿童青少年肌肉发育的特点，在体育教学中应注意根据年龄特点安排运动负荷；根据肌力发展规律安排训练负重量。

（三）循环机能

儿童青少年的血液总量比成人少，但按体重的百分比来看，相对值则略高于成人。儿童青少年心肌纤维较细，心脏的容积和重量均小于成人，心肌收缩力弱、每搏输出量和每分输出量比成人少，但相对值（按体重的比值）却大于成人，这说明儿童青少年的心脏在胜任短时间的紧张的肌肉活动方面具有一定的潜力。心脏的重量随年龄逐渐增大，到青春期时心脏已达到成人水平。儿童青少年心脏发育及神经调节还不够完善，而新陈代谢又比较旺盛，交感神经兴奋占优势，因而心率较快，出现心脏功能性收缩期杂音较多见，约占儿童青少年的40%~60%。随着年龄的增长心率逐渐减慢，20岁左右趋于稳定。

儿童青少年心脏收缩力弱，血管壁弹性好，血管口径相对较成人大，外周阻力较小，因此儿童的血压较低。**青春发育期后，心脏发育速度增快，血管发育处于落后状态，同时由于性腺、甲状腺等分泌旺盛，血压明显升高，一些人甚至出现暂时偏高的现象，称为“青春期高血压”**。其一般多见于身体发育良好、身高增长迅速的青少年，表现为收缩压较高，但一般不超过150毫米汞柱，并有起伏，而舒张压在正常范围。

根据儿童青少年血液循环系统的特点，体育教学中应注意合理安排运动负荷，正确对待“青春期高血压”。

（四）呼吸系统

儿童青少年胸廓狭小、呼吸肌力较弱且呼吸表浅，新陈代谢旺盛，因而呼吸频率快，肺活量、肺通气量较成人小。随着年龄增长，呼吸深度增大，呼吸频率逐渐减少，而肺活量逐渐增大。儿童青少年肺通气量绝对值小，但每千克体重相对值较大。由于呼吸肌较弱、调节功能不完善，在运动时主要靠加快呼吸频率来增加肺通气量，而呼吸深度增加很少。由于儿童青少年氧运输系统的功能不如成人，在进行剧烈运动时，他们的最大通气量和最大摄氧量较低，有氧氧化能力和无氧氧化能力都比成人低。因此，他们对强度较大而持续时间较长的运动适应能力较低，容易疲劳。

根据儿童青少年呼吸系统的特点，在体育运动中应该注意呼吸道卫生，强调呼吸与运动动作的配合，多采用发展有氧代谢为主的练习。

（五）神经系统

儿童青少年神经系统的兴奋和抑制过程发展不均衡，神经活动过程不稳定，6~12岁兴奋过程明显占优势，兴奋容易扩散，表现为活泼好动，注意力不易集中，做动作时不协调、不准确，易出现多余动作。年龄越小，皮质抑制过程越弱，而且不完善，分化能力也就越差。8岁以前精确分化能力很差，错误动作多；8岁以后皮质细胞的分化能力逐渐完善，并接近成人；13～14岁时皮质抑制调节机制达到一定强度，分析综合能力明显提高，能较快地建立各种条件反射，但由于分化能力尚不完善，又受到小肌肉群发育较晚的影响，所以掌握复杂精细的动作困难；14～16岁时，反应潜伏期缩短，分化能力显著提高。女孩的分化抑制发展较早，能够掌握复杂的高难动作，在体操、花样滑冰和技巧项目中表现较为突出。儿童时期神经细胞工作耐力差，容易疲劳，但由于神经过程有较大的可塑性，疲劳消除较快，重新恢复也快。

根据儿童青少年中枢神经系统的特点，在体育教学中应注意：

（1）体育课内容要生动、有趣，可穿插游戏和竞赛，尽量避免单调及静力性活动；要注意安排短暂休息，使学生情绪饱满，精力旺盛。

（2）在教学中既要注意采用直观形象的教法（如示范动作、图表、模型等），又要注意培养和发展他们的思维能力。

第二节　女性与体育运动

女性经常参加体育锻炼，不仅可以促进身体的生长发育、增进健康，提高身体各器官和系统的功能水平，使之能更好地胜任对身体要求较高的工作任务，而且可以使身体各部的肌肉得到协调均匀的发展。特别是体育锻炼能使腹肌、腰背肌和盆底肌的肌肉力量得到增强，这对女子妊娠期的身体健康和顺利分娩都有很大好处。

一、女性生理阶段划分

女性一生中根据其性腺卵巢分泌机能的变化划分为五个生理阶段。这些生理阶段的推进是一个渐进的过程，各阶段之间并无明显的分界线，生理阶段年龄的变化与遗传、环境等诸多因素有关，但总的趋势是月经初潮年龄有所提前，而停经的年龄有所延后，因此生育期的持续时间就延长了。

（一）幼年期

幼年期指卵巢机能尚处于幼稚状态的年龄阶段，约为10岁或12岁之前。

（二）青春期

青春期指卵巢机能由幼稚向成熟状态过渡的年龄阶段。此阶段从10岁或12岁开始到17岁或18岁结束，以月经来潮为标志。该阶段的显著特点是卵巢及生殖器官明显发育。

（三）性成熟期

性成熟期指卵巢功能成熟的年龄阶段，约从18岁开始，持续近30年。该阶段性腺及性器官发育完全成熟，卵巢周期性排卵，并分泌雌性激素；子宫内膜出现周期性脱落，产生月经周期。该生理阶段为女性生殖机能最旺盛的时期，又称为生育期。

（四）更年期

更年期又称为绝经期，是女性从性成熟期进入老年期的过渡时期。更年期指卵巢功能由旺盛向衰退过渡直至萎缩的年龄阶段，为44～54岁。该生理阶段的显著特点是，月经由不规律到完全停止（闭经），生殖能力丧失。更年期结束，即意味着老年期的开始。

（五）老年期

老年期指卵巢功能完全终止的年龄阶段。年龄约为60岁以上。在此阶段，人体各器官的机能能力均明显降低。

二、女性生理特点

（一）生长发育特点

女性进入青春期的时间一般比男性早两年，结束也早两年。女性青春期的生长加速期比男性约提前两年出现，女孩从10～12岁开始，男孩从12～14岁开始。10岁之前，女孩的发育速度比男孩快；10岁以后，男孩的发育速度加快，并后来居上，身高显著超过女孩。

女性在青春发育后至绝经前，每月均有一次月经，同时伴有局部和全身性的变化。在进行体育教学训练时，应向她们介绍有关女性的生理卫生知识，提高她们锻炼的自觉性和科学性。

（二）氧运输系统特点

女性心脏较男性心脏重量轻10%～15%，体积小约18%，容量小150～200毫升；安静状态女性心率较快，快于男性10次/分左右，每搏输出量少于男性10～15毫升。所以，女性的心血管机能弱于男性，运动中必须依靠加快心率来保证足够的心输出量，运动后的恢复过程中，女性心率恢复速度较慢。

女性的胸廓较小，呼吸肌力量较弱，安静时呼吸频率较男性快4～6次/分，且呼吸深度浅；女性的肺活量约为男性的70%，最大摄氧量比男性少0.5～1升，因此，女性的呼吸机能也较男性低，从而制约了女性运动中机体氧的供应。

女性血量约占体重的7%，男性则达8%；女性的红细胞数量为380～460万/立方毫米，血红蛋白为110～150克/升，均低于男性，每千克体重的血红蛋白女性约为8.3克，男性则可达11.6克，全血中血红蛋白的总量女性仅为男性的56%。因此，女性机体运输氧的能力较男性差。

总之，由于女性的呼吸、循环机能水平较男性低，血液的携氧能力较男性差，限制了氧的利用能力，导致女性的有氧能力较男性低，约为男性的70%。

（三）运动系统特点

1. 骨骼肌

在青春发育期，女孩的肌肉发育慢于男孩，肌肉体积及重量均低于男孩，这主要是由于雄性激素的同化作用所致。

2. 骨骼

女性骨骼细小，骨密质的厚度较薄，骨骼内水分及脂肪的含量相对较多，无机盐含量较少。脊柱椎骨间软骨较厚，弹性和韧性优于男性，因此，柔韧性优于男性。女性脊椎骨较长，四肢骨细而短，形成上身长、下身短的特点。而且女性的股骨、肱骨两侧上髁的直径、臂长、胸围及肩宽等指标均低于男性，髋部却大于男性，进而形成上体长而窄、下肢短而粗、肩窄盆宽的特殊体型。这种体型使身体重心低且稳定性高，有利于完成平衡动作，但奔跑速度及负重能力均受到一定限制。

女性在30岁以后，随着年龄的增长，骨量逐渐丢失。骨量丢失的主要原因是女性雌激素水平的降低所致。绝经后卵巢合成激素减少，引起全身性骨量减少、骨微结构改变，导致骨质疏松。骨质疏松导致骨密度及抗张强度下降，增加了骨折的危险性。许多研究已经证实，运动能有效地降低骨钙的减少程度。更年期女性应多进行一些有氧运动，并与低强度力量训练相结合，一方面具有预防和治疗骨质疏松的作用，另一方面具有维持体内雌激素水平、延缓衰老的作用。

（四）身体成分

女性适宜的体脂含量应占体重的20%左右，主要分布在胸、腹、臀和大腿等部位的皮下。皮下脂肪含量约为男性的2倍。有研究证实，体脂与运动员的有氧和无氧运动成绩呈负相关。在完成跑、跳、爬山等抗重力做功使身体腾空或移动的运动中，较厚的体脂成为限制运动能力的因素，而且运动中机体的散热能力也会受到较厚皮下脂肪的影响。但较厚的皮下脂肪具有很好的保温及保护作用，可增加机体的浮力，有利于参加冰雪及游泳类运动。

三、女性运动能力的特点

（一）力量和速度

女性的肌肉力量约为男性的2/3，因此，在需要绝对力量及绝对速度的项目中，女性的运动能力明显弱于男性。

（二）耐力

女性的有氧运动能力弱于男性，这与女性最大摄氧量水平较低、运氧能力及耐乳酸能力较差等综合因素有关，这些因素限制了运动中氧的利用，使其耐力水平较低。

（三）柔韧和平衡

由于女性的肌肉和韧带弹性好，关节活动范围大，具有较好的柔韧性，因而动作幅度大而稳定。另外，由于女性肩窄、骨盆宽的体型，决定了女性具有身体重心较低的特点，因此平衡能力强于男性。

四、月经与运动能力

月经周期和妊娠是女性特有的生理特征。在不同的月经周期和妊娠阶段，女性的运动能力将产生明显的变化。

1. 不同时相中运动能力的变化

月经周期中由于雌性激素水平的规律性波动，导致机体的运动能力发生相应变化。在月经周期不同时相中，人体运动能力的变化具有明显的个体差异。但有研究证实，人体有氧工作能力及整体体能以黄体期为最强，卵泡期及排卵期其次，经前期及月经期最弱。因此，在女性运动员的训练和竞赛安排中，应充分注意其体能与月经周期的关系，根据各时相体能的变化规律合理安排训练负荷量，大负荷训练应与体能的高峰时期相吻合，以使负荷作用于最佳身体状态，从而提高训练效果和比赛成绩。

2. 运动性月经失调

大多数运动项目对女性的月经周期没有太大的影响，但持续高强度、长时间、大负荷的剧烈运动则易引起运动性月经失调，表现为周期延长或缩短、月经过多或过少，甚至闭经。月经失调是可以逆转的，当运动员停止训练后，月经周期将逐渐恢复正常。

3. 女运动员“三联征”

女运动员“三联征”是指，在运动训练影响下，以连锁形式出现的一组综合症候群，表现为膳食紊乱、闭经和骨质疏松，其因最初发现于女性运动员人群而得名。国际运动医学界认为，“三联征”的核心和起始是饮食紊乱，随之发生的是由于代谢紊乱和低雌激素水平诱导的闭经，而在饮食紊乱和长期低雌激素的影响下，骨钙沉积不良、骨密度低下，逐渐产生骨量降低和骨质疏松。

4. 月经期与健身运动

对于参加健身运动的女性来说，即使月经期也可参加适当的体育活动。这是因为，适度的体育活动能改善人体机能状态，促进血液循环，改善盆腔生殖器官的血液供应，并可通过运动时腹肌、盆底肌收缩与舒张交替进行，对子宫起到一定的按摩作用，促进经血排出。一般认为，经期运动负荷量应该适度，强度不宜过高。一些跳跃、速度和腹压增大的练习应该避免，以免造成经血量过多或子宫内膜移位。

第三节　老年人与体育运动

一、衰老的概念

衰老又称老化，是生物体自成熟期开始，随增龄发生的、渐进的、受遗传因素影响的、全身复杂的形态结构与生理功能不可逆的退行性变化，具有普遍性、内因性、进行性、累积性及有害性的特点。衰老是生物体生命过程中不可避免的阶段。

二、老年人的生理特点

（一）神经系统

伴随着衰老，神经系统发生了许多重要的改变，包括功能能力和认知能力的改变。

（二）感觉系统

老年人存在多种感觉系统功能的下降，最常见的改变就是视觉灵敏性的下降。另一个为人们熟知的衰老征象就是听力的丢失，它通常比视觉改变更晚出现。此外，前庭器官也会发生形态学的改变，这使得对空间方向的探查能力下降。嗅觉和味觉感受器也会受到衰老的影响。

（三）运动系统

1.骨骼肌

骨骼肌随着衰老发生的改变最明显的就是骨骼肌中横截面的下降和横截面中收缩组织量的减少。

2.关节

随着年龄增长，关节的稳定性和活动性逐渐变差。衰老常伴有胶原纤维降解，关节软骨厚度减小及钙化、弹性丧失，滑膜面纤维化、关节面退化。骨关节的变性会使关节僵硬，活动范围受限制。

3.骨骼

骨质疏松是老年人中较普遍的问题，尤其是绝经后的妇女中更普遍。患有骨质疏松症的人极易发生骨折。

（四）心血管系统

老年人心血管系统功能急剧下降，血压升高。

（五）呼吸系统

随着年龄的增长，肺泡和毛细血管的数量会逐渐减少，致使呼吸机能下降。静态和动态的肺功能指标随着年龄的增长而衰退。肺活量、最大通气量、时间肺活量等机能指标呈现进行性下降。经常参加体育锻炼能预防老年人慢性支气管炎和肺部其他疾病。

（六）消化系统

老年人消化吸收功能显著下降，经常参加体育锻炼，可以加强消化系统的功能，使胃肠道蠕动加强，改善血液循环，增加消化液的分泌，加速营养物质的吸收。

（七）血液系统

随着年龄的增长，老年人血液出现浓、黏、聚、凝的状态，临床上称为高黏滞血症。高黏滞血症可使微循环的血管形态、血液流变发生异常，直接影响到组织、器官的生理功能。研究表明，长期运动锻炼使纤溶能力增强，对于增强血液的流动性，降低血黏度有重要作用。老年人长期进行冬泳、门球、太极拳、长跑、散步和舞蹈等锻炼均可对其血液流变学指标产生良性影响。这对改善老年人高黏滞血症及预防心血管疾病有一定的意义。

（八）免疫系统

随着年龄的增长，免疫系统的功能显著降低，直接影响老年人的身体健康。

（九）体成分和体重

随年龄的增长，机体会趋于变矮和变胖。有氧运动可有效地氧化体内脂肪而使体脂下降，而对去脂体重的影响较小。抗阻运动对减少体脂重量和增加瘦体重均有良好效果。老年人抗阻运动后，会引起骨骼肌产生适应性肥大、质量增加，而骨骼肌中约73%是水，所以表现为瘦体重增加。

四、老年人健身运动原则

（一）选择适宜的运动项目

老年人进行健身运动时，适宜从事耐力性项目，不适宜进行速度性项目。在耐力健身运动项目中常采用的有步行、健身跑、游泳、自行车、登山等，有条件的还可以打网球、门球、高尔夫球等。

（二）循序渐进

在健身运动的初期，运动负荷要小，经过锻炼，对运动负荷适应后再逐步增加到适宜的运动负荷。锻炼的动作应由易到难，由简到繁，由慢到快，时间要逐渐增加。

（三）持之以恒

健身运动要持之以恒，每周锻炼不应少于2~3次，每次锻炼不低于30分钟。

（四）个别对待

要根据自身的年龄、性别、体力特点、健康状况、运动基础及运动习惯选择适宜运动项目，制定合理的锻炼计划。

（五）自我监督

老年人参加体育锻炼要加强医务监督。老年人要学会观察、记录自己的脉搏、血压及健康状况，以便进行自我监督，防止过度疲劳，避免发生运动损伤。

思考题

1. 儿童青少年的生长发育特点有哪些？
2. 儿童青少年体育教学的注意事项有哪些？
3. 女性运动能力的特点有哪些？
4. 老年人健身运动原则有哪些？

参考文献

[1] 王瑞元, 苏全生. 运动生理学[M]. 2版. 北京:人民体育出版社，2012.

[2] 杰克 · 威尔莫尔，大卫 · 科斯蒂尔，拉里 · 凯尼. 运动生理学[M]. 王瑞元, 汪军，译.北京:北京体育大学出版社，2011.

[3] 朱大年.生理学[M]. 7版. 北京:人民卫生出版社, 2013.

[4] 姚泰.生理学[M]. 5版. 北京: 人民卫生出版社, 2002.

[5] 邓树勋, 王健. 高级运动生理学——理论与应用[M]. 北京:高等教育出版社, 2003.

[6] 邓树勋, 洪泰田, 曹志发. 运动生理学[M]. 北京: 高等教育出版社, 1999.